거짓말에

흔들리는

사 람 들

거짓말에

흔들리는

사 람 들

사람의 마음을 믿고 싶은 당신을 위한 책

스텐 티 키틀 · 크리스티안 제랍네 지음 | 류동수 옮김

애플북스

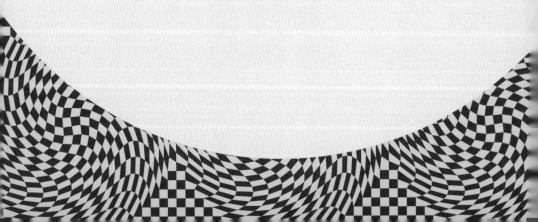

Chapter 02

이건 틀림없이 사랑이야!

Chapter 03

사회적 병의 가장 뜨거운 사례들

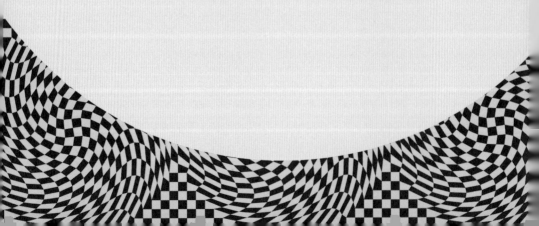

Chapter 04

과학 및 정치 분야의 몽상가들

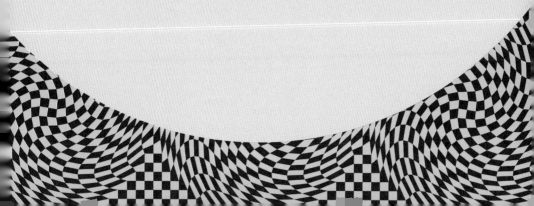

서문

빙산의 일각

공사장 인부가 우연히 특수 안경을 발견하고 그걸 써본다. 순간 수많은 외계인들이 보인다. 그들은 인간의 탈을 쓴 채 우리와 함께 뒤섞여 살고 있다. 또한 인간 세상의 중요한 지위를 은밀히 장악한 외계인은 오래전부터 인간을 지배하고 있었던 것이다. 〈그들이 살고 있다!They live〉는 컬트무비의 대가 존 카펜터John Carpenter 감독이 만든 영화다국내에서는 〈화성인의 지구 정복〉이라는 제목으로 소개되었다―옮긴이. 지난 수십 년 동안 신분을 사칭하는 온갖 사기사건에 직면할 때마다 이 영화가 뇌리를 스쳐갔다.

실체가 드러난 사기꾼에 대한 뉴스는 언제나 강력한, 그러나 모순적인 반응을 불러일으킨다. 돌팔이 의사가 환자를 진료했다는 이야기, 조종사 자격증 비슷한 것도 없이 여객기를 운행한, 멋진 파일럿 제복을 입은 수상쩍은 인간들 또는 불과 몇 년 전에야 세기의 사기꾼으로 밝혀진 '버니' 메도프Medoff처럼 욕심에 눈먼 투자자들을 등쳐먹은 자칭 금융 천재들. 이들은 우리에게 두려움과 공포를 야기하지만, 경탄의 감정을 유발하기도 한다. 사기의 당사자만 아니라면 사람들은 그런 사기꾼을 흔히 계급적 한계를 뛰어넘어 사회의 유력계층, 부자, 권력자의 세계로 슬쩍 끼어들 줄 아는, 악당이지만 호감 가는 존재로 여기기 때문이다.

아직 탈을 벗지 않고 사기꾼으로 살아가는 이는 몇 명이나 될까? 드러난 사기 사례가 단지 빙산의 일각일 뿐이라면? 우리 주변에 수많은 뺑쟁이들이 정체를 감춘 채 돌아다니고 있다면?

이런 가정을 뒷받침하는 예가 있다. 신문의 구인 광고면을 펼쳐보라. 구인 대상은 언제나 외국어도 잘하고, 젊지만 노련하고, 해외 실습 유경험자에, 우수한 졸업 성적, 협동정신 및 지도력을 갖춘 사람이다. 노동시장에서 찾는 사람은 슈퍼맨과 슈퍼우먼뿐이다. 이런 구인업체의 면접에 초대받은 이는 어떻게든 번지르르한 간판을 유지해야만 한다. 물론 여기에는 약간의 뻥이 가미된다. 이런 짓을 편치 않은 마음으로 하는 이도 있지만, 갈수록 많은 사람들이 연출된 인생을 살아가고 있다.

이성 친구를 찾는 신문광고나 인터넷의 애인 중개 사이트를 보면 세상은 매력적인 사람, 사랑하지 않을 수 없는 사람, 엄청난 대성공을 거둔 사람들로 넘쳐난다. 아닌 게 아니라 직장 동료, 친구나 친지들과의 일상적인 만남에서도 기만적인 자기 연출과 이기利己의 곡예가 오늘날 과거 그 어느 때보다 더 중요하다는 것을 시사해준다. 이런 뻥은 진작부터 우리 시대의 너무나 당연한 행위의 하나로 터를 잡았다.

신분을 사칭하는 사기꾼은 과거에는 공생의 규칙을 무시한 채 마치 예술가인 양 자신이라는 작품을 연출한 아웃사이더였지만, 이제 이들은 좀 더 현실적인 '사기詐欺 경영 시스템'으로 대체되고 있다. 오늘날

산더미처럼 쌓여가는 사기 사례는 이런 시스템이 현재 고조기에 있음을 의미한다. 이를 우리는 '사교력, 커뮤니케이션에서의 강점, 유연성' 또는 평생 가는 '학습능력' 같은, 사람들이 요란하게 떠들어대는 덕목의 응축물이라고 본다.

필자는 이와 같은 뻥의 급속한 확산 뒤에 무엇이 있는지 뒤쫓아보았다. 이런 사고방식은 일상생활 깊은 곳까지 들어와 있다. 오래전부터 존경받은 사기수법이건 잘 팔릴 거야!에서부터 외관상 성공한 것으로 보이는 인생을 완벽하게 연출하는 것에 이르기까지, 거의 누구도 이런 뻥의 흡인력에서 벗어날 수 없으며, '사기 전염병'이 만연하고 사기 재주를 타고났다 싶은 사람 천지다. 진화를 통해 물려받은 이 유산이 우리의 하이테크 자본주의라는 여건하에서, 또 언제 끝날지 기약할 수 없는 위기의 현실이라는 의식하에서 통제 불능의 상태에 빠진 것은 아닐까? 이러한 현실이 수많은 사람들의 '진짜 나'에 대한 동경과 진정한 삶, 스스로 결정하는 인생을 영위하려는 노력과 공존할 수 있을까?

이 사회는 얼마나 많은 뻥을 용인할 수 있을까? 표절 연구 전문가 데보라 베버-불프Debora Weber-wulff 식으로 질문을 바꿔보자.

"돈으로 산 논문으로 졸업을 한 건축가의 계산에 따라 만들어진 다리 위로 차를 몰고 갈 것인가?"

유감스럽게도 현실은 글 첫머리에서 언급한 영화와 달리 돌아가고 있다. 거기서는 우주적 차원의 문제조차도 결국 주먹다짐으로 해결된다. 이와 달리 우리는 아직 그 끝을 알 수 없는 어떤 동향의 맨 처음 단계에 서 있다. 그래서 거울을 볼 때도 심지어 도대체 누구를 보고 있는지 물어보아야 할 판이다.

Chapter 01

직장에서 잘나가는 것과 뻥

45분 동안의 독백

뉴욕시 3번가 립스틱 빌딩. 1998년, 파크 에비뉴 근처에 있는
이 건물 19층에서 10여 명의 거대한 재산을 소유한 개인투자자들이 만
났다. 이들은 버나드 매도프Bernard L. Madoff에게 투자하려 한다는 점과 거
대한 경제적 권력에도 불구하고 이 모임을 오랫동안 기다렸다는 공통점
이 있었다. 매도프라는 인물이 엄청나게 바쁜 사람이기 때문이다. 브루
클린 출신의 금융 중개인 매도프는 돈 찍는 기계로 최고의 명성을 날렸
다. 몇 년 전 증권 거래 자동화를 위한 컴퓨터 프로그램을 도입했으며, 북
미 증권시장Nasdaq의 공동 창립자로 여러 해 동안 이사직을 맡기도 했다.
나스닥 시장은 얼마 안 가 세계 최대의 전자 주식시장이 될 거라고 했다.
매도프 증권Madoff Securities은 시장 여건의 변동에 전혀 영향을 받지 않는

듯한 수익률을 자랑하는 중개업체로 통했다. 매도프 증권은 투자자에게 매우 까다롭다. 아무 돈이나 다 받는 게 아니다. 사장이 투자자와 개인적으로 만나 면담하는 일 역시 극도로 드물다. 프랑스의 디자이너 겸 건축가 필립 스타크Philippe Starck의 디자인으로 꾸며진 회의실에 한 자리씩 차지한 열두 명의 신사들은 그래서 더더욱 행복해하고 있었다. 서늘하고 약간 어둑어둑한 데다 정갈한 분위기. 게다가 공간 내 모든 것은 직각으로 정돈돼 있다. 건물 평면은 둥그스름한 꼴인데 말이다. 매도프 증권의 모든 사무실은 뉴욕이든 런던이든 모두 동일한 스타일로 꾸며져 있다. 흰색, 검정, 회색의 무채색 계열, 전혀 흠 잡을 데 없이 잘 정돈된 책상, 극도의 정결함과 투명성이 사무실 분위기를 압도한다. 감시 카메라는 도처에서 돌아간다. 디자인과 질서, 겉으로 드러난 부분의 완벽성은 회사 설립자의 개인적 취향이다.

문이 열리더니 버나드 매도프가 모습을 드러냈다. 중키에 머리가 희끗희끗한 그는 진지하고 정중한 사람이라는 인상을 주었다. 잠시 정겨운 말이 오간 다음 투자자 한 사람이 "매도프 사장님, 제가 사장님의 투자 성향을 자세히 살펴봤는데 참 인상적이더군요. 그런데 이해할 수 없는 것은 사장님의 전략은 정확히 어떤 모습인가 하는 것입니다"라고 말했다. 시민대학 강좌 수강생들과의 귀찮은 질의응답 시간인 양 매도프는 몸짓도 없이 '스플릿 스트라이크 컨버전Split-Strike Conversion' 전략을 설명했다. "저는 S&P 100 중에서 주식 30 내지 35종을 구입한 다음 이를 풋옵션 매입으로 보호합니다. 그리고 이 전략에 필요한 자금은 콜옵션 매각으로 마련하지요." "그게 전부인가요? 좀 더 자세한 내용으로 들어갈 수는 없을까요?" 잠재 투자자가 묻는다. "죄송합니다만 그건 곤란

합니다"라고 말을 끊고 매도프는 이렇게 덧붙였다. "전략의 세부적 내용은 비밀이라는 점을 이해해주시기 바랍니다."

　　　　이 모임의 투자자산은 수십 억 달러에 달하는데 그 대부분을 매도프의 손에 쥐어주려는 순간이다. 그런데도 그들은 말이 없다. 아무도 더 캐묻지 않는다. 더 이상 설명을 요구했다가는 바보 취급을 당할까 봐 두려운 것이다. 어쨌든 수십 년 동안 20% 수준의 수익률을 유지했다는 것으로 인해 호기심 어린 질문이 제기되었다. 브라질의 한 투자자가 몸을 일으켰다. 그는 브라질 명문가를 대표하는 사람이다. 매도프는 이제 금융시장의 본질에 대한 논문을 한 편 가져온다. 그의 몸짓은 금융계의 모든 핵심 요건을 제어하고 있음을 거침없이 드러내는 것 같다. 자신의 중요한 말을 예시하기 위해 두 손은 늘 반복적으로 지구를 그린다. 마치 지구의 명운이 전능한 매도프의 손에 달려 있는 양 말이다. 그러면서 장황하고 별 알맹이도 없는 말로 기업 철학을 설명하고 이를 주의, 통제, 책임 의식, 견고하고 다양화된 포트폴리오, 보수적 구조 등과 같은 잘 알려진 개념어로 치장한다. 45분에 걸친 독백이 끝났다. 매도프는 그 의혹 제기자도 설득한 것이다. 참석자들은 안도감과 더불어 이제 아무나 들어갈 수 없는 인사이더 서클에 들어갔음을 느끼며 회의실을 떠난다. 들떠 있는 모습이다. 아닌 게 아니라 다른 사람들은 개인 면담을 위해 여러 해를 기다려야 하며, 때로는 그것조차도 무위로 돌아갈 수 있음을, 아니면 "매도프 증권은 당신네 투자를 전혀 받을 생각이 없다. 미안하다"는 내용을 전자메일로 통보받는 것을 그들은 아주 잘 알고 있었다.

세계적인 금융 사기꾼의 거침없는 매력

수십 년에 걸쳐 자신을 금융 천재라고 연출한 매도프의 행위는 종국에 이르러 역사적 기록을 남겼다. 저 유명한 '폰치 수법Ponzi-Schema, 단기에 고율의 이자를 보장한다며 돈을 끌어들이는 사기수법. 이자 지급을 위해 갈수록 더 많은 돈을 끌어들여야 함. 피라미드 수법이라고도 함', 시쳇말로 눈덩이 시스템을 이용해 희대의 금융 사기를 친 매도프는 최소 200억 달러 규모의 손실을 입혔으며 21세기 최초의 심각한 금융 및 경제위기 과정에서 투기적 자금 순환의 간판격 인물이 되었다. 그는 이 분야 범죄에서도 최대의 사상누각을 쌓아올린 건축가인 것이다. 매도프는 투자자로부터 엄청난 금액의 돈을 받아 1990년대 초부터 자기네 시스템 유지에 필요한 경상비를 제외하고는, 전액 낭비로 점철된 생활방식 유지에만 사용했다.

매도프의 거짓말 구조가 붕괴했을 때 많은 사람들이 재산만 잃은 것이 아니었다. 몇몇 사람들은 목숨마저 끊어버렸다. 예컨대 프랑스 귀족 가문 출신으로 자산 컨설팅회사 소유주인 르네 티에리 마종 들라 빌르위셰René Thierry Magon de la Villehuchet 같은 사람이 그랬다. 그의 회사 직원들은 유럽의 호화 리조트에서 룩스알파Luxalpha 펀드를 판매했고, 거기서 조성된 수십억 달러의 돈이 매도프의 회사에 투자되었다. 매도프가 도주하기 직전, 금융위기가 이미 본격화한 시점에 마종 들라 빌르위셰는 안심되는 듯 미국 '금융 천재'의 회사는 예전과 다름없이 잘 굴러가고 있다고 말했다. 그러나 일이 꼬였음이 분명해지자 2008년 12월 23일 자기 사무실에서 문을 잠근 후 손목을 그어버렸다. 피는 쓰레기통 안으로 떨어졌다. 자신의 숨이 끊어진 후에 적어도 카펫이라도 깨끗이 남아 있기를 바라며 그곳에 두었음이 틀림없다.

2년 뒤에는 매도프의 아들 마크가 자기 집 거실에서 개 줄에 목을 매 자살했다. 옆방에는 두 살 된 아들이 잠들어 있었고 죽은 그의 곁에는 개가 있었다. 아버지의 투자회사에서 일하면서도 아버지의 사기 행각에 대해 아무것도 몰랐다고 한 아들 매도프 주니어는 채권자와 언론의 압박을 더 이상 견딜 수 없었다. 마크는 아버지에 대해 극도로 실망한 상태였으며 이후 아버지와 단 한마디도 나누지 않았다. 버나드 매도프는 그 와중에 150년형을 언도받아 미국 노스캐롤라이나 주 연방교도소에 수감돼 있다.

매도프는 누구와의 비교도 불허하는 완벽한 방식으로 사기를 연출했다. 그는 회사 내부에서 엄격하면서도 친절하게 행동했으며, 직원들에게는 평균을 웃도는 급료와 정기적인 인센티브를 제공한 반면, 투자자들에게는 과시하듯 차갑고 매정하게 대했으며 그렇게 함으로써 그들로 하여금 황송하게도 고객의 일원이 되는 데 더 몸 달아하도록 만들었다. 매도프에게 투자하겠다는 열망은 그의 투자자 무리에 낄 수 없다는 초조감과 실망감에 비례해 증가했다. 매도프는 함부로 범접 못할 큰 어르신 역을 맡고, 그러는 동안 억만장자 카를 샤피로Carl J. Shapiro의 사위로 머리가 잘 돌아가는 로버트 재프Robert Jaff가 신규 자금 유입을 맡았다. 매도프는 그렇게 자기 이미지를 관리할 수 있었으며, 정체가 폭로될 위험성이 조금이라도 수반되는 개인적 만남은 줄였다. 그렇게 몇 달 또는 몇 년을 기다린 끝에 투자자들이 마침내 친히 볼 기회를 얻게 되면 매두프에 대한 비판적 생각은 거품 날리듯 사라지고 말았다. 그들은 금융계의 대사제에게 추가 질문도 하지 않은 채 수백만 내지 수억 달러의 돈을 바쳤다.

게다가 매도프는 스페인의 산탄더Santander 은행이나 스위스의 UBS 같은 유명한 은행과도 수지맞는 거래를 했다. 매도프의 파산 관리인 어빙 피카르Irving Picard에 따르면, 이런 규모와 기간 동안 눈덩이 시스템이 가동된 것은 UBS 측의 협조가 있었기에 가능했다. UBS 측 자금공급펀드인 룩스알파Luxalpha와 그루프망 피낭시에Groupement Financier를 통해 유럽 투자자의 돈에 접근하도록 UBS가 매도프를 도와주었다는 것이다. 또 유럽 투자자들은 그것이 진짜 UBS 펀드라고 믿었던 반면, 은행은 이 펀드를 통해 매도프 측에 자금 이전을 해주면서 최소 8,000만 달러를 수수료로 챙겼을 뿐이다.

매도프는 사상 최고의 사기꾼의 자리에 있던 닉 리슨Nick Leeson을 끌어내리고 그 자리를 차지했다. 리슨은 1995년 초 무모한 거래로 223년 역사를 자랑하는 베어링 은행Barings Bank을 파산시킨 바 있다. 영국 여왕도 이용한 이 은행은 젊고 야심 많은 이 직원을 싱가포르로 파견해 소위 파생상품 업무를 맡겼다. 여러 증권 거래소의 가격 차이를 이용해 돈을 버는 업무였다. 위험도가 낮은 반면 별로 재미가 없는 이 일은 리슨의 성에 차지 않았다. 멀리 떨어져 있는 런던 본사에서 자신의 활동을 통제할 수 없었으므로 그는 1993년, 보다 위험도가 높은 선물先物 거래를 시작했다. 이 거래에서는 물품이나 금융 상품의 가격이 특정 만기일에 유효하며 그날 지불되어야 하는 것으로 합의가 이루어진다. 만기일에 상품의 가격이 실제로 더 높게 제시되면 원래 합의한 가격에 물건을 사서 더 높은 가격에 팔게 되므로 이 거래로 큰돈을 벌 수 있다. 반대의 경우가 되면 합의한 대로 더 많은 돈을 지급해야 한다.

리슨은 유명한 금융 중개인으로 출세하기를 꿈꿨다. 또 실제로 그렇게 유명해졌다. 나중에 다른 거래에서 돈을 벌어 빚을 청산하겠다는 희망으로 자신이 만든 비밀 계좌의 점점 늘어나는 손실을 감추기 시작한 것이다. 이미 1993년 말에 88888이라는 번호를 가진 계좌8은 중국에서 행운의 숫자다에는 2,300만 파운드가 넘는 빚이 쌓였다. 그러나 지능적 사기꾼이 되어버린 리슨은 계속 스타 중개인인 듯 행세했고 런던에는 이익을 올리고 있다고 보고했다. 런던 본사에서는 그에게 "황금의 손"이라는 찬사와 함께 고액의 보너스를 제공했다. 1994년 말, 베어링 은행 소속 중개인들은 최고경영진으로부터 리슨을 "본보기로 삼아 분투하라"는 요구까지 받았다. 싱가포르 국제 외환시장 선물거래소Simex는 이 활달한 영국인을 "최고의 중개인"으로 뽑아 시상하기도 했다.

그사이 이 투기꾼의 운이 오락가락하기도 했으나 결국 손실이 몇 배로 늘어나 총 14억 달러가 되어 더 이상 감출 수 없는 지경에 이르렀다. 끝에 가서는 매일 과일맛 나는 젤리를 5킬로그램이나 먹어치웠다는 리슨. 그는 마침내 포기했다. 런던의 상사에게는 이렇게 썼다. "업무 압박이 크고 건강도 악화되어 나자빠지기 일보 직전입니다." 그런데 나자빠진 것은 리슨이 아니라 오히려 은행이었다. 그는 "죄송합니다"라는 제목이 붙은 쪽지를 컴퓨터에 붙여놓고 아내와 함께 휴가를 떠나버렸다. 영국에서는 파운드화 가치가 나락으로 떨어졌고 의회는 위기대책 회의에 들어갔다.

그사이 일요판 언론사는 누가 최대의 손해를 입히는지 신이 나서 풍성하게 다뤘다. 금융시장에서 무분별한 게임을 일삼는 것은 투기꾼인가, 아니면 여러 세대 동안 나라 살림살이에 빚을 안겨서 나라 전체를 금융시장이 갖고 놀 공으로 만들고 뇌물을 받아먹은 정치인인가 말이다.

그러나 매도프는 정치와 시장 사이에 인위적 대립을 만들 필요가 없음을 알고 있었다. 상원의원들은 그에게서 정기적으로 정당 후원금을 받았다. 게다가 그는 지능적 금융 사기꾼으로서의 이력을 쌓기 시작할 무렵부터 증권거래소 통제당국과 긴밀한 관계를 맺으려 애썼다. 이런 밀접한 관계 덕에 그의 회사는 정밀한 감사를 한 번도 받은 적이 없었다. 그는 자신에 대한 사회적 인정을 촉진하기 위해 스스로를 박애주의자로 연출했으며 정기적으로 거액을 자선 목적에 기부했다. 이는 다시 그 재단의 재산과 설비를 자기네 투자기금으로 끌어들이는 데 효과적인 광고 수단이 되었다. 매도프는 정기적으로 배당금을 나눠줌으로써 고객의 기분을 좋게 유지해주었는데, 이는 투자자의 자금을 장기간 자신의 사기 펀드에 그대로 묶어두는 역할을 했다. 매도프는 이미 수차례에 걸친 금융위기를 성공적으로 극복한 바 있으니 계속 그렇게 갈 수도 있었으리라고 보았다.

그러나 국제 금융시장에서의 과도한 사기가 2008년에 이르러 큰 비난을 불러일으켰고 이에 따라 다수의 투자자들은 자기 돈을 급히 필요로 했다. 그래서 매도프 증권은 갑자기 70억 달러에 달하는 상환 요구에 직면했다. 감당할 수 있는 돈은 10억 달러에 불과했다. 이제 왕이 궁전을 나서서 몸소 이 집 저 집 다니며 돈을 빌려야 할 판이었다. 엄청난 규모의 상환 요구에 직면한 그는 이제 은행과 전문투자자 사무실 카펫 위에 섰다. 극도의 위기 상황에서 그는 새로운 충격적 금융상품을 발표했다. 그러나 이 상품에는 상환 요구를 포기한 사람만이 참여할 수 있다고 덧붙였다. 자기 회사 내에서 그는 마지막까지 가상의 세계에 살았다. 체포되기 이틀 전까지도 직원들과 성공적인 한 해를 기원하며 건배를 했다. 그때는 이미 5억 달러짜리 마지막 대형 펀드가 붕괴된 뒤였다.

부도덕성을 키우는 구조

매도프가 자신을 대단한 기업인으로 연출한 것은 의심할 여지 없이 성공적이었다. 혁신적 기업인을 위한 조언서를 보면 한결같이 비전을 설득력 있게 제시함으로써 투자자, 여신 제공자, 고객을 확보해야 한다고 돼 있다. 또 기업인은 이익과 가치 창조를 약속해야 하며 장기적 안목, 신뢰, 지성, 경험, 사회적 관계망을 과시해야 한다고 했다. 청중은 '여기에는 경제적 진화를 개척하는 사람들이 일하고 있다, 이곳에 있으면 선두 그룹의 일원으로 미래 시장에 동참할 수 있으며 조기에 큰 이익을 올린다'는 인상을 받아야만 한다고 지적한다. 또한 통념을 벗어난 사고, 전망, 상호 교류에 과장이 끼어들 때 이에 더욱 도움이 될 수 있다는 것이다. 이 사례가 레파트 엘-사예트 '박사'Dr. Refaat El-Sayed다. 그는 스웨덴 생명공학 기업인 페르멘타Fermenta 사장으로, 1980년대에 수많은 기업과 금융기관에 손해를 입힌 인물이다. 이집트 출신인 그는 말을 빨리했으며 억양도 강했고 토막말에다, 맥락을 무시하고 말했으며 수치와 데이터로 곡예를 했고 동시에 온기와 관대함을 드러내고, 공감 능력과 암시 능력을 보여주었다. 한마디로 냉정하고 진지한 스웨덴의 기업계에서 절대적으로 별종이었으며, 그래서 단박에 '돈 불리기의 천재'라는 평가가 붙었다. 사실 페르멘타 사의 높은 주가는 그가 조작한 결과였으며 수많은 자금 이전과 투자도 거짓으로 꾸민 것이다. 가짜로 붙인 박사 호칭이 그에게는 결국 불행의 족쇄가 되고 말았다.

　　이 과정에서 어떤 사업적 태도가 합법적이며 어떤 것이 불법적일까? 당연한 말이지만 이것이 처음부터 분명한 것은 아니다.[1] 장사꾼의 위험스럽고 투기적인 태도는 파산한 이후에야 비로소 범죄적 행위이자 경제적 스캔들이 된다. 반대로 그런 모험적 시도가 성공할 경우 금융을 가지고 논 도박꾼은 이득을 본 사람으로부터 '천재적 전략가'로 칭송받는다. 예컨대 애디 그로브스Eddy Groves가 그런 사람이다. 그는 호주의 유치원 체인 기업인 ABC 발달학습센터의 창립자다. 그로브스는 제5의 대륙 호주에서는 기업인의 우상으로 통했다. 다음 세대를 돌보고 가르치는 데 필요한 개념을 구상하는 일보다 더 찬탄할 만한 일이 무엇이겠는가? 타조 가죽장화에 헬리콥터, 개인용 경비행기를 갖고 있는 이 '민첩한 애디'는 ABC로 호주의 미래에 투자했다. 아니, 그렇게 보였다. 최근까지 12만 명의 아이를 돌보았으며 직원 수가 1만 6,000명이나 되는 이 기업이 갑자기 무너져버린 것이다. 국가의 지원을 받은 이 그룹은 남들이 모르게 수년 전부터 약 3억 7,000만 유로의 손실을 기록했다. 학습센터의 성공

─────────1. 클라우디오 베소치(Claudio Besozzi)의 저서 《먹이를 갖고 어디로? 불법 기업인의 사기행각에 대한 자전적 연구Eine biographische Untersuchung zur Inszenierung illegalen Unternehmertums》는 공공의 범죄인식 변화라는 말을 한다. 과거에는 범죄자의 인간으로서의 결함이 들춰졌다면 오늘날 언론 매체에서 경탄하며 언급하는 것은 목표 지향적 태도, 세련됨, 전문성 같은 그의 능력인 경우가 많다. 이는 금융 사기범과 신분 사기꾼에 대한 재판의 보도에서 특히 두드러진다.

은 순전히 허구였던 것이다.

사업 수완, 전략적인 뻥, 위험을 무릅쓰는 과감한 태도이 모든 것은 기업가와 지도층이 지니고 있는, 사람들이 찬미해 마지않는 특징이다는 한순간 기만과 사기로 뒤집힐 수 있다. 말하자면 과감한 재정 투자에 실패한 사람의 수가 너무 많아지면 (혹은 중요 인물들이 거기에 해당될 경우) 그들은 순식간에 사기꾼, 범죄자가 된다. 하버드 비즈니스 스쿨의 교수로 은퇴한 에이브러햄 잘레즈닉Abraham Zaleznik은 이를 다음과 같이 날카롭게 표현했다. "기업인을 이해하려 한다면 청소년 범죄자들을 유심히 관찰해야 할 것이다."

내 속엔 내가 너무도 많아

변화와 위기, 고속 혁신의 시대는 사기꾼 기업인들이 능력을 발휘할 적기다. 20세기 전반부의 고전적 사기꾼을 현대의 족쇄 풀린 기업가들과 연결시키는 것이 이 시대다. 두 사기꾼 유형을 모두 나타내는 인물은 로베르트 리햐르트 제거Robert Richard Seeger다. 그는 맨주먹으로 출발해 성공한, 머리가 비상한 인물이다. 오늘날에는 거의 잊혀졌지만 그는 독일연방이 성립된 초기에 유명한 기업가였다. 사람들로부터 피트Pitt라 불린 그는 어릴 때부터 영화계의 글래머 여성들에게 매료되었다. 관청과는 늘 갈등이 있어서 청소년 보호소와 교도소를 들락거렸다. 2차 대전이 끝날 무렵 피트는 뻥의 대가가 되었다. 훈장을 주렁주렁 단 기갑부대 퇴역 소령 '카를-페터 하르틀Karl-Peter Hartl 박사'도 되었다가, 여러 번 신체 절단 수술을 받은 상이용사라고 사칭해 '인민 돌격대Volkssturm, 히틀러의 지시로 조직된 향토방위 조직. 16~60세의 미입대 남성이 가입된 준 군사조직'의 지도부에 입성하기도 했다. 사실 그가 몸을 움직인다는 사실만 해도 벌써 대단한 일이었다. '하르틀 박사'는 왼팔뿐 아니라 왼쪽 다리까지 절단돼 없었기 때문이다. 전쟁 막바지 분위기에 들뜬 그는 나치의 대표적 이념가인 알프레드 로젠베르크Alfred Rosenberg를 끌어들여 산산조각 나고 있는 전선으로 보내려다 그만 탄로가 나고 말았다. 그는 체포된 뒤 사형 판결을 받았으며, 형 집행까지 한시적으로 999 징역 사단에서 노역을 했다. 물론 사지 멀쩡한 몸으로 말이다. 종전 후 제거가 미군의 포로가 되었다는 것은 사실이다. 그런데 거기서 자신이 로젠베르크와 함께 거사를 감행했다고 너무나 설득력 있게 읊어댄 통에 포로수용소 사령관이 그를 다른 곳으로 이감해 일시적으로 미국인 일에 투입하기도 했다.

　　대략 10만 명에 달하는 다른 독일인과 마찬가지로 제거는 새로운 신분을 얻은 다음 과거에 대한 부담 없이 출세를 위해 독일 완전 붕괴라는 기회를 활용했다. 특히 그는 기발한 창의성을 보였다. 그의 '살아 있는 쾨페닉Köpenick 대위'로서의 삶은 완전히 사기였음에도 기막힌 솜씨로 인해 전설은 수십 년 이상 지속됐다. 이로써 그는 대단한 능력을 입증해 보인 전설적인, 유일하다고 할 수는 없지만 그래도 극소수인 사기꾼 중 한 사람으로 평가받을 만하다. 오늘날 인사관리 분야에서 쓰는 말을 빌린다면 독창적 형태의 '퍼스널 브랜딩'이라고 칭할 수도 있으리라.

　　제거는 1945년에 이미 〈피트의 예술인 편지Pitts private Künstlerpost〉라는 잡지를 창간했다. 거기에는 요란한 가십거리와 더불어 자신의 전설도 실었다. 몇몇 사기성 사건으로 두어 번 옥살이를 했지만 도망칠 수 있었으며 '페터 바우어Peter Bauer'라는 이름으로 〈바덴 신보Badische Neueste Nachrichten〉라는 신문사의 가십 기자로도 일했다. 그는 현지 영화관 주인들을 꼬드겨 칼스루에Karlsruhe, 독일 남서부에 있는 도시—옮긴이를 독일 영화 1번지로, 새로운 바벨스베르크Babelsberg, 포츠담의 영화 스튜디오 밀집 지역로 만들자고 했다. 그는 영화를 만들고 싶었던 것이다. 제거의 머리에서는 그런 아이디어들이 끊이지 않았다. 1946년에는 양계장을 열었다. 물론 아는 것은 하나도 없으면서 말이다. 그는 위조하고 불법 취득한 서류로 나치 정권의 박해를 받은, 쾨니히스베르크Königsberg에서 탈출한 양계업자로 자리를 잡았다. 미국인 대령과의 친분을 끈으로 그는 독일 남부 바덴-뷔르템베르크Baden-Württemberg 주의 여러 농부들에게서 닭을 모아 곧 양계 농장주가 되었다. 그러나 암시장 사업으로 약간의 빚을 지게 되자, 또 다시 엄청난 발상을 통해 빚에서 벗어나려 했다. 제거는 이제 스파-리조트를 세우려 했다. "나 자신으로부터의 휴가"라는 모토를 내걸고 말이다. 끊임없이 자기 정체를 바꿔가는 제거보다 더 훌륭하게 이런 모토를 표현해낼 사람이 어디 있겠는가?

제거는 1947년 프랑크푸르트에서 리타 헤이워드Rita Hayworth와의 독점 인터뷰를 성사시켜 독일 전역에서 유명해졌다. 인기 절정의 미국 여배우 헤이워드는 미군부대를 방문해 군인들을 위해 노래를 한 곡 불렀다. 할리우드 스타와의 짧은 이중창〈유 아 마이 선샤인〉과 입맞춤 덕에 그는 일약 스타 기자가 되었다. 이후 한동안 잡지사에서 일했고 '기적의 치료사' 브루노 그뢰닝Bruno Gröning에 대한 르포 기사를 쓴 후 이 사람의 매니저가 되어보자는 생각에 이르렀다. 그뢰닝은 기부를 받아 자금을 마련해 기자들이 참석한 가운데 본격적인 대중 치료회를 개최했다. 두 사람의 사업은 한동안 대호황이었지만 점차 분위기가 이 기적의 의사에게 반대하는 쪽으로 뒤집혔다. 그러다 여아가 1950년 결핵으로 사망하는 사건이 발생했다. 부모는 정규 의사의 치료를 거부하고 모든 희망을 그뢰 닝에게 걸었지만 결국 아이는 죽고 말았다. 이로써 사업은 참담하게 끝 나고 말았다. 제거는 이로 인해 다시 감옥에 들어가야 했다.

감옥에 있으면서도 그는 돈 많은 부인과의 서신 교환을 통해 자금을 마련했다. 출소와 함께 새로 출발하기 위해서였다. 이번 역할은 귀족, 미인, 권력자의 사진사였다. 그 외에도 뮌헨에서 술집을 열었다가 금방 말아먹기도 했고 친칠라 농장을 운영하기도 했다. 이전의 양계 사 업에서와 마찬가지로 모피용 짐승의 사육과 거래에는 문외한이었지만 친분 있는 유명인사들을 통해 돈을 마련했다. 그들이 값비싼 짐승에 대 한 후원을 맡는 대신, 거기에 든 돈은 짐승의 사육과 판매를 통해 상각하 기로 했다. 제거는 그들에게 연간 최고 400%까지 수익을 약속했다. 그 러나 이 분주한 사업가는 짐승 한 마리에 여러 명의 후원자를 붙였다. 그 는 고객용 월간지에 "유럽 최대의 최신식 친칠라 농장"이라고 자랑을 늘 어놓았지만 병약한 친칠라들은 크게 번식하지도 못한 채 죽었다.

그런 상황에서도 제거는 굴하지 않고 꿋꿋하게 새로운 사업 아이디어를 실현하려 했다. 높이 368미터에 달하는 거대한 방송탑이 베 를린에 세워지기 한참 전에 뮌헨에 325미터 높이의 '알프스 탑' 건립 계 획을 세우고 기획사를 차렸다. 그는 다시 한 번 투자자 모집에 나섰고 약 간의 성공을 거두었다. 그러나 그렇게 거둬들인 돈을 자신의 호화로운 사생활에 먼저 사용했다. 이 프로젝트는 한 번의 기자회견으로 여러 신 문 1면에 올랐고, 뮌헨 공대의 교수들은 이미 모델을 제작하기 시작했으 며, 사회민주당 소속의 뮌헨 시장 한스-요헨 포겔Hans-Jochen Vogel조차도 이 아이디어에 매혹됐다. 4년 뒤 시 의회는 이 프로젝트를 직접 관장하기로 의결했고 따라서 제거는 게임에서 배제되었다. 수백 개의 사업 아이디어와 프로젝트로 쉼 없이 기업가의 삶을 영위한 그는 48세에 기력이 쇠잔한 나머지 국가의 사회복지 생계비에 의지해야 하는 처지가 되고 말았다. 이제 그는 '자신으로부터의 휴가', 아니 그것보다 오히려 자기가 만든 '수많은 나'로부터의 휴가가 필요하게 되었다. 전후戰後의 자수성가형 인물, 제거는 자기를 만들어내고 자기를 마케팅하는 것이 항구화된 우리 시대를 한 발 앞서 실행한 사람이었다고 해도 과언이 아니다.

리스크가 없으면 재미도 없다?

사업에 관련된 조언서들은 수도 없이 많다. 정신없이 질주하는 기업인들을 다소 세련된 길로 인도하기 위해서다. 그러나 사업 이론들을 이해하는 데 꼭 전문가의 조언이 필요한 것은 아니다. 대사업가나 사기꾼들은 초창기에 언제나 남의 돈을 빌린다. IT 기업이든 손톱 다듬는 가게든 아니면 작은 식당이든 모든 창업자는 돈 빌리는 일에는 훤하다. 브루클린 출신으로 한때 보잘것없는 금융중개상이던 버나드 매도프는 당시 자신의 양부에게서 초기 자금과 잠재고객의 목록을 제공받는 행운을 누렸다.

그런 개인적 친분 관계가 없는 이들에게는 은행이 있지만 은행은 신규기업 설립에 회의적인 경우가 많다. 수많은 젊은 기업가들이 짧은 시간이 지나면 다시 시들어버리기 때문이다. 특히 특정 분야(은행 종사자들의 말로 BMW), 빵집Bäcker, 정육점Metzger, 식당Wirt 혹은 미용Beauty,

패션Mode, 운동Wellness에 대해서는 엄청난 여신 제약이 존재한다. 대출을 필요로 하는 사람들은 절망적 상태에서 은행을 대신할 그 무엇을 구하고 자칭 보험대리업자, 은행직원 또는 금융상담가라고 떠드는 사기꾼의 함정에 빠지고 만다. 한순간의 실수로 시작도 하기 전에 일찌감치 끝나버릴 수도 있는 것이다.

그러나 그런 심각한 상황까지 갈 필요는 없다고 '리스크 없이는 재미도 없다' 같은 제목의 창업 조언서들은 말한다. 어떤 이유에서인지 여신에 문제가 생길 때 중요한 역할을 하는 것은 개인적인 카리스마다. 기업 컨설턴트와 코치들은 한목소리로 "여신을 받아야 하는 사람은 자기 비전부터 구축해야 한다"고 말한다. 놀랍게도 이때 비전은 다소 과장돼도 괜찮다. 약간의 광기는 여신 제공자를 완전히 설득시킬 수도 있다.

경제사를 보면 게릴라 유형의 사업가들이 있다. 자수성가와 전업博業을 통해 영웅적인 기업가로 떠오른 사람들이다. 처음에는 웃음거리였던 외부 인물이 전 분야를 혁신하고 결과적으로 엄청난 이익을 창출해 축하를 받는 일이 이어지고 있다. 예컨대 아마존을 창립한 제프 베조스Jeff Bezos나 페이스북을 세운 마크 저커버그Mark Zuckerberg 같은 이들이다. 세상은 여러 생산 과정과 전 분야가 하룻밤 사이에 혁신될 수도 있다는 것을, 전통적 시장을 와해시키고 새로운 시장을 형성하는 소위 '와해성 기술disruptive technology'이라는 개념으로 설명한다. 그러니 참신한 애송이나 엉뚱한 생각에 정신이 팔려 있는 발명가가 미래형 인간이 아님을 어떻게 확신할 수 있겠는가?

특출난 천재의 가면

사람들은 한때 라스 빈트호어스트Lars Windhorst도 그런 인물이 아닌가 여겼다. 그는 약관에도 한참 못 미치는 열네 살 나이에 기업가의 삶을 시작했고, 열여섯에는 사업에 전념하기 위해 학교를 그만뒀다. 사업 분야는 컴퓨터 조립 판매였다. 빈트호어스트는 극동의 제조업체와 직접 협상을 해서 중국 사업가 한 사람과 공동으로 빈트호어스트 전자를 설립했다. 그렇게 해서 그는 유리한 가격에 제품을 공급할 수 있었다. 이어서 그는 청년 기업가의 표상이자 청년 기독당원으로서 온갖 매체에 등장하는 스타가 되었다. 또한 자수성가 및 청소년 창의 정신을 대표하는 인물로 통했다. 당시 독일의 헬무트 콜 총리는 이 어린 경제 스타를 자신의 아시아 순방에 동행하는 재계 대표단에도 포함시켰다. 국제적 영업망을 갖춘 빈트호어스트 그룹은 1995년에 1억 8,000만 마르크의 매출을 올렸으며, 회사 창립자는 경제계, 정계 고위 인사 및 마이클 더글러스기업 영화《월스트리트》에 출연했다 같은 연예계 유명인사와 교류했다. 마이클 더글러스는 빈트호어스트의 베를린 사무소 개소식에도 와서 '친구 라스Lars'와 여러 시간 환담을 나누기도 했다.

그러나 2001년에 빈트호어스트 그룹은 심각한 위기에 봉착했다. IT 분야의 위기와 일련의 잘못된 결정으로 이 젊은 스타 사업가는 7,200만 유로의 빚을 졌으며 개인파산 지경에 몰렸다. 이제 신용카드도 발급받을 수 없고 은행계좌 개설이나 이동전화 계약도 할 수 없는, 자신의 고백에 따르면 무일푼 상황에 직면했다. 그는 지난날을 되돌아보며 자기 회사의 구조적 불안정성, 특히 '나라는 개인에 대한 열광'으로 그런 일이 일어났다고 보았다. 그 열광은 그가 추락한 후에도 사라지지 않았다. 그렇지 않고는 채권자에게 말도 안 되는 소액의 보상금 160만 유로를 주기로 하고 채권청구를 하지 않도록 한 점, 한때 자신의 돈줄 중 한 사람에게 매니저 일을 맡긴 것, 이어서 인터넷 서비스 공급업체인 프리넷Freenet으로 수백만 유로를 벌고, 저가 항공사인 에어 베를린의 최대 개인주주로 올라설 수 있었던 사실은 설명될 수 없다.

이후 그는 거듭된 성공과 실패로 계속 사람들의 이목을 끌었다. 그는 사업 파트너들에게 자신의 '품질'을 확신시키는 데 늘 성공했다. 그러나 결국 사기와 파산으로 수많은 재판에 봉착했고, 이들 재판은 2009년 12월 합의금액 지급을 조건으로 심리가 중단되었다. 그러나 2010년 말, 빈트호어스트는 93만 유로를 횡령한 혐의로 1년의 집행유예를 선고받았으며 벌금 10만 8,000유로를 내야 했다.

그는 과대평가 받은 사기꾼일까? 아니면 매우 유연한 사업가로, 닷컴 버블로 대표되는 1990년대 후반부의 신 경제 위기로 인해 어려움에 처했지만 다시 재기했던 사람인가? 천재인가 아니면 대단한 체하는 떠버리인가?

이런 질문은 리히텐슈타인 출신의 젊은이 마리오 리터Mario Ritter에게도 제기된다. 항공 여행광인 그는 22세이던 2002년, 새로운 스위스 항공사 프로젝트로 주목을 받았다. '에어 스위스Air Switzerland'가 취리히와 베른에서 아시아, 아프리카, 미주 등으로 가는 장거리 노선에 에어버스 항공기를 투입한다고 했다. 견실하던 스위스 에어Swiss air가 운항 금지라는 치욕을 당했으며, 베른에 본사를 둔 스위스윙Swiss wing이 파산한 이후여서 신규 출범한다는 이 스위스 항공사는 새로운 희망이 되기에 충분했다. 보무도 당당히 등장한 '마리오 리터 그룹Mario Ritter Group'은 전

분야에서 프로펠러 예열에 들어갔으며, 국가로부터 운항허가를 받기도
전에 이미 인력부터 확보했다. 기술자와 조종사, 승무원 등 모두 220명
이었다. 이들 중 일부는 이전에 스위스 에어에 근무하던 사람이었다. 에
어 스위스를 상징하는 새로운 색상으로 단장한 비행기는 홍보를 위해
취리히 공항 앞마당에 세워졌다. 기자들에게는 에어 스위스 로고가 선
명한 A-340 시뮬레이터를 들여다볼 기회가 주어졌다. 리터는 월 1만
4,000유로가 넘는 돈을 주고 홍보 회사에 언론으로부터 호의적 기사가
나도록 일을 맡겼다. 그런데 문제는 스위스 연방정부의 민항 운영 허가
는 신규 항공사가 자체 수입 없이도 최소 석 달간의 운영이 보장될 때 주
어진다는 사실이었다. 이를 위해 추가로 500만 유로가 있어야 했지만 리
터는 이 돈을 조달할 수 없었다.

　　　　승객이 탄 제트기가 한 대도 뜨지 못한 채 꿈은 사라지고 말
았다. 오늘날 판단해보건대 이 젊은 사업가는 투자자를 위해 요란한 종
이 무대를 세운 사기꾼처럼 보이기도 한다. 만약 에어 스위스가 이륙해
시장의 인정을 받았더라면 리터는 오늘날 거액 강사료를 받는 연사로
또 각 대학과 경영대학원의 명예박사로 소개됐을지도 모른다. 하지만 현
실에서는 그에 대한 형사재판 및 파산 심리가 아직도 진행되고 있다. 리
터는 그사이 중혼重婚 혐의로도 피소되었다. 2006년에 올린 결혼식에서
2년 전 두바이에서 올린 혼인에 대해 입을 다물었다는 것이다. 이는 리
히텐슈타인 공국公國에서는 최장 3년 금고형을 받을 수 있는 범죄다. 그
는 공식 주소를 '두바이 사서함 1111'이라고 진술했는데 이는 채권자들
로 하여금 쉽게 접근하지 못하게 하려는 수작이었다.

　　　　에어 스위스 대신 오늘날 스위스라는 이름을 내걸고 있는 항

공사는 유구한 전통을 가진 스위스 에어의 신판新版으로, 독일 루프트한
자의 자회사다.

금융 마술사와 그의 경영 비밀

버나드 매도프가 금융 천재로서의 전설을 확립할 때 사용한
것과 동일한 술수는 100여 년 전부터 먹혀들었다. 고율의 이자를 약속함
으로써 거금을 긁어모으는 방식이다. 그러나 투자금은 이익을 가져다주
는 곳에 투자된 것이 아니라 호사스런 생활을 유지하는 데그런 생활은 동시에
다른 투자자에게 성공의 증거로 제시된다 그리고 최초 투자자에 대한 지급 자금으로
쓰인다. 영어권에서는 이런 식의 잔꾀를 '폰치 스키마Ponzi-Schema'라 부른
다. 이는 이탈리아계 이민자인 찰스 폰치의 이름에서 따온 것으로, 그는
20세기 초 3달러도 안 되는 돈을 갖고 뉴욕으로 와서 이 원칙으로 단시
간에 수백만 달러를 챙긴 바 있다. 당시나 지금이나 도움이 되는 것은 입
소문이다. 투자자들은 돈을 벌었다고 신이 나서 떠들어대고 이것이 다시
신규 투자자를 끌어들이는 것이다.

금융으로 장난질하는 사기꾼은 제2차, 제3차로 밀려드는 투
자자들이 쏟아 붓는 돈이 최초 투자자에게 빠져나가는 돈의 규모보다 늘
더 커야 한다는 점, 또한 동시에 너무 많은 투자자에게 돈을 상환하는 일
이 생기지 않도록 유념해야 한다. 따라서 투자자에게 개인적으로 희망
을 줘가며 살살 달래야 하고, 일부 상환을 통해 불만이 없도록 해야 한
다. 비상시에는 늘 신규 차입을 해서 수지균형을 가급적 오랫동안 유지

해야 한다.

사기꾼 위르겐 하르크센Jürgen Harksen은 투자자와의 대화 도중 지나가는 말인 듯 연소득 4억 5,000만 마르크에 대해 발부된 2억 마르크가 넘는 세금 고지서를 슬쩍 보여줌으로써 미심쩍어 하는 투자자들을 속였다.[2] 그 외에도 그는 투자자를 달래려고 해당 투자금이 세법 관련 논란으로 인해 스칸디나비아에 묶여 있지만 그 문제는 곧 해결될 것이라고 떠벌였다. 하르크센은 숨 막히는 사기꾼 이력을 전개하면서 한자동맹 도시의 부자들에게서 수백만 마르크를 취했다. 피해자 중에는 경영학과 출신의 유명 대중음악가 디터 볼렌Dieter Bohlen도 있는데, 그의 말에 따르면 300만 마르크를 사기당했다고 한다.[3] 그러나 하르크센은 이에 반박하며 볼렌에게 보상금을 포함한 60만 마르크를 돌려주었다고 늘 강조했다. 볼렌이 하르크센을 형사고발 했다는 말 또한 들리지 않았다.

하르크센의 뜬 구름 잡는 행각은 비교적 괜찮은 집안 출신의 아내를 만나게 되면서 그녀에게 성공한 사람이라는 인상을 심어주려고 시작됐다. 언어 능력, 신속한 사태파악 능력 및 학습 자세, 한자동맹권 상류사회의 관습에 대한 직관적이고 즉각적인 모방능력, 이것이 한때 임시직으로 일하던 한 인간의 성공 비법이었다.

_____2. 나는 사무실에서 그의 곁에 앉았고 그는 내게 이렇게 묻는다. "디터, 자네 내 소득세 납부 고지서 한번 볼 생각 있나?" 나는 그 서류를 받았고 거기에는 "연간 소득 4억 5,000만 유로. 내야 할 세액 2억 유로"라고 분명히 적혀 있었다. 나는 이렇게 생각했다. '이 친구는 지난 해 4억 5,000만 유로를 벌었네. 괜찮군. 이 친구 정말 영악한 사람인 게 틀림없어!' (Dieter Bohlen, *Nichts als die Wahrheit*, München 2002, 193p.)
_____3. 〈Manager Magazin〉 2004. 2, 86p, Günter Janke, *Kompendium Wirtschaftskriminalität*, Frankfurt 2008, 133p.

예술가, 저술가, 배우 및 연극 감독과 마찬가지로 하르크센 같은 유형의 사기꾼들은 대중의 환상을 불러내어 그것을 그럴듯하게 꾸밀 줄 안다. 그들은 자기들이 목표로 하는 대중들을 알아보고, 그네들이 동경하는 것, 사고방식으로 작업을 걸어 그들에게 딱 맞는 동화와 마음을 붕 띄우는 이야기를 전한다. 이 과정에서 사기꾼은 자신의 환상에서도 힘을 얻는다. 성공은 자극이면서 동시에 압박이다. 스스로에게 거는 기대가 점점 더 커지기 때문이다. 사기적인 눈덩이 방식은 하르크센이 대중을 환상적으로 유혹하는 소위 기술적 토대가 되었다.

이 사기꾼의 술수를 잘 보여주는 일화가 하나 있다. 자신에게 돈을 댄 어느 투자자의 요청으로 세계 최대 규모의 보험회사 금융담당 이사를 자기 전용기에 함께 태운 다음, 터키의 휴양도시 이비자Ibiza로 가면서 비행하는 동안 말을 걸지 말라고 부탁했다. "저는 조용히 제 비프스테이크를 먹고 포도주를 마시고 싶습니다."

한 시간도 채 되지 않아 돈 많은 승객들이 하르크센에게 다가와서 투자 의향이 있다며 달라붙었다. 그러나 하르크센은 거절의 뜻을 전했다. "별 신명이 나질 않는군요. 이제는 여러분의 돈이 별로 필요가 없어서요." 완전히 요리된 사업가들은 이 말에 제대로 걸려들었다. 비행하는 도중 이들이 여러 차례 조른 다음에야 하르크센은 그들에게 독점 투자를 제의했다. 그는 1999, 2000년 교체기에 달나라 여행을 계획하고 있으며 이와 관련해 이미 대기업들과 협상 중이라고 말했다. 이 여행에 대한 생중계 및 보도에 대한 권리로 5억 달러 이상의 수익을 올릴 수 있다는 것이다. 개조된 우주왕복선에는 열 명이 타게 되며 티켓 한 장에 100만 달러라고 덧붙인다. 하르크센의 말에 따르면, 그 보험회사 이사가 이에 대해 "우리는 어쨌든 거기에 함께 합니다"라고 대답했다고 한다. 하르크센은 나중에 이런 터무니없는 이야기로 이해관계자들을 조롱하려 했을 뿐이라고 주장했다. 그래서 투자자들이 달나라 여행을 투자 옵션으로 꿀꺽 삼킨 데 대해 깜짝 놀랐다.

"그건 별일 아닙니다. 누구나 알았어야 하는 거지요. 미 항공우주국에 문의하면 금방 알 수 있는 일이니까요. 그건 완전히 어릿광대 놀이였다니까요."[4]

인형극을 벌인 위르겐 하르크센은 그사이 감옥살이를 끝내고, 여전히 신나고 재미난 일을 만들어야 한다는 생각에 젖어 스페인 남부 휴양지 마요르카Mallorca로 내려갔다. 그곳에서 그는 '포도주 전문가소믈리에'로 행세했고 독어판 〈마요르카 신문Mallorca Zeitung〉에 이에 대한 광고를 냈다.[5]

신분 상승을 이룬 하르크센과 함부르크 등 한자동맹 도시에 사는 부자들. 사기꾼과 예술가, 대중과 팬 결합의 한 사례다. 환영幻影의 극장 안에서 둘은 서로를 필요로 한다. 많은 사기꾼들이 음악적 재능을 갖고 있는 것은 근거가 없지 않다. 그들은 시같은 글을 쓴다. 감옥에서도 일부 쓰고 나와서도 쓴다. 자서전도 집필한다. 하르크센이나 포스텔Gert Postel처럼 말이다. 극작품을 쓰는 경우도 있다. 저술가와 전문 뻥쟁이는 동일한 모델에 따라 행동한다. 먼저 전체적인 틀, 즉 이야기를 하나 고안해낸다. 그런 다음 한 단계씩 세부적인 것을 그려나간다. 또 그들은 청

——————4. 〈Die Hochstapler(2006)〉 속 인터뷰에서 하르크센이 한 말.

——————5. 〈Mallorka Zeitung〉 2010. 1. 14.

중과 상황에 따라 변화를 주기도 한다. 그리고 자신이 꾸며낸 이야기의 기본 정보를 스스로 확고하게 믿을 때까지 되풀이하여 읊어댄다. 시인과 배우들은 자기 환상을 예술 분야 내에서 두루 맛볼 수 있는 행복한 패를 갖고 있는 반면, 사기꾼들은 재주는 있지만 불행하게도 인생 무대에 발을 내디딘 다음 범죄자가 된다고 취리히의 사기꾼 전문가 게오르크 프란츠 폰 클레릭Georg Franz von Cleric이 이미 1920년대에 단언한 바 있다. 배우 기질은 매도프, 하르크센 및 동료 뺑쟁이들의 선구자에게도 매우 중요했다. 더 정확히 말하면 그들은 선구적 여성 사기꾼이었다. 19세기 말에 무대에 등장한 재주 많은 여성 사기꾼 이야기를 살펴보자.

"그녀는 새가 노래하듯 거짓말을 했다"

앞서 말한 찰스 폰치가 금융 사기꾼들이 가장 애호하는 사업 모델이 된 것은 사실 부당하다. 이런 명성은 프랑스의 한 자그마하고 수수한 여성에게 돌아가야 마땅하다. 그녀는 평범한 환경에서 자랐으며 눈덩이 시스템을 이미 100여 년 전에, 즉 폰치 이전에 완성시킨 인물이다. 추가로 덧붙이자면 그녀는 자신의 사업을 통해 프랑스를 국가부도의 언저리까지 몰고가기도 했다.

그 시대의 증인들은 테레제 홈베르트Thérèse Humbert의 창의적 재능을 경이의 눈길로 기술했다. 그녀의 전기를 쓴 힐러리 스펄링Hilary Spurling에 따르면, 테레제는 노련한 배우의 미세한 심리적 변화를 소설가의 서술적 과장과 결합시켰다. 사람들을 조작하는 그녀의 능력은 그야말로 전설 같았다.

"그녀에게 그런 힘을 준 것은 절대로 마를 줄 모르는 놀라운 창의적 능력, (……) 그리고 무엇보다 타의 추종을 불허하는 특출한 뻔뻔함이었다. 그녀는 자신을 아주 자연스러운 존재로 받아들여달라는 말도 안 되는 호의를 너무나 자연스럽게 요구한다."

테레제는 스스로를 (자기 상상 속에서만 존재하는) 백만장자 '샤토 드 마르코트Château de Marcotte'의 재산과 (마찬가지로 허구인) 포르투갈의 코르크나무 농장을 상속한 장애인 여성이라고 소개했다. '경악할 규모의 유산 상속'이라는 허황된 꿈은 19세기 이래 널리 퍼져 있었다. 흔히 말하듯 '미국에서 온 부자 삼촌'은 사람들이 소망하는 인물이었던 것이다. 테레제는 숫기 없는 프레데릭Frédéric이라는 남성과 결혼했는데 그는 그녀의 삼촌 구스타브 홈베르트Gustave Humbert의 자제였다. 삼촌 구스타브는 아들과 마찬가지로 법률가였으며 진보적 정치가로서 파리에서 가파른 출세 가도를 달리고 있었다. 두 법률 전문가와의 협력 속에서 테레제는 로버트 헨리 크로포드Robert Henry Crawford라는 이름의 미국인 백만장자 한 사람을 만들어냈다. 백만장자는 어머니의 연인으로 둘 사이의 혼외 자식, 바로 테레제를 자기 재산의 유일한 상속자로 지정했다는 것이다. 유산은 1억 프랑, 현재 가치로 환산하면 3억 유로이다.

"거금 앞에서 사람들은 마치 이집트 기자에 있는 쿠푸이집트 제4왕조 시대의 왕 피라미드 앞에서처럼 모자를 벗어 경의를 표했으며, 그녀에 대한 경탄으로 눈빛이 흐려졌다"고 당시 한 여성은 기록했다. 그러나 이 전설 같은 이야기의 정점은, 역시 상상 속의 존재인 죽은 이의 조카들이 그 상속을 인정하지 않고 있으며, 따라서 유산을 받기 위해서는 오랜 시간 씨름해야 한다는 것이었다. 허구의 인물인 그 남자들과는 법적 분쟁이 평화적으로 끝날 때까지 재산은 손대지 않고 그대로 둔다는 조건하에 양측이 전 재산을 훔베르트 부인에게 맡기기로 '합의'할 예정이었다. 이른바 '보물'이라는 것을 테레제는 큰 금고 안에 보관해두었다. 결국 유언의 법적 유효성을 둘러싸고 실제의 법정 송사가 시작되었다. 말하자면 상상의 인물인 크로포드의 조카들이 개시한 것이다. 그러나 직접 법정에 나타나는 일은 없었으며 늘 변호사가 그들을 대리했다. 이 모든 것이 테레제와 그녀의 가족이 꾸민 일이었다. 출세 가도 정점에서 테레제가 빌린 돈은 환산하면 1억 5천만 유로에 달했다. 채권자 중 한 사람이 대출금 상환을 재촉하면 그녀는 터무니없는 이자를 수년 동안 지급하기로 하고 새로운 채권자들을 끌어들였다.

테레제의 삶은 화려한 인맥과 향락적 사치에도 불구하고 어두운 측면도 당연히 있었다. 모든 채권자들이 무기한 오냐오냐하면서 기다려주지 않았던 것이다. 이런 경우를 담당한 사람이 동생 로맹Romain이었다. 그는 무자비한 폭력을 휘두르는 습관을 갖고 있었으며 자금 공급자와 여신 제공자를 협박하는 법을 잘 알고 있었다. 예를 들면 파산한 채권자의 아내가 열받은 나머지 테레제를 찾아가서 분노했을 때 재빨리 연발 권총을 꺼내 발사해버린 일도 있었다.

테레제의 주채권자 중 하나인 지라르 은행Banque Girard이 파산에 직면했을 때 은행장 폴 지라르Paul Girard가 테레제를 찾아갔다. 그러나 테레제는 거액의 여신을 (갚을 수도 없었지만) 갚으려 하지 않았다. 절망에 빠진 은행장은 권총을 꺼내 그녀를 쏘았다. 하지만 이번에도 돈을 얻어 쓸 사람을 고를 때와 마찬가지로 제대로 겨냥하지 못했다. 결국 자기 사무실로 도망갔다가 스스로 제 총알받이가 되었다. 프랑스 릴Lille 출신의 양조장 주인 폴 쇼트만과 그 아들은 200만 프랑을 훔베르트 집안에 제공했는데, 이후 다시 700만 프랑 규모의 자금을 빌려달라는 요청은 거부했다. 이후 쇼트만의 시신이 프랑스 북부 두에Douai와 릴 사이의 화물 열차 안에서 발견됐다. 여기에 로맹이 개입된 것일까? 아마 그럴 수도 있다. 죽은 쇼트만의 아우 장Jean은 테레제에게는 단 한 푼도 더 주지 않겠다는 확고한 의지를 갖고 있었지만 결국 그녀에게 돈을 제공했다.

돈에 눈이 먼 여인이 그렇게 여러 해 동안 챙긴 행복도 허풍 기계의 생산 책임자였던 테레제의 시아버지가 사망함으로써 그녀를 떠났다. 지라르 은행 파산을 둘러싼 재판은 1902년 최종심에 이르렀으며 결국 세기의 사기극은 그렇게 들통났다.

1902년 5월 9일, 테레제의 가상 제국이 붕괴하자 수많은 채권자들도 함께 망했다. 수천의 소액 채권자들은 평생 모은 돈을 날렸으며 프랑스의 고위 공직자들이 줄줄이 사퇴하기에 이르렀다. 몇몇 투자자들은 수백만 거금을 날렸다고 이승에서의 삶을 마감한 반면 프랑스 정부는 손실을 줄이려고 애쓰는 모습을 보였다. 검찰과 변호사 측은 재판 개시 전에 이미 서류를 엄정히 살필 의사가 없다는 데 합의했다. 유명 정치인이 테레제에게 보낸 애걸과 감사의 편지는 그래서 그대로 봉인된 채 공개되지 않았다. 고도의 수법을 사용한 이 여성 사기꾼의 카리스마는 재판 과정에서 다 떨어져나갔다. 마치 연극에서 그런 역할을 맡기라도 한 듯, 그녀는 자신의 모든 능력을 내려놓고 창백하고 일상적인 모습을 보인 것이다.

테레제 홈베르트와 동시대 인물인 아델레 슈피체더Adele Spizeder의 사건에서는 여배우가 눈덩이 시스템으로 부자가 되기도 했다. 1832년생인 이 여배우는 수년간 무명배우로 지낸 끝에 무일푼의 처량

한 신세가 되어 뮌헨의 '황금 별'이라는 술집에 정착한 다음, 여기서 자기 필생의 역할을 발견한다. 그녀는 거부할 수 없는 꿈같은 수익률로 투자자를 유혹했다. 두 달에 16%의 이자를 현찰로 선지급하고 셋째 달의 이자는 투자 원금에 추가된다는 조건이었다. 이런 금융사업이 호텔 방에서 일어난다는 점, 슈피체더 부인의 출신과 금융 전문성이 분명치 않다는 점에 대해서는 아무도 의혹을 제기하지 않았다. 물론 투자된 돈에 이자를 정확히 상환하는 한 그랬다는 말이다. 이런 꿈같은 수익률에 대한 소문은 빠른 속도로 퍼져나갔고 다카우Dachau 주변의 부자 농부들이 그녀의 고객이 되었다. 슈피체더 여사는 1871년 '다카우 은행Dachauer Bank'을 열었고, 호텔 직원처럼 복장을 갖춰 입은 일꾼들이 있는 저택에 입주해 살았다. 3년도 안 돼 백만장자의 반열에 올랐으며 뮌헨에서만 열여섯 채의 집을 사들였다. 그러다 경쟁 은행들과의 마찰로 이 시스템은 붕괴되고 말았다.

스위스도 이 사기 모델을 금방 따라했다. 이번에도 꼭대기에 올라선 사람은 여성이었다. 리나 막Lina Mack은 폰 베르텐슈타인von Werthenstein 또는 퀑Küng이라는 이름도 사용했는데, 루체른의 가난한 가정 출신이었다. 은행 직원과 결혼했으며 그녀도 한때 취리히 은행에서 일한 적이 있었다. 그래서 금융업에 대한 기본적인 지식은 익힌 상태였다. 돈은 없었지만 그녀는 가정부 등이 딸린 호화 주택을 유지했다. 1921년에서 1924년까지 우아한 '퀑 여사' 행세를 하면서 투자 의향이 있는 시민들에게 환상적인 수익률을 약속하고 1925년에 망할 때까지 거액을 모았다.

신분 사기꾼과 금융 사기꾼의 수는 당시 크게 증가해 경찰에서 이런 유형의 범죄를 담당할 전문가들을 양성할 정도였다. 이들은 학술적 열정을 갖고 사기꾼의 심리 그래프에 몰두했다. 그래서 리나 막 역시 앞서 언급한 게오르크 프란츠 폰 클레릭의 관찰 대상이 되었다. 클레릭은 당시 취리히 지방검사였는데 신분 사칭 사기꾼 전문가로도 명성을 날렸다. 그의 말에 따르면, 감옥에 들어간 리나 막은 극도로 아양 떠는 모습을 보였으며 모든 일에서 아픈 척했다고 한다. 성실하지도 않았고 작업장에서 발광을 하기도 했다.

그런데 그 수사관 자신이 곧 범죄 이야기의 주인공이 되었다. 그는 1931년 10월, 흔적 없이 사라져버렸다. 가방도 가져가지 않았고 지갑도 없이 산책용 지팡이 하나와 여권만 갖고 있는 상태였다. 취리히 경찰 지휘부는 모든 술집과 국경 통과지점을 다 뒤졌다. "신경과민과 과로 때문에 시골을 무작정 배회하고 있을 것으로 추정됨. 특징: 이마에 상처 있음. 담배를 많이 피움. 걸을 때에 땅바닥만 봄." 이런 전단지를 배포하는 한편 막 취리히에 와서 쇼에 출연 중인 점쟁이를 찾아가는 것도 꺼리지 않았다. 점쟁이는 과학자 청중 한 사람을 앞에 둔 상태에서 명상에 들어가더니 이렇게 말했다. "이 사람은 죽었소. 물과 자갈밭이 보이는군요. 여기서 멀지 않소."

지능 사기범 전문 수사요원에게 이런 말도 안 되는 수색방법을 쓴 지 며칠 후, 폰 클레릭은 한 호수에서 발견되었다. 그는 자살한 것으로 추정되었으며 사람들은 방대한 내용을 담은 새 형법 교재 집필에 매달린 탓에 과로를 한 것으로 짐작했다.

사기꾼의 성공은 사람들이 위험을 보지 못한 탓

매도프, 하르크센, 홈베르트 또는 막. 마술 같은 설득력을 지닌 이 사기꾼들은 정체가 드러난 후에는 완전히 다른, 아주 평균적이거나 심지어 불쌍해 보일 정도의 사람으로 변신한다. 이러한 탈바꿈을 보고 나면, 그들이 어떻게 여러 가지 역할을 그렇게 멋지게 연기할 수 있었는지 피해자조차 이해하지 못할 지경이 된다. 피해가 큰 만큼 범인에 대한 판결은 무거워진다. 몇몇 경우, 예컨대 테레제 홈베르트의 사건에서는 피해자 중에서 검찰과 더불어 공동 기소자로 나설 사람조차 찾을 수 없었다. 그전에는 탁월한 유혹 전문가였던 사람이 법정에서 이렇게 무장 해제된 평범한 태도를 보이는 것 또한 일종의 자기보호 수단으로 이해해야 한다. 말하자면 형량을 줄이는 데 도움이 되는 새로운 역할인 셈이다. 그래야 가능한 한 빨리 다시 자유 속에서 새로운 작품을 상연할 수 있으니 말이다.

거기에는 당연히 한계가 있다. 지능적으로 사기를 친 '금융 천재' 매도프는 사람들이 자신에게 동정심을 갖고 다가오리라고는 거의 기대할 수 없다. 150년형은 감옥 바깥에서 새로운 시도를 할 여유를 주지 않는다. 그래도 혹 감옥 안에서 적어도 새로운 활동 영역 하나는 그를 기다리고 있지 않을까? "복역하는 동안 및 집행유예 기간 중 관찰한 내용을 보면, 사기꾼들이 얼마나 물 흐르듯 민첩하게 하나의 틀을 벗어버리고 다른 쪽으로 옮겨가는지, 사기로 번쩍거리는 내면세계에서 어떻게 손쉽게 바깥세계를 찾아 그 속으로 들어가고, 거기서 마찬가지로 손쉽게 다시 사기로 열어젖힌 인생 무대로 미끄러지듯 되돌아올 수 있는지 알 수 있다"고 독일연방 수사국은 한탄스레 말했다.[6] 심리학자 요제프 그륀베르거Josef Grünberger는 사기꾼들은 감옥에서도 설사 비굴한 모습은 보일지언정 잘못했다는 태도는 거의 보이지 않는다고 단언한다. 종종 행정 공무원의 조수인 양 나서서 그들 서로를 반목시켜 자기 이익을 취하기도 한다. 감옥에서도 게임은 계속되고 있는 것이다. 일반적으로 신분 사칭 사기꾼에 대해서는 사회 복귀 가능성 진단이 좋지 않게 나온다.

당시 폰 클레릭은 뻥 전문가들이 성공하는 결정적인 원인이 사람들이 그들의 위험을 보지 못하는 데에 있음을 밝혔다. 사기꾼은 자신의 위험성을 감춘 다음 확실하고 객관적이며 쏙 빨려들도록 행동하기 때문이다. 진정한 신분 사기꾼은 늘 전력질주하면서, 벌을 받는 한이 있더라도 스스로 선택한 가면이 주는 압박감을 벗어버렸으면 좋겠다는 무의식적인 희망까지 드러낸다. 이런 희망으로 인해 보통은 '천재적인' 이들 고등 사기꾼도 때로는 뻔한 실수를 하기도 한다. 이렇게 스스로 정체를 드러낸 사례가 있다. 전후 베저베르클란트Weserbergland에서 '오토 폰 슈바르첸베르크 백작Otto von Schwarzenberg'이라고 뻥을 친 사기꾼이다. 한동안 그는 신분에 맞는 삶을 영위했지만 몸에 익은 습관이 결국 불행을 불러들였다. 그 지역 진짜 백작과 만찬을 하다 은수저를 대수롭지 않게 슬쩍한 것이다. 감옥살이가 뒤따랐다. 백작으로 살던 시절 그의 자식 수는 얼마나 되는지 모를 정도였고, 그가 진 빚은 천문학적 액수였다.

_____6. Bundeskriminalamt, 《사기와 문서위조의 근절Bekämpfung von Betrug und Urkundenfälschung》, Wiesbaden, 1956, 208p.

최고경영자(CEO)는 소시오패스

과거의 금융사기 사례를 최근의 경험에 적용하는 것은 다소 위험성이 있을지도 모른다. 그럼에도 불구하고 금융기관과 은행가들이 홈베르트 등의 사기꾼과 같은 원리로 일하며 더 많은 수익과 더 과감한 사업에 중독적 행태를 보인다는 인상은 여전히 팽배하다. 그것과 같은 것이 또 있다. 은행에 대한 사회성 진단이 부정적임에도 불구하고 국가는 진정성은 별로 없고 돈은 많이 드는 방식의 길들이기 시도를 그대로 방치하고 있다는 점이다. 희대의 사건이 된 사기. 이들은 그저 빙산의 일각일 뿐일까? 이제 경영진이 일하는 곳으로 눈길을 돌려보자.

전에는 최고 경영자, 경영감독 위원 및 이사회 의장에 주로—전쟁도 종종 경험한—나이 지긋한 가부장과 독재적 기업가가 많았던 반면, 오늘날에는 자아도취 유형들이 경영진에 널리 퍼져 있다. 이런 유형은 특히 잘났다는 생각, 자기중심성, 극도의 소유욕이 특징이다. 독일 최대 유통그룹 메트로Metro 회장을 역임한 에르빈 콘라디Erwin Conradi는 한 인터뷰에서 이사회의 수많은 실패가 바로 이 잘났다는 태도와 광적인 자기 현시욕에 기인한다고 언급했다. 자아도취에 빠진 이는 늘 자신에 대해 말을 하고 칭찬받으려 하며 그것에 걸맞은 환경으로 자신을 감싸려 한다.

이런 유형의 경우 사기꾼으로의 이행은 아주 자연스럽다. 무엇보다 최고 경영진에 대한 기대태도가 이미 거의 종교적 성격을 지니고 있기 때문이다. 한때 도이체 텔레콤 총수였던 론 좀머Ron Sommer는 "거대 기업 총수 자리에 오랜 기간 앉아 있는 사람은 자신과 신 사이에 아무것도 없다고 믿는다"는 의미심장한 말을 했다. 그들은 경영자라기보다는 무당처럼 최단시간 내에 회사의 새로운 시작, 할 수 있다는 낙관적 분위기, 기업과 상표에 대한 신뢰를 불붙여야 한다. 대개 크고 역동적인 몸짓을 통해 이런 것이 표현된다. 주먹을 내려치면서 새로운 기업 전략을 자극적으로 내뱉고 기업의 정체성을 새로 만들어가는 것이다. 고등 사기꾼에게든 경박한 경영자에게든 위대한 시간은 구조 개혁, 인수 또는 민영화 등의 상황 속에서 오는 법이다. 예산을 삭감하거나 일자리를 없애거나 자리 잡은 조직을 없앨 경우 외부에서 온 사기꾼 기질의 경영자가 특히 유리하다. 그들은 가차 없고 무자비하게 행동한다. '이해관계자'들은 그의 날카로운 결단을 새로운 시작이라고 낙관한다. 또 설사 이런 과격한 단호함이 장기판의 수많은 병졸의 희생을 요구하더라도 이내 그 긍정적 효과를 누리게 되리라고 해석한다.

미국의 경제심리학자 폴 바비액Paul Babiak과 로버트 헤어Robert D. Hare는 〈인간 착취자인가 경영자인가. 일터의 정신이상자〉라는 연구에서 경영자 중에서 "반사회적 인성장애"가 있는 사람의 비율이 평균 이상으로 높았다는 사실을 밝혀냈다. 매우 똑똑하고 말도 유창하며 야심차게 등장한 정신이상자는 일단 지도자의 위치에 오른 다음, 자기중심성과 행위의 예측 불가능성으로 곧 심각한 손상을 유발할 수 있다. 이들은 주변 사람들을 괴롭히고 나머지 다른 경영진에게는 자신의 결정에 대해 제대로 알려주지도 않고 정보도 제공하지 않는다. 추진력이 강하고 무자비한 것은 말할 것도 없다. 그들은 근본적으로 책임성이 없고 공감능력이 부족하기 때문에 '회사를 위해서'라며 인수, 파산, 대량해고 같은 혹독하고 비타협적인 결정을 내릴 수 있는 것이다.

이 이야기는 벤츠를 생산하는 다임러Daimler 그룹에서 1995년
부터 2005년까지 회장으로 재임하며 회사의 명운을 쥐고 흔든 위르겐
슈렘프Jürgen Schrempp에게도 해당된다. 기업 맨 꼭대기 자신의 자리를 지키
기 위해 슈렘프는 다임러 그룹 자회사로 항공우주기업인 다사DASA의 혹
독한 구조조정을 결정했다. 이로써 1만 6,000개의 일자리가 떨어져나갔
다. 이보다는 비중이 좀 덜하지만 항공회사 포커Fokker의 합병도 재앙이었
다. 여기에는 50억 마르크 이상의 비용이 들었으며 결국 이 네덜란드 항
공기 회사의 파산으로 끝나고 말았다. 이런 '슈렘프 방식'은 마침내 다임
러 그룹과 미국의 자동차 제조업체 크라이슬러Chrysler의 재앙적 합병으로
전설이 되었다. 슈렘프는 "세계 주식회사"라는 비전을 내세우며 그룹을
완전히 뒤바꿔놓았다. 그리고 또 다시 위험한 여러 건의 지분참여예를 들
면 미쓰비시 자동차에 대한 투자가 이루어졌고 이는 거액의 손실을 가져왔다. 세계
주식회사의 모험은 10년 만에2007년 크라이슬러 매각으로 끝났으며 다임
러에게 대략 400억 유로의 손실을 안겨주었다. 슈렘프는 이미 2005년
에 '자발적으로' 회장 자리에서 물러났다. 그리고 자발적이라는 말에 큰
가치를 부여했다. 다임러 그룹의 주식은 그의 사임 소식 후 진정한 도약
을 보였다.

늘 "괜찮아"와 대장질

의상이나 신분 상징물, 외모 등 겉으로 보이는 것 외에도 사기
꾼 성향의 최고경영자는, 특히 자신의 능력에 대한 반대나 의혹을 무력
화할 필요가 있을 때 진짜 능력을 발휘하지 않고 언어적 차원에서 활용
가능한 무기를 여러 가지 갖고 있다. 예컨대 어떤 기업총수가 독어와 영

어가 뒤섞인 혼합 개념을 경영자의 말로 잘 써먹을 줄 안다면, 그는 세계적 통용성과 능력을 갖춘 것으로 가장할 수 있다. 예컨대 '체인지 프로세스change-process' 같은 개념은 직원들이 들으면 아리송해 한다. 하지만 그 말을 씀으로써 지금까지 써오던 단축조업, 해고 및 다른 불미스런 일을 수반하는 '구조조정'이라는 분명한 표현을 피하게 되는 것이다. 의욕, 의무감, 사기충천 등을 암시하는 '커미트먼트Commitment'라는 말도 보기에는 그럴싸하다. 기업경영진 쪽에서는 이 단어의 소리 울림이 좋아 즐겨 사용한다. 여기에는 새로운 기업 문화, 즉 '하이 퍼포먼스 문화High Performance Culture'의 도입이 강력히 요구되는데 '문화'라는 중점요소 뒤에는 '역량부진 직원 선별'이라는 뜻이 감춰져 있다. 아울러 앵글로색슨 식의 스마트함이라는 가면도 있다. 이 말은 유럽 대륙에서도 점점 선호 추세다. 도전이 있으면 스포츠처럼 접근하고 문제를 늘 긍정적으로 판단하는, 과시하는 듯한 여유와 유쾌한 기분이라는 뜻이다. 이런 방식으로 실용성과 낙관주의의 가면을 쓰는 것이다. 문제에 대한 해결 방안은 제시하지 못하면서 말이다.

경영진이 쓰는 이상한 말도, 늘 낙관하며 미소 짓는 가면도 별 도움이 되지 않으면 사기꾼 성향의 지도부는 지위 보전을 위해 다른 줄을 당긴다. 이른바 '대장질', 즉 직원들을 체계적으로 깎아내리는 것이다. 사기꾼 기질의 대장에게는 새로운 근무 환경 속에서 자기보다 훨씬 더 유능한 직원들과 대립하고 있다고 생각될 때 이런 조치가 특히 필요하다. 그때 도움이 되는 것은 미소와 다리를 벌려 태클을 거는 것뿐이다. 동료직원들 사이의 연대 같은 것은 두려워할 필요가 없다. 아무리 화기애애한 사무실 분위기라 해도 결정적인 순간에는 각자가 서로 투쟁하는 법이다. 우선은 별로 환영받지 못하는 직원이 정보의 흐름에서 차단된다. 처음에는 실수처럼 보이는 것들이 점차 의도적 수법임이 드러난다. 그렇게 되면 몇몇 부정적 언급이 나돌게 되고, 이로 인해 사무실 사람들은 그렇게 상처입은 동료에게 거리를 두게 된다"저 친구가 그때 고객에게 실수한 친구래", "저 친구 마지막 순간에 일을 개판으로 한다니까. 개인적으로도 문제가 있어", "저 친구 새로 온 부서장에게 좋은 점수 못 땄어". 직원 하나를 효과적으로 고립시키는 데 좋은 방법은 그가 맡은 업무의 가치를 깎아내리는 것이다. 그러면 결국 직원은 자신의 능력을 크게 밑도는 성과밖에 내지 못한다. 아무리 은밀하게 연대감을 표현해주더라도 사무실의 다른 직원들은 거기서 자기 역할을 확보하고 강화할 수 있음을 간파하는 것이다.

그런 따돌림은 기업 내에서 대개 문제시되지 않으며, 현대의 근로자들은 대놓고 싸우는 것을 두려워한다. 싸우게 될 경우 자신이 너무 감정적이며 따라서 직장 세계에서 무능하다는 것을 스스로 입증하는 꼴이 되기 때문이다. 결국 갈 길은 두 가지 밖에 없다. 사표를 내고 그 분야를 떠나거나 단련을 통해 얼굴에 철판을 깔고 '내면으로의 이민'을 가는 것이다. 이래도 좋고 저래도 좋다는 마음으로 일상의 업무에 자신을 내맡긴 다음 남아도는 역량으로는 퇴근 후의 휴식을 계획한다. 도전할 일거리가 없는 탓에 그렇게 하는 것이다. 그런 뒤 어떻게든 되겠지 하는 심정으로 다음번 회사 구조조정 때까지 마냥 기다린다. 그러다 구조조정이 되면 '황금의 악수'와 더불어, 그러니까 퇴직금을 챙겨 회사를 떠나는 것이다독일은 퇴직금이 없다. 고용 관계는 계약으로 이루어지므로 일방적 계약해지는 불가하며 회사가 계약을 해지할 때는 일종의 보상금을 지급한다—옮긴이. 그것으로 우리는 보통의 직원들로부터 동정적 감정을 불러일으키는 것이다.

경력은 이렇게 쌓는 법!

핀란드의 여성 심리학자 마랴나 린데만Marjaana Lindeman의 연구에 의하면 설문에 응한 남성의 3분의 2가 약간 내지는 중간 정도의 사칭 사기꾼으로 드러났다. 린데만 교수는 은행원의 실제 판매 능력을 그들의 주관적 평가와 비교했는데, 평가치가 실제보다 훨씬 높게 나온 것이 대다수였다. 이와 반대로 설문에 응한 여성들은 자신을 대체로 더 현실적으로 평가했는데, 물론 그렇다고 이것이 직장 내 승진에 촉진제로 작용하지는 않았다. 상사가 부하 직원들에게 기대하는 것은 바로 자신을 제 가치 이상으로 팔라는 것이다.

중국에서 사칭 사기는 이미 국민 스포츠가 되어 우려스런 결과로 나타나기도 했다. 중국의 급속한 경제적 변화로 인해 많은 직업, 업무 분야, 직위가 새로 만들어져야 했고 거기에 경험이 있는 사람은 거의 없었다. 단기간에 자본주의를 도입했고 세계 경제의 선두로 치고 올라오는 중국에는 오늘날 가짜 사장, 가짜 학자, 가짜 의사와 기술자가 득실거린다. 가짜 조종사 수백 명이 취업했던 셴첸深圳 항공은 2010년 여름 대형사고가 일어난 뒤 능력 부족 조종사로 인해 특히 비난을 받았다. 중국에서 활동 중인 독일 거대그룹의 한 인사팀장은 "수많은 지원자들이 제출하는 추천서가 처음부터 끝까지 창작이라는 것을 우리도 잘 알고 있습니다"라고 짧게 하소연했다. 그리고 그런 사기꾼들이 합격한다. "그러나 결국 그런 거품 낀 떠벌이를 채용하는 것 말고는 달리 방법이 없습니다. 다른 사람들도 다 마찬가지니까요."[7]

중국의 이런 사기꾼 덕에 서구의 사기꾼들도 풍성한 활동 영역을 제공받았다. 인력 중개업체는 사업 마인드가 있는 영어권 백인 외국인을 구한다. 중국 회사에 그들을 임대하기 위해서다. 기술적 지식과 중국어 실력은 필요하지 않다. 핵심은 미팅, 만찬, 언론과의 약속에서 서방 CEO나 합작 벤처업체 파트너인 척하는 일이다. 서방 사업가가 여전히 국제적 성공과 경제적 효율의 상징으로 통하기 때문에 외국인을 개업식이나 광고 등을 위해 빌리는 일은 중국인에게는 자기 이미지에 대한 좋은 투자를 의미한다. 기업 내에서 '얼굴 마담'이라 불리는 직업은 실패한 인생들에게 이상적이며 파산한 경영자나 일자리를 잃은 배우에게는 두 번째 가능성이 되기도 하다.

친구 얻기

이런 사례를 보면 오늘날 일상, 직업, 사생활, 부와 타인의 인정을 둘러싼 광적인 경쟁에서 우위에 있는 사람들이 주로 고등 사기꾼인 듯하다. 오늘날 노동계의 변화는 디지털화와 세계화라는 슬로건이 암시하는 것 이상으로 그 변화가 다채롭다. 이렇게 전개되도록 선로가 깔린 것은 제1차 사기 전성시대인 20세기 초반이었다. 당시 노동계를 성공적으로 장악한 심리학도 승리의 행진을 시작했으며, 노동문화 변천에 대해서 오늘날까지도 결정적인 역할을 하고 있다.

생산 과정의 현대화 및 서비스 부문의 중요성 확대와 함께 심리학자들이 컨설턴트로서 시장에 몰려들었으며, 경영진과 직원 간의 갈등에서 투쟁의 선봉을 솎아내어 노동을 더 효율적으로 (더 생산적으로)

_____ 7. 〈Neue Züricher Zeitung〉 2010. 9. 10.

조직할 구상을 개발했다. 그들은 노동관계, 즉 '인간관계Human Relations'를 관심의 중점에 두었으며 빈자리를 매울 제대로 된 '인재'의 선발을 기업 성공의 기준으로 삼았다. 이런 변화는 미국의 거대기업에서 출발해 모든 선진 공업국가로 확산되었다. 노동관계는 이제 더 이상 권위 또는 무조 건적 강압으로 뻣뻣하게 규정해서는 안 되었다. 사람들은 노동관계에 정 서적 및 심리적 차원이 있음을 인식했고 이제 모든 수단을 동원해서 기 업과 직원 간에 성과를 촉진하면서도 조화로운 관계를 확립하려 했다.[8] 특히 직원 통솔 능력은 명실상부하게 부서장이 갖추어야 할 자질이 되었 다. 전에는 소리를 버럭 지르고 야단을 치고 지시하던 곳에서 이제는 보 다 섬세한 화음이 울려 나와야 했다. 엘튼 마요Elton Mayo 같은 기업 사회 학자는 이미 1920년대부터 노동관계라는 분야를 연구해 즉각 경영진에 게 새로운 요구사항을 발표했다. 이 내용은 오늘날까지도 각종 조언서 에서 볼 수 있다. 물론 목표 집단은 회사 사장에서 동기훈련가를 거쳐 갓 입문한 초보 직장인으로까지 확대되었다.

거기서 제시하는 최상위 계율의 하나는 일터에서는 화를 내서 얻을 수 있는 게 전혀 없다는 것이다. 자신에 대한 절대적 제어와 감정 통제는 오늘날 경영자의 통솔력의 하나일 뿐 아니라 모든 직원들에게 요 구되는 자질의 하나로, 학교 교육 및 전체 직원을 상대로 하는 보수교육 프로그램'갈등 관리', '팀 형성' 등에 늘 포함되는 내용이기도 하다. 동일한 차원

---

8. "권위나 강압에 근거한 전통적 노동관계는 비판받아 폐기되었다. 노동관계 는 감정적 및 심리적 관계로 그 정의가 바뀌었으며 그리하여 조직과 개인 사이의 (외관상) 조화를 가능케 했다." (Eva Illouz, *Die Erregung der modernen Seele*, Frankfurt, 2009, 131p.)

에서 요란하게 불만을 표출하거나 분노를 터뜨리는 행위는 인성에 문제가 있기 때문이거나 힘든 어린 시절의 문제가 그대로 남은 것이라는 해석이 전개되었다.[9] 그러나 주체적 자기 제어, 자기 '감정 예산' 관리가 야망이 큰 사람이 일찌감치 갖추어야 하는 유일한 자격 요건은 아니다. 잘 훈련된 공감 능력도 그 이후 새로운 지도력의 스타일을 구성하는 또 다른 요소로 통했다. 이미 1937년에 데일 카네기Dale Carnegie는 널리 유포된 자신의 조언서《친구를 얻는 법》에서 이렇게 밝혔다.

"여러분이 (이 책을 읽고 나서) 단 한 가지의 조언, 그러니까 향후에는 다른 사람의 입장에 서서 사태를 관찰하라는 조언만이라도 따른다면 출세 가도에서 결정적인 일보를 내딛는 것은 그리 어렵지 않을 것입니다."[10]

이는 직원, 그들의 우려, 제안 또는 사후 점검"귀한 충고 고맙네. 그 말 꼭 명심하겠네"에 대해 열린 귀를 가져야 한다는 말이지만 무엇보다 스스로 다른 사람의 시각으로 검토하라는 뜻이다. 성공 가능성을 최적화하기 위해 자신에 대한 타인의 신뢰를 강화하는 일, 중요한 것은 언제나 바로 이것이다.

오늘날 포용적 낙관주의, 전문화된 친절성, 잘 훈련된 '할 수 있다'는 태도, 다정하고 결코 긴장감을 주지 않는 자기 통제, 직원들에 대한 적절한 수준의 공감 능력"나야 전적으로 자네 편이지, 하지만……"을 갖추는 것은

---

9. "실제로 연구해보면 자제(自制)의 윤리가 기업 세계를 완전히 뚫고 들어갔다는 것이 증명된다." (앞의 책, 136p.)

10. Illouz, 142p.

경영진, 프로젝트 팀장, 각 '우두머리'들의 기본 자질에 속한다. 경영자가 권력을 가장 잘 발휘할 때는 자신의 정서적 능력을 바탕으로 권력 투쟁에 개입하지 않을 때다. 독선, 결정 권한을 둘러싼 분노, 공개적인 말다툼은 박물관에 들어간 지 오래다. 그러는 사이에 직장 생활에서 한 발 더 앞서 나가려는 이는 더욱 전략적인 대응을 지향하고 있다. 이는 회사에서의 자기 입지에 필요할 경우에는 대응하지 않는 것을 의미한다. 사회학자 에바 일루즈Eva Illouz는 경영진을 상대로 한 설문조사 결과에 따라 다음과 같은 결론에 이른다.

"남들이 부여하는 사회적 가치라 볼 수 있는 자기 명예를 공공연히 방어하는 일은 하지 않는 것이 바람직하다. (……) 이와 달리 명예를 이익보다 상위에 둘 법한 사람들은 감정적으로 '무능한 존재'로 간주되며 따라서 '진정한' 권력을 갖고 있지 않다."[11]

피츠버그 대학 카츠 비즈니스 스쿨Katz Business School이 시행한 어느 연구에서, 직원 수 5만 명을 초과하는 대기업의 인사담당 부서장들은 '소통 능력'을 경영자 초빙의 가장 중요한 기준으로 꼽았다. 직장 조직 내에서 전략적으로 소통할 수 있는 사람은 전문 능력까지도 자신과 타인을 위해 중개하는데, 기술 발전으로 인해 전문 지식의 반감기가 그 어느 때보다 짧아지는 오늘날 이런 능력은 더더욱 중요성이 크다. 이런 현대적 기업구조 속에서 신분 상승을 꿈꾸는 사기꾼은 물 만난 물고기처럼 움직인다. 그들이 갖고 있는 핵심 능력이 절대적 자기 제어, 공감, 상시적인 예상언제 어디서 내 신뢰도가 위험에 처해 있으며 어떻게 그것을 막을 수 있는가?은 하는

―――――11. Illouz, 162p.

일이기 때문이다. 그는 복잡한 사무실 심리에 최적의 무장을 갖추고 있다. 그런 복잡한 심리관계가 작동하는 곳에서는 역량 있고 (그래서 경쟁을 마다하지 않는) '모난' 성격은 소프트 스킬, 즉 사교성 면에서 최적인 사람들과의 다툼에서 대개 패배한다. 그들은 기껏해야 작고 외진 곳에서나 살아남을 수 있다. 전문성 면에서 얼마나 유능한가 하는 것은 전혀 상관이 없다.[12]

선명한 지적 예리함과 차가운 이성이 얼마나 역겨울 수 있는지는 누구나 알고 있다. 이와 반대로 직관의 통제를 받는 게임을 제어하는 사람, 그런 신호를 보내는 사람은 특별한 호감을 불러일으킨다. 《EQ 감정지능Emotional Intelligence》이라는 베스트셀러 저서에서 심리학자 대니얼 골먼Daniel Goleman은 '감정 관리와 공감 능력은 연애에서든 직장에서든 인생 성공의 척도'라는 발상을 대중들에게 널리 퍼뜨렸다. 사람들 사이에서 일어나는 많은 문제예컨대 높은 이혼율가 골먼은 감정지능의 결핍이 그 원인이라고 본다. 인간의 이러한 자질에 대해 긍정적으로 해석할 때 대체로 주목하지 않고 넘어가는 것은 그것의 잠재적 조작가능성이다. 자기 감정을 완벽하게 관리할 수 있는 사람—사기꾼들이 그런 부류라는 것을 누가 의심하겠는가—은 자신이 속한 사회 환경 속에서 엄청난 권력을

---

12. 이러한 출세 시스템 속에서는 누구나 배우이자 관찰자이면서 동시에 잠재적 환자이기도 하다. 이런 환자들은 자기 과대평가에 한도가 없고 감정이입 능력이 심각할 정도로 부족해서 고통을 겪는다. 그들은 사회적으로는 아주 유능하지만 그 능력을 다른 사람과 동료를 자신의 이기적 목표를 위해 끌어들여 이용하는 데 써먹는다. 그래도 그런 일로 정신과의사를 찾는 경우는 예외적이라 할 정도로 소수이다. —30년째 베른에서 정신과의사로 활동 중인 홀거 호프만(Holger Hoffmann)이 필자와 2010년 2월 25일 나눈 대화.

얻는다. 골먼은 아주 인상적일 정도로 단순한 실험을 이렇게 묘사한다. 실험 참가자 두 사람이 지금의 기분을 묻는 질문지에 답을 채워간다. 이어서 그들은 서로 아무 말 없이 마주보고 앉아 실험을 주관하는 여성이 다시 방으로 되돌아올 때까지 기다린다. 2분 뒤 여성이 들어와서는 기분에 대한 또 다른 질문지를 작성해달라고 부탁한다. 두 사람의 피험자는 한 사람은 자신의 감정을 매우 분명하게 표현하는 반면 다른 한 사람은 소극적 태도를 유지하도록 의도적으로 선발했다. 이 경우 표현이 강한 사람의 기분이 수동적인 사람에게로 전이되었다.

우리는 자신도 거의 인지하지 못하는 가운데 타인의 얼굴 표정, 몸짓, 목소리의 높낮이, 기타 비언어적 감정 신호들을 모방함으로써 자신의 내부에 다른 사람의 기분을 만들어낸다. 사회적 상호작용의 이러한 요소는 사기꾼들도 잘 써먹는다. 이때 그들이 의지하는 것은 다른 사람의 감정, 동기, 관심사를 알아차리고 이해하는 능력이다. 적절히 반응해서 개인적인 결속관계를 만들어내어 상대를 자신의 감정적 마력 안으로 끌어당긴다설사 대량해고나 성과 올리기 같은 일이라 해도. "내게는 중요한 사명이 있어"와 "그게 내 사명이야"라는 자기암시는 상대를 기분 좋게 만들고, 상대가 이 만남을 통해 귀한 대접을 받는다는 느낌을 갖도록 하는 일만큼이나 중요하다.

'전문성'이라 불리는 것이 노동 영역에서 더 추상화될수록 연출, 조작 능력은 더 강하게 부각된다. 구직 면담에서뿐 아니라 기업 내에서 부서를 배치 받을 때에 자기의 능력을 믿음이 가도록 보여주는 것도 그런 능력 중 하나다. 사회학자들은 이를 "능력 표출 능력"이라는 멋진 말로 표현한다. 지원자가 가진 '사회적 자본'도 경제적으로 이용가치가 있는 한 기업은 그것을 갈수록 중요하게 여긴다. 이는 시장에 유의미한 사회적 관계의 네트워크를 말한다. 싱Xing, 페이스북Facebook 등 대중의 접촉을 관리해주는 SNS는 인사관리 부서장들에게는 구직자들이 지니고 있을 수 있는 이익을 보여주는 창으로 진작부터 사용돼왔다. 이에 따라 구직자 측은 친구 그룹 튜닝을 확산하고 있다. 뿐만 아니라 기업은 '고객 지향'이라는 슬로건을 내걸고 구직자들이 고객과 감정적 결속 관계를 갖추었으면 하는 기대도 표출한다. 그렇다고 잠자리에까지 일감을 가지고 가야 한다는 결론을 도출할 필요는 없다. 그러나 '고객을 정서적으로 결속하는' 기술은 직원에게 업무관계를 친구관계로 만들라는 압박으로 작용하며, 따라서 곧 진짜 친구와 그들의 지원, 위안, 충고를 위한 공간은 없어지고 만다.

　　　전에는 이런 식의 대인관계 관리가 경영진에게 맡겨져 있었다. 오늘날은 현실에서 요구하는 전문성 요건에 부응하려면 구직자 스스로 '인력 공급회사'가 되어야 할 판이다. 구인광고가 이미 사기를 유도하는 식으로 표현되는 경우도 적지 않다. 취업 면접이나 지원자 심사 위원회를 현란한 쇼로 통과해 일자리를 쟁취한 사람은 자기 능력을 믿음이 가도록 보여주는 데 온갖 술수와 기법을 다 동원한다. 지식의 공백은 드러나지 않도록 감추고 반대로 성과는 넉넉히 부풀린다. 언제든지 프레젠테이션을 할 수 있고, 상사, 결정권자, 투자자 및 고객을 설득시키는 능력은 물론, 실수를 매끄럽게 남에게 떠넘기는 능력도 오늘날 많은 직장인들의 필수 자격에 속한다.

단지 악의없는 사소한 거짓말(white lie)일 뿐이라고!

뉴욕 주와 뉴저지 주 항만당국은 한 흥미로운 실험을 통해 이력 다듬기와 위조하기가 어떻게 확산되는지 조사했다. 당국 인사과에서는 여러 일간지에 구인광고를 냈다. '손탁 커넥터'를 다룰 줄 아는 공인 전기기술자를 구한다는 광고로 급료도 괜찮고 성과급도 준다고 했다. 이 기기는 인사과에서 일부러 만들어낸 상상의 것이었건만, 지원서는 170건이나 왔고 모든 지원자는 한결같이 그 기기를 잘 다룰 줄 안다고 주장했다. 55명은 한 걸음 더 나아가 손탁 커넥터 전문 기술자로 인증까지 받았다고 주장했다. 또 이 '전문 기술자'의 절반은 해당 기기를 10년 이상 다룬 경험이 있다고 주장했으며, 대다수는 그 기기가 사용되었다는 설비 프로젝트 목록까지도 제출했다.

경제사회학자 마르크 벡슬러Mark N. Wexler는 한 연구에서 중간 관리자급에 있는 돈 잘 버는 직장인(연봉 6만 유로 정도)의 행태를 살펴본 바 있다. 이들은 이력서를 위조한 것이 들통 나 (적어도 4년 뒤에) 사장에게서 해고된 사람들이었다. 이 연구는 이런 식의 사기가 보편적 현상일 뿐 아니라 실질적으로 불법이라는 의식도 없음을 보여주었다. 발각된 사람에게는 그저 게임일 뿐이다. 그들이 보기에는 모든 사람이 게임을 한다. 하지 않으면 손해라는 것이다.

이 연구는 사기꾼에게 정당성까지 부여한다. 설문에 응한 관리자급 직원들은 해고 뒤 급료가 더 좋은 일자리를 아무런 문제없이 얻을 수 있었기 때문이다. 물론 대다수는 직종이 다른 곳으로 옮겼다 사태의 전말을 알고 있는 사람을 피하기 위해서다. 물론 일정 수준 이상의 관리직에게 제공되는 가능성이다. 미용사, 줄타기 곡예사나 피아니스트라면 정말 뭔가를 할 줄 알아야 한다. 이와 달리 관리자들은 첫 인터뷰에서 자신이 저지른 일을 대수롭지 않은 듯 말하며 오히려 그 기업의 소심함에 대해 불평했다. 아무도 피해를 본 사람이 없다는 것이다. 마지막 인터뷰에서 (그사이 그들은 새로운 일자리를 구했다) 이 연구에 참가한 모두는 자신의 잘못을 미화했으며 기업이 떠벌리는 거짓말에 열을 올렸다. "나는 그 회사를 위해 정말 죽도록 일했는데, 별 문제도 안 되는 거짓말 좀 한 게 그런 대폭발을 일으킨 것입니다. 그때 저는 회사가 악의 없는 사소한 거짓말보다 훨씬 더 많은 거짓말을 한다는 것을 확인해야만 했습니다." 아니면 그들은 스스로를 직장 세계의 영웅이라 칭하며, 모든 기업이 절박하게 필요로 하는 혁신적이고 위험한 일에도 기꺼이 뛰어드는 승리의 한 사람이라고 주장했다. "설상가상의 상황에서 어렵거나 중요한 프로젝트를 처리해야 하면 사람들은 언제나 저를 찾습니다"라거나 "제가 바로 기업이 원하고 필요로 하고 찾던 사람이죠. 강하고 과감한 혁신가로 새로운 가능성을 창조하는 사람 말입니다."

자명한 말이지만 성공해서 높은 자리에 있는 이들이 이렇게 도덕성이 유리된 행태를 보일 때 특히 심각한 결과가 야기된다. 그들은 신출내기들에게는 출세의 롤모델이기 때문이다. 그들은 '사회적 전염'을 통해 사기꾼 특성을 확산·심화시키고 있다. 좀 이상하게 들릴 수도 있지만 사회적 전염병 현상은 사회학과 심리학에서는 오래전부터 알려진 개념이다. 이미 1970년대에 사회학자 데이비드 필립스David Philips는 예컨대 자살률이 자살 관련 기사와 관련이 있음을 증명했다. 신문이 관련 기사를 대서특필했을 때 자살자의 수도 늘어났다. 몇몇 지방에서는 자살이 모방 자살을 유발하기도 했다. 사회의학 전문가인 하이너 라스페Heiner

Raspe, 앙겔리카 휘페Angelika Hüppe, 한넬로레 노이하우저Hannelore Neuhauser의 연구에 따르면, 구동독 지역 사람들이 통일 후 서독 지역 사람들과 똑같은 강도의 요통을 느끼기까지 13년1990년에서 2003년까지이나 걸린 반면1989년 이전에는 동독에 요통이 거의 없었다. 반면 이 통증은 서독에서는 정말 단골 만성질환이었다, 사회적 전염병은 인터넷을 이용하는 고감도 네트워크 시대에는 더 빠르고 효과적으로 확산되었다. 니콜라스 크리스타키스Nicholas Christakis와 제임스 폴러 James Fowler는 5,000명이 넘는 사람의 네트워크 접촉을 평가하면서, 예컨대 어느 피험자 한 사람의 체중 변동이 네트워크상 가장 가까운 회원 세 명의 몸무게 증감 사실에 크게 영향을 받는다는 것을 발견했다. 연구를 수행한 두 사람은 미국에서 병적 과체중이 확산되는 현상을 종래의 전염병 전파와 동일하게 설명한다. 물론 기간은 후자의 경우 좀 더 관대하게 측정되기는 했다. 이 두 학자는《connected》라는 책에서—네트워크 연구의 현 수준을 잘 설명한 책으로 일독할 만하다—사회적 네트워크를 통한 행동방식 전파에 어떤 요소가 역할을 하는지 보여준다국내에는《행복은 전염된다》로 출간되었다—옮긴이. 두 사람은 네트워크상 한 회원의 영향력은 그의 교육수준에도 달려 있음을 발견했다. 이는 그리 놀랄 만한 일이 아니며, 마찬가지로 모방할 자세, 그러니까 새로운 행동의 수용 역시 교육정도에 비례해서 올라간다.[13] 사기꾼의 사업 마인드도 이것과 동일한 방식으로 전개된다.

대문 안으로 일단 한 발만 들여놓아 보라

사기꾼의 능력이란 신비와는 전혀 상관이 없다. 그가 주로 사용하는 도구는 거짓말이다. 거짓말은 인간이 갖고 있는 기본 장비의 하나다. 그것을 장악해 사용하는 것은—모든 도덕적 우려를 떠나—지능의 문제다. 왜냐하면 자기 나름의 현실을 구축하고 세밀한 내용으로 꾸미고 일관되게 유지하는 일은, 일반적으로 검증 가능하고 널리 인정되는 '진실'에 머무는 것보다 '더 까다로운' 일이기 때문이다. 거짓말은 모순을 즉시 인식해서 피하고 비상시 신속하고도 그럴싸하게 임기응변을 발휘하는 사고를 요구하는 힘든 일이다. 게다가 거짓말의 지표로 쓰이는 얼굴 표정 및 몸짓에서 반사적 행위, 예컨대 눈을 자주 깜박인다거나 사실에 부합하지 않는다는 느낌을 주는 웃음, 남을 직시하지 못하는 눈길, 건너뛰는 행위, 흥분하는 경향 또는 눈에 띄는 목소리 변화 같은 것들이 나타나지 않도록 억제해야 한다. 내용 면에서도 거짓 진술에 대한 징후가 있는데 이것도 피해야 한다. 예를 들면 짧은 대답, 관련 없는 정보를 유난히 눈에 띄게 나열하는 일, 반박 여지가 없는 과장된 진술을 짐짓 '깊이 확신하는 듯' 말하는 일, 아니면 수많은 검증 불가능한 언설 따위다.

학습능력, 신속한 이해능력 및 배우 수준의 끼로 사기꾼들은 자신이 속하고 싶은 환경을 남들이 그대로 믿을 정도로 완벽하게 따라 한다. 사회학자 소냐 펠렌Sonja Veelen은 《정체 위조술》에서 몇 가지를 제시했다.[14] 그중에서 가장 중요한 역할을 하는 것이 "문 안으로 발 넣기 기

---

13. 미국에서 병적 비만이 급격히 증가한 것을 전염병의 확산과 비교한 생각의 토대는 심혈관계 질환에 대한 광범위한 연구, 소위 프래밍검 심장 연구이다. 1948년 이래 지금까지 보스턴 외곽에서 연구에 참가한 많은 사람들의 개인적 데이터가 집적되었다. 우인(友人) 관계까지 파악된 이 데이터가 존재한다는 것은 사회적 관계망과 그것의 장기간에 걸친 변화를 연구하는 데 행운과도 같은 조건이다. (Nicholas A. Christakis/James H. Fowler, *Connected! Die Macht sozialer Netzwerk und warum Glück ansteckend ist*, Frankfurt/M. 2010, 144, 159p.)

술"이다. 사기꾼은 주변 인물이나 목표로 삼은 개인_{예컨대 돈을 뜯어낼 대상}을
자기가 원하는 방향으로 이동하도록 작은 조치를 취한다. 이로써 벌써
두 사람은 마치 경사가 심한 도로 위에 있는 것처럼 저절로 움직일 개연
성이 커진다. 왜냐하면 사람들은 일단 한 번 결정을 내린 다음에는 그 결
정을 지지하고 계속 그 방향으로 가려는 경향을 보이기 때문이다. 아마
도 자기 이미지, 사회적 역할 및 신뢰도에 대한 염려 때문일 것이다. 노련
한 사기꾼이라면 위기 상황에서도 여전히 소매 속에 에이스 몇 개를 갖
고 있는 법이다. 그런 사람은 의심을 품는 이에 대해 격노하면서 개인적
인 모욕감을 표시한다. 그렇게 함으로써 다른 질문을 하지 못하도록 위
축시키는 것이다. 아니면 정서적인 작전을 전개한다. 괜히 시시덕거리며
추파를 던지고 울고 아픈 척하는 것이다. 거짓 고백 또한 그 효용이 입증
된 수단이다. 의심하는 자에게 (오히려 별로 대단찮은) 거짓을 고백함으
로써 핵심은 그대로 감추는 것이다. 의심한 이는 자백을 받아냈으니 스
스로를 '승리한 탐정'이라고 느낀다. 하지만 쾌재를 부르는 사기꾼에게
입 다물라는 눈깔사탕 얻어먹은 것뿐이다.

　　　이들 사기꾼에게 도움이 되는 것은 사람들은 처음부터 서로에
대해 어느 정도 신뢰하고 만난다는 점이다. 그 누구도 처음 만나자마자
'저 사람 틀림없이 거짓말할 거야'라고 생각하지 않는다. 그러나 바로 여
기에 똑같은 속임수에 자꾸만 당하게 되는 특징이 들어 있다.

---

14. Sonja Veelen, *Techniken zur Herstellung gefälschter Identität.
Eine soziologische Analyse der Hochstaplei*, Diplomarbeit Soziologie der Phillip-
Universität Marburg, 2007, 13p.

능력자로 보일 수 있는 몇 가지 방법

나는 일하고 있는가? 아니면 능력과 활동을 속이고 상사와 동료에게 일한다는 인상만 심어주면서 노동의 일상을 견뎌내느라 바쁜가? 오늘날의 노동계를 둘러보면 직장 생활에서 행해지는 수많은 술수와 맞닥뜨리게 된다. 모두 최단 경로로 출세하기 위해서다. 예를 들면 어떻게 계속 일하는 척할 수 있을까? 속으로는 완전히 '손 놓고' 있으면서 말이다. 여기에 몇 가지 수법을 소개한다.

- 늘 긴장된 표정을 하고 복도에서는 바쁜 듯 발걸음을 서두른다. 두 팔로는 늘 자료와 서류 뭉치를 가득 안고 있다. 그저 커피 우려내거나 생각에 빠져 중요한 서류를 온통 낙서로 뒤덮은 터라 이를 지울 지우개 하나를 자재창고에서 가져오려 할 때조차도 그래야 한다.

- 살금살금 걷지 말고 성큼성큼 걷는다! 이때 신발이 제대로 된 것이면 도움이 된다. 그 신발로 당신이 어디로 가려고 하는지 보여주는 것이다. 손목시계도 마찬가지다. 남성의 경우 로이드Lloyd의 비즈니스용 구두나 스와치Swatch 시계는 절대 안 된다.

- 뭔가 교묘하고 멋진 말이 없다면 말도 안 되는 소리, 남들 다 아는 것, 되풀이되는 정보라도 가급적 회장님처럼 떠들어라. 중후하게 표현할수록 할 말이 별로 없다는 사실이 눈에 덜 띄는 법이다.

- 책상 위에는 잘 정리된 서류를 산더미처럼 쌓아두라. 잊지 말아야 할 것은 주기적으로 아래 위를 바꿔 먼지가 쌓이지 않도록 하는 것.

- 사교 공간, 탕비실 및 커피 기계 있는 곳에 자주 모습을 드러내면

'복도 방송'을 수신할 수 있고, 회사가 어떻게 돌아가는지 낌새를 챌 수 있다. 그러나 이곳을 잡담 기지처럼 보이게 해서는 절대 안 된다. 그러니 늘 짧게 자주 들를 일이다. 그때도 늘 '스트레스 속에 있는 듯' 보이고 일거리를 겨드랑이에 끼고 있을 것. "곧 가봐야 해!"라고 외치듯 말이다.

- 점심시간에는 사무실에 남아 있을 것. "계속 일할 거야!"
- 책상 위에는 레드불 같은 에너지 음료의 빈 깡통을 올려둘 것.
- 전자우편이 도착하면 음성 신호가 울리도록 설정한다. 수많은 뉴스 레터를 구독할 것.
- 우편함은 늘 가득 차 있어야 한다. 고객 및 여러 기업 측에 브로슈어, 전단지, 가격표, 정보 자료를 부지런히 요구하라. 물론 팩스로도. 그렇게 하면 더 자주, 바쁜 걸음으로 팩스기 쪽으로 갈 수 있다. 그렇게 하면 순환기 계통 기능도 좋아진다. 외국 전문지/경제잡지를 정기구독하되 회사 주소로 우송하라.
- 도처에 다시 전화해달라는 메시지를 남겨 쉬지 않고 전화벨이 울리게 한다.
- 할 수만 있다면 회사의 교육, 출장, 세미나, 전시회 방문 기회를 최대한 이용한다. 잠깐 몸이 피곤할 수도 있지만, 그래도 일할 준비가 되어 있다는 신호를 보내라.
- 블랙베리, 아이폰 등 최신 수준의 통신기술을 이용하라. 그것도 최신식으로.
- 지위를 상징하는 상품을 고수하라. 업무용 차량, 개인용 주차장, 셔츠 세탁 등의 비용을 회사가 결제하게 하라.

■ 이따금 사무실 문에 "출입 삼갈 것"이라는 딱지를 붙여두라. 그러면 뭔가 집중해서 일을 한다는 인상을 준다. 또 가끔 가다 전화통화를 하고 나서 수화기를 제대로 놓지 않기도 한다. 그러면 진작 끝낸 엄마와의 통화가 고객과의 진땀나는 통화로 멋지게 오해된다. 누가 사무실에 들어올 경우에 대비해 책상 위에는 늘 헤드셋을 둘 것! 마이크에 대고 말을 하면서, 사무실에 들어온 사람에게 다급하고 흥분한 듯한 몸짓으로 대단히 중요한 전화통화라는 티를 낸다.

■ 모든 사람이 서둘러 몰려들어 미팅을 하기 직전에 사무실 문을 열어둔 채 전화통화를 시작한다. 통화를 하면서 문을 지나 회의실로 급히 들어가는 동료들에게 심각한 표정을 지으며 먼저 가라고 손을 흔들어댄다.

■ 상사와의 약속은 늦은 오후나 동료들이 컴퓨터를 끄는 밤중에 잡는다.

■ 그렇지 않으면 다른 사람들이 퇴근한 몇 분 후에 약속을 잡는다. 다른 사람은 벌써 퇴근하는데 아직도 무척 바쁘게 일한다("지금 바로 이 일을 해치워버려야지"). 그리고는 5분 뒤에 사무실에서 사라지는 것이다.

■ 책상 위의 전기스탠드 불은 늘 켜놓는다. 예비용 양복 윗저고리는 의자 뒤에 걸어둔다. 한 입 깨물어먹은 바게트 빵과 커피가 반쯤 남은 잔이 책상 위에 있다. 그러면 책상의 주인은 다시 금방 사무실로 돌아올 것처럼 보인다. 사실은 벌써 집에 도착해서 쉬고 있는데 말이다.

■ 전자우편 보내기는 늦은 밤이나 이른 아침으로 미룬다. 초과근무

하는 척, 특별히 열정적으로 일하는 척하는 것이다. "쉬지 않고 달리는 ○○○" 같은 우스꽝스런 문구는 어떤 상황에서든 정신적으로는 회사에 있다는 것을 분명히 밝혀준다.

■ 노트북 컴퓨터를 회사에 두고 집에 가는 일은 절대로 하지 말 것. 집에서도 계속 일한다는 인상을 늘 일깨워줘야 하니까.

■ 골프 핸디는 습관과는 반대로 늘 낮게 잡을 것. 프로 골퍼 수준에 조금 못 미치는 골프 핸디는 정신적으로 이미 회사와 작별한 게으른 경영자에 대한 경고 신호로 통한다.

더 세련된 방법도 있다. 몇몇 사람들은 다음과 같은 방법으로 자발적 일꾼, 없어서는 안 되는 사람이라는 것을 시위하기도 한다. 그래서 '업무능력이 뛰어난 자'까지는 아니더라도 '일벌레' 정도로 격상되기도 한다.

■ 주도적 태도를 통해 자신에게 주목하게 할 것. 일터에 '개선 제안'과 아이디어를 쏟아내듯 발의한다(그러면 다른 사람이 그것을 실행해야 한다. 아니면 나중에 실천 불가능한 것으로 밝혀질 수도 있다. 그렇게 되면 그 일은 조용히 묻혀버린다). 발의하는 아이디어에는 이름을 뚜렷이 새길 것. 누구나 잘 알아볼 수 있도록 말이다. 가장 좋기로는 회사 이름과 함께 새기는 것이다.

■ 미팅에서는 건설적이고 지속적으로 함께 토론하라. 중요한 사항에서는 우려를 표하고 필요한 경우 스스로 문제를 만들기도 해야 한다. 그리고 스스로 똑똑한 '해결책'을 제시하라.

- 미팅에서는 맨 마지막까지 정확하게 파고든다. 모든 사람이 바라보도록 말이다. 주제를 제안해서 회의 의제에 영향력을 행사하라. 긴급한 경우에는 기타 안건에라도 포함시켜 자기 이름을 회의록에 분명히 남긴다.

- 상사의 대변자가 되라. 회의에서 상사의 의견을 은밀히 간파한 다음 이를 자신의 말로 다시 표현함으로써(마치 자신의 의견인 것처럼 꾸미되 얼핏 비판적인 듯한 세부 내용도 포함시킨다) 자기 지위를 보전할 수 있다.

- 완벽한 모방이 필요요하다. 상사가 말하는 도중에는 절대로 아이폰을 갖고 놀아서는 안 된다. 그러나 상사가 아이폰을 갖고 놀면 똑같이 하라. 그런 행동은 지금 동료직원이 하고 있는 말이 대수롭지 않다는 시위와 같다. 그리고 상사는 이 경우 귀를 기울이는 게 별로 도움이 되지 않음을 입증해준다.

- 팀 미팅에서 사적인 이야기로 논란이 생길 때 절대 양측의 중재자로 끼어서는 안 된다! 오히려 중요한 전화통화를 하는 척하면서 전투가 벌어지는 곳을 피하라. 싸우는 동료 직원은 그냥 그들의 운명에 맡겨야 한다. 그러면 다른 사람에게 그 싸움을 설명하거나 심지어 편을 들어주는 귀찮은 일을 할 필요가 없어진다.

- 의욕을 불러일으키는 사람, 상담을 해주는 사람이 되라. 동료 직원을 티내면서 칭찬해주고 그들에게 감사를 표하라. 같은 직급이라도 상관없다. 그렇게 함으로써 비공식적으로 동료에 대한 우위를 점할 수 있다. 그런 칭찬은 작은 호의에 대한 부탁과도 쉽게 연계된다. 그렇게 하면 공식적으로는 전혀 존재하지 않는 서열 차이가 모르는

가운데 생겨나는 법이다.

■ 자기 부서 내에서 아무도 모르는 독점 정보가 아직 상사에게 전달
되지 않았다면(예컨대 어직원의 판매 성과 같은 것) 상사에게 신속
히 문자메시지를 보내고 그 성과가 팀의 성과라고 말한다. 동시에
자신의 이름은 정보 전달자로서 자동적으로 그 성과와 결부된다.
야호!

■ 이어서 진짜 열받은 그 여직원에게는 인정받고 싶은 욕구와 팀플레
이 부족을 은근슬쩍 지적한다. 그러면서 자비롭게 미소 짓는다.

사기꾼 기질은 신입사원의 핵심 자격요건

다수의 이러한 야비한 술수는 여러분들도 이미 알고 있는 것
이다. 그리고 일터에서 어느 정도 진실성을 유지해온 이들은 궁금할 것
이다. '내가 뭘 잘못하고 있는 걸까?' 자기연출자와 현혹꾼에 둘러싸여
있으면 사람들은 자신을 '잠재력'을 불러낼 능력이 없는, 제재당하는 현
대인이라고 느낀다. 직장 세계는 급격한 변화를 겪고 있다. 노농 과정의
가속화 및 압축, 빈번한 구조조정은 이 과정에서 나타난 몇 가지 표어일
뿐이다. 더 나아가 많은 사람들은 일상적으로 직장 생활을 하면서 자기
능력과 성과를 상시적으로 보여주는 것이 곧 가장 중요한 일임을 경험한
다. 승진을 하려면 스스로 건강하고 매력적이어야 하며, 무엇보다 잠재
적 고용주에게 자기 이름을 팔아야 한다. 전에는 점잖다고 통하던 것이
이제는 야심이 부족하다는 표시가 된다. 한 일터에 너무 오래 붙어 있으

면 심지어 굼뜬 사람이라는 인상을 준다. 비교적 나이가 있는30대 중반부터를
말한다 직원은 치고 올라오는 젊은 직원들과 근본적으로 세대 차이가 있다
고 한탄한다. 그들은 출세의 구구단을 더 일관되게 훌륭히 내면화한 다
음 다정하고도 의리 있어 보이는 미소를 지으면서도 온갖 기회를 다 활
용해 자신들을 바깥으로 밀어낸다는 것이다. 다른 사람들은 절반은 좌절
에서, 또 절반은 달리 도리가 없어서 자립의 길로 나서는 모험을 감행해
자기 책임하에 일을 한다. 이들에게 일단 딱 들어맞는 모토는 '종일 자기
가 하는 일 광고하기'다.

　　　전염성이 있는 이런 사기적詐欺的 사업 마인드의 자질은 수많은
차원에서 강화된다. 문서로 입증되는 지식은 더 이상 직원의 적성에 대
한 결정적 기준이 되지 못한 지 오래라, 적성 진단 자체가 하나의 온전한
서비스 분야로 확립되었다. 그리고 여기에서 제공되는 그림은 잘 가꾼
뺑이 직장 세계의 기축통화가 되었다는 우울한 진단을 입증해준다. 비교
적 규모가 큰 기업의 신입 직원 및 승진 대상자를 뽑을 때 이뤄지는 지원
자 심사위원회에서도 사기꾼 재주가 있는 지원자들이 승리의 환호를 하
는 일이 종종 있다. 기업 네 개 중 세 개에서 그런 사람들이 새로 입사하
게 된다.《개인숭배Cult of Personality》라는 자신의 저서에서 애니 머피 폴Annie
Murphy Paul은 미국의 심사산업 규모가 4억 달러에 이른다고 언급한다.[15]

　　　심사 업체의 경우도 제대로 교육받은 직원 하나 없이 회사 이

_____ **15.** Annie Murphy Paul, *Cult of Personality. How Personality Tests
Are Leading us to Misedecate our Children, Mismanagement our Companies, and
Misunderstanding ourselves*, New York, 2004.

름만 번지르르하게 짓고는 자기네가 만든 인성 테스트로 사람들에게 덤벼드는 진짜 사기성 기업이 있음을 제외하면, 그런 실험적 상황을 주도적으로 잘 요리할 줄 아는 지원자가 역할 게임에서 승리한다. 여기에는 학창시절 배우 노릇하기와 소위 거저먹는 과목의 점수 따기를 배운 '전문가'들이 행동에 나설 가능성이 높다. 수동적이고 무관심한 몇몇 학급 때문에 애를 먹는 교사에게 "저요" 하고 손을 드는 학생은 고마운 법이다. 또 좋은 점수를 얻는 데는 똑똑해 보이는 질문을 하는 것만으로도 충분할 때가 있다. 그렇게 함으로써 수업을 '충실히 듣고 따른다'는 신호를 줄 수 있다. 몇몇 학생들은 그렇게 입으로 호응해주는 것이 기이할 정도로 과대 평가받는다는 사실을 재빨리 간파하고, 별로 애쓰지 않고 점수를 따고 사실은 자신이 잘 모른다는 것을 감추는 데에도 이를 최대한 활용한다. 평정 대상자를 관찰해보면 제대로 된 시험관들도 종종 스스로 만든 함정에 빠지는 것을 볼 수 있다. 다양한 능력이 폭넓게 점검된다면 가장 이상적일 것이다. 가장 적합한 지원자를 선발하기 위해서 집단 토론 및 근무상황 시뮬레이션과 더불어 역할 게임, 프레젠테이션, 사례 연구, 개인 면접, 이력 분석 등이 이루어진다.

　　　　하지만 평가자들은 과학적 결과 대신 종종 자기들이 받는 표면적 인상을 과신한다. 호엔하임Hohenheim 대학의 심리학자 하인츠 슐러Heinz Schuler는 한 대기업의 지원자 심사위원회를 연구해 이런 사실을 발견했다. 판에 박은 듯한 내용을 아주 매끄럽게 활용하면서 정겨운 잡담으로 대화의 주도권을 잡아 적절히 자기표현 능력을 보인다면 그런 지원자는 모든 과학적 기준에도 아랑곳없이 남들보다 나은 평가를 받는다. 추진력과 소통 능력은 어느 정도 사기꾼 재주가 있는 사람들의 핵심 능력이다. 그리고 바로 이런 기술 때문에 경제적으로 단순화된 적성 진단에서 그들에게 결정적 우위가 주어지는 것이다. 슐러 교수는 "기업은 자기 도취적 인물을 찾습니다. 고도의 자신감을 가진 사람, 남에게 긍정적인 영향을 주고 표현 능력에 흠 잡을 데 없는 사람, 자기 능력과 범위를 넘어서는 위험도 기꺼이 감수하는 그런 사람이죠"[16]라고 말한다. 뿐만 아니라 사기꾼 기질이 있는 지원자는 결정권자들 사이에 존재하는 사회적 유사성 요인도 이용할 줄도 안다. 그러니까 최고 자리에 사람을 앉힐 때 지도부는 본능적으로 주로 사회적 출신, 교육 정도, 언어가 비슷하고 자신과 습성이 비슷한 사람을 고른다는 것이다. 그것 때문에 사기꾼들은 더 쉽게 성공한다. 그들은 이러한 사회적 코드를 인식하고 받아들이는 데 잘 훈련돼 있기 때문이다.

자기 마케팅의 게임규칙

지원자 평가 센터만 있는 게 아니라 출세 컨설턴트도 있다. 그들은 '자기 마케팅'이 전문 능력보다 중요하다고 앵무새처럼 설교한다. 경영 컨설팅업체 소유주인 위른 코니처Jürn F. Konitzer 같은 이들은 전문 지식은 직업적 성공에 대해 10% 정도의 결정권을 가질 뿐이라고까지 주장한다. 자기표현 능력이 30%, 회사 내 지명도가 60%로 훨씬 중요하다는 것이다.[17] 크게 붐이 일었던 이 분야에서는 이렇게 유통된 수치를 입

_____**16.** Nicola Holzapfel, "Schwarzer bevorzugt", 〈Süddeutsche Zeitung〉 2010. 2. 3. 16p.
_____**17.** Jürn F. Konitzer, 〈Personalwirtschaft〉 2010. 8.

증하려고 IBM이 1990년대 말에 의뢰했다는 한 연구를 늘 되풀이해 인
용한다. 그러나 정작 IBM에서 일하는 사람들은 이 연구에 대해서 전혀
모르고 있다.[18] 인력 관련 컨설턴트들이 입증도 안 된 대담한 수치로 자
기네 업무를 광고한다는 혐의가 짙다. 여기서 그들이 사용하는 모토는
"메시지를 자주, 그리고 큰 소리로 반복하기만 하면 그것은 이미 현실이
된다"는 것이다. 실제로 그들은 그렇게 함으로써 발전을 강화하고 있으
며, 그 영향이 어느 정도일지는 아직 전체적으로 파악할 수 없다.

　　　　이에 필자는 자기 코칭, 자기 브랜드화를 간절하게 권고하는
전문가들의 몇몇 지혜를 제시하려 한다. 그들이 창조한 이상적 노동자
는 고전적인 사기꾼 품성에 아주 가깝다. 사기꾼들은 자신이 가진 '마케
팅 성격Marketing Personality'으로 각각의 상황이 기대하는 바에 딱 들어맞는
행태를 드러낸다. 컨설팅 관련 서적들이 독자들에게 요구하는 것도 비슷
하다. 눈에 띄는 점은 '능력을 보여주는 능력'에 집중되어 있다는 것이다.
이들은 프레젠테이션 기술이 필수적이라고 말한다. 우선은 설득력 있
는 외모를 만드는 일이 필요하다. 악수, 의상, 몸짓 등 첫 인상이 중요하
기 때문이다. 그다음으로는 새로운 환경에서 나아갈 방향을 신속히 정하
는 일이다. 말하자면 서열 관계를 파악하고 상사와 동료에게 그에 걸맞
게 말을 걸되, 소통은 하면서도 지나치게 친밀해질 필요는 없다는 것이
다. 전략적 의미가 있는 경우에는 형제의를 맺되, 자기 권한을 내세우면
서 불평해대는 사람이나 늘 절망적인 상황에서 우군을 찾아 헤매는 낙과

──────── 18. 독일 IBM 대외관계부장 코넬리아 라우헨베르거(Cornelia Rauchenberger)가
전자우편으로 필자에게 2010년 10월 15일 보낸 정보.

落果 같은 존재와는 절대 그런 관계를 맺어서는 안 된다.

자기 코칭을 통해 비약적 출세에 성공해야 한다면 찬란한 수사가 필요하다고 현대의 구직 조언서들은 말한다. 판매상들의 고전적 수법으로 자주 제시되는 것이 '투영'이다. 이는 목표 인물의 말하는 스타일, 몸짓, 유머 등을 거울처럼 그대로 따라하고 맞추는 것을 말한다. 무의식중에 공감을 만들어내기 위해서다. 한편으로 이런 투영은 새로운 근무 환경에서 소통 스타일을 익히는 데 도움을 준다.모든 기업은 저마다 나름의 언어적 코드를 갖고 있다. 그러므로 일단 귀 기울여 듣고 관찰한다. 그리고 음조, 목소리 크기, 말하는 스타일, 유머, 전문 개념을 따라하고, 대화에 동참한 사람들 간의 발언 순서를 알아차린다. 이 투영은 다른 한편으로 영향력을 행사하는 방법으로 간주되기도 한다. 투영 단계에서 행동으로 넘어가면 이제 상대를 자기 쪽으로 '리드'하는 것이다.

새로운 환경 속에서 나아갈 방향을 잡았다면 이제 다음과 같은 문제를 스스로에게 제기해야 할 것이다.

- 나의 등장은 효과적인가?
- 어떤 방법으로 내 이름을 업적 및 자질과 함께 기억하게 할 것인가?

당연한 말이지만 텔레비전의 캐스팅쇼 및 리얼리티 프로그램과 함께 성장하는 젊은 세대는 값비싼 자기 코칭세미나에 참가하지 않고도 중요한 것이 무엇인지 잘 안다. 사기꾼처럼 훌륭히 자기를 묘사할 줄 아는 사람이 사회적으로 통용되는 성공 유형으로 간주되는 것은 당연한 일이다. 자기 브랜드화 전문가인 페트라 뷔스트Petra Wüst도 비록 텔레비전 방송 포맷에서처럼 저속하지는 않지만 비슷한 견해를 표방한다. 어떻게 하면 자신을 흥미로운 존재로 만드는가 하는 질문에 그녀는 이렇게 조언한다.

"여러분의 강점과 독특함을 어떻게 하면 재미있는 이야기 속에 포장해 넣을 수 있는지 곰곰이 생각해보세요. 남들의 주목을 받도록 행동해보세요. 제대로 된 사람들에게 자신을 알릴 수 있는 행동을 하면 (……) 여러분은 자신을 개인적인 상표를 만드는 것입니다. 여러분의 출세에 중요한 사람들에게 정기적으로 자신의 활동상과 성과에 대해 알려주세요. 그렇게 하면서 자신있고 당당하게 등장하는 겁니다. 승리자의 언어를 구사하세요!"

이게 그 모든 진실의 전부인가? 자기 일에 관해 스팸메일 뿌리듯 사방에 알리란 말인가? 이에 대해 "회의는 활기차게, 인터넷은 영리하게, 이벤트는 효과적으로"라는 조치를 규정한 다른 조언서는 "자화자찬이 정답! 자기 PR을 통한 성공"을 약속한다. 자기의 성공을 떠들어대는 동안 '나는 내 약점을 교묘하게 보완하고 있는가' 하는 질문을 제기하는 데에도 소홀해서는 안 될 것이다. 이에 대해 컨설팅 전문가들은 강점을 지나칠 정도로 강조해 결과적으로 약점이 대단찮은 것이 되도록 하라고 권한다. 아니면 약점을 가리는 데 도움을 줄 강점을 지닌 사람들과 한 무리가 되어 일을 하라는 것이다. 마지막으로 가장 좋은 방법은 자신의 약점이 가려지지 않고 드러나는 상황을 피하는 것이다. 다른 코치는 실제의 자아상과 이상적 자아상과의 불일치 때문에 많은 사람들이 고통을 겪는다며, 이런 불일치를 창조적으로 이용하고 자신을 일관되게 끌고가겠다는 내면적 목표를 정하라고 권한다. 고전적 의미의 사기꾼은 일평생 다른 일은 하지 않는다. 헤트비히 켈너Hedwig Kellner는 저서《자기 코칭을 통한 출세Karrieresprung durch Selbstcoaching》에서 이렇게 요구한다. "다른 분야 전문가들과의 관계를 잘 유지함으로써 스스로를 올라운드 플레이어로 규정해야 한다. 누가 뭘 알고 있으며 누가 지식을 잘 써먹는지 알고 있어야 한다. 그래야 종합적이고 포괄적인 해법을 제공할 수 있다." 스스로 종합적인 지식을 습득한다는 것은 사실 말이 안 된다. 오히려 중요한 것은 남의 눈을 현혹하려면 어디서 신속히 뭔가를 '빨아먹을' 수 있는가 하는 것이다. 인터넷 시대의 이러한 '복사해서 붙이기' 마인드는 이상적 자기 마케팅의 특징이 되었다.

앞서 언급한 지침서에서 늘 되풀이해 강조하는 것은 회사의 구조조정이나 새로운 방향 정립은 엄청난 승진 기회로 작용할 수 있다는 점이다. 말하자면 "프로젝트에 브레이크를 걸고 우려를 표하는 사람들이 전통과 수동성에 머무는 동안 여러분은 혁신에 동참하라. 성과가 좋은 직원들과 네트워크를 만들어 미래에 유연하게 활동할 수 있도록 대비하라"는 것이다.

조금은 기괴하고 우스꽝스러운 이 승진 비법의 행간을 읽어보면 사람들이 자기 역할을 찾는 곳이자 기쁨으로 일할 수 있는 노동의 세계는 더 이상 존재하지 않음을 알 수 있다. 그 대신 기운을 갉아먹는 온갖 갈등 속에 자신이 뒤엉켜 있음을 보게 된다. 그런 갈등 속에서 과도하게 커져버린 자아는 지위와 돈 등의 수단을 확보하기 위해 쉬지 않고 투쟁한다. 그래서 개인의 자기 관리는 모든 출세 단계, 모든 일자리에서 없어서는 안 되는 요소가 된다. 이 과정에서 분명히 알고 있어야 하는 게 있다. 현재의 인생 상황이 전체 그림에 어떻게 부합하는가―나는 그런 상황을 어떻게 분류할 수 있는가? '미래지향적'이라고 기술할 수 있는가, 아니면 실패할 경우에는 '불가피한 시도'라며 정당화할 수 있는가 하는 점이다.[19]

    기업치고 자기네 가장 중요한 자원은 직원이라고 주장하지 않는 회사는 없다. 그러나 빈틈없는 직장 생활에 적응하고 생존하는 것에는 엄청난 에너지가 든다는 점을 사람들은 쉽게 잊는다. 주어진 일을 잘해내는 것만으로는 이제 더 이상 충분치 않다. 자기 일을 철두철미 구체화해야만 하는 것이다. 비용이 얼마가 들더라도 말이다.

_____**19.** 개인의 사회적 능력은 기업이 성공하기 위한 토대가 되는 차원 속으로 들어왔다. (Karola Brede, _Wagnisse der Anpassung im Arbeitsalltag_, Opladen, 1995, 232p.)

Chapter 02

이건 틀림없이
사랑이야!

매력 만점의 가짜 제임스 본드

"여유롭게 즐기는 활력충전의 시간. 아름다움과 의미 있는 것의 결합. 영혼을 위한 자유의 공간."

이는 스위스 인스브룩Innsbruck 인근 요양 호텔 란저호프Lanserhof가 내 건 모토다. 먹고사는 데 아쉬울 게 별로 없는 손님들이 나이 들어가는 것을 어떻게든 막아보고자 머무는 곳이기도 하고, '마음＋정신 건강 프로그램'을 통해 잃어버린 삶의 의미, 이성관계로 인한 문제, 탈진Burnout을 치유하려고 찾아오는 곳이다.

독일에서 온 수잔네Susanne 두 여기서 2주 동안 휴가를 즐기는 중이다. 엄마이자 한 남자의 아내이며 사회생활도 활발히 하는 직장인 수잔네. 이 매력적인 40대 여성이 호텔 로비에서 아주 교양 있고 잘생긴 신사와 대화를 나누게 된다. 우연히도 둘 다 좋아하는 책이 같다. 파울로 코엘료의《연금술사》다. 이야기를 나눌수록 둘의 공통점이 점점 더 많이 드러나더니 마침내 두 사람의 소망마저도 똑같다는 것이 밝혀진다. 그것은 언젠가 시나이 반도의 카타리나 수도원에 가보는 것이다. 이미 수잔네는 호리호리하면서도 운동선수 같은 탄탄한 몸의 이 스위스 신사가 자신과 영적으로 특별한 관계라 믿는 지경에 이르렀다. 그가 무슨 일을 하는 사람인지는 일단 전혀 신경 쓰지 않는다. 하지만 헬크Helg라는 이 남자는 곧 자신이 스위스 정부의 '국제문제 특임 자문위원'으로 일하고 있다고 털어놓는다. 두 사람은 오랫동안 함께 산길을 걷는다. 헬크는 한 걸음 뒤로 물러나 귀 기울여 들어줄 줄도 아는, 사람을 편안하게 해주는 동반자다. 수잔네는 그에게서 이해받고 있다고 느낀다. 다만 이따금 그의 얼굴에 비치는 슬픔의 기운에 마음이 조금 쓰일 뿐이다. 헤어지면서 두 사람은 전화번호를 주고받는다.

　　한 달 뒤 수잔네의 격정에 불이 붙었다. 두 사람은 여러 번 뮌헨 홀리데이인 호텔에서 만났다. 휴양지에서의 플라토닉한 만남이 뜨거운 연정으로 번진 것이다. 그후 얼마 지나지 않아 헬크는 곤경에 처한다. 수잔네에게 자신이 얼마 전 미국 방문 중에 여자아이를 차로 치었고, 알고 보니 그 아이가 마피아 집안 출신이었으며, 사고로 인해 불행하게도 휠체어를 타고 다녀야 하는 처지가 되었다고 털어놓는다. 이어 자신이 거액의 손해배상금을 지급해야만 하고, 돈을 지급하지 못하면 목숨이 남아나지 못한다고 말한다. 문제가 되는 돈의 액수는 총 1,000만 유로다. 그러나 이 남자는 수잔네에게 직접 돈을 요구하지는 않는다. 총액의 3분의 1인 300만 유로는 자신이 직접 마련했다는 것이다. 이 돈은 불구가 된 소녀의 장래를 보장해줄 기금이 된다고 했다. 처음에는 이런 말을 믿지 않은 수잔네. 하지만 곧 곤경에 빠진 남자를 그냥 내버려둔 자신을 책망한다. 결국 그녀는 남자가 필요로 하는 돈을 마련해준다. 그런데 헬크는 고마워하기는커녕 한순간에 태도를 바꾼다. 수잔네에게 호텔에서의 정사 장면을 담은 비디오를 보내고는 입을 다무는 대가로 거액을 요구한 것이다. 우수 어린 눈빛의 다정한 신사는 비열한 공갈범이 되었다. 공범이 옆방에서 두 사람의 은밀한 만남을 몽땅 촬영한 것이다. 수잔네는 비상 브레이크를 잡아당긴다. 끝 모를 협박의 마라톤에서 벗어나기 위해 사태의 전말을 남편에게 털어놓고 헬크를 경찰에 고소했다. 남자는 즉각 체포되었다.

　　"달리 방도가 없었어요. 그렇게 하지 않았다면 이 일은 끝도 없이 계속 되었을 겁니다. 그건 견딜 수 없는 일이죠……."

소울메이트를 연출하는 프로의 자세

　　독일의 갑부이자 여성 기업인 수잔네 클라텐Susanne Klatten과 제비 사기꾼 헬크 스가르비Helg Sgarbi의 이야기는 2008년 큰 주목을 받았다. 이 사건이 대중에 알려질 수 있었던 것은 사기 피해자가 사기꾼을 고소해서 생길 결과를 두려워하지 않았기 때문이다. 남자는 똑같은 낚시 바늘로 수잔네 클라텐 이전에도 이미 많은 여성들에게 피해를 입혔다. 사랑과 안락에 대한 여성의 욕구를 냉혈한처럼 이용한 스가르비는 제비 사기꾼으로서는 현재 최고수의 한 사람으로 통한다.

84

    그러나 이 사건은—엄청난 규모의 갈취 액수 및 피해자의 높은 지명도와는 별도로—단순한 범죄자와 피해자의 구도를 뛰어넘은, 놀라운 차원의 뻥이다. 일반적으로 사기꾼들이 선호하는 자기 연출_{좋은 인상을 줄 수 있어야 해}과 범죄 수준의 사칭_{나를 특정 인물을 만드는 거야} 사이의 경계선을 긋기 어렵다는 점도 이런 뻥이 갖는 속성의 하나다. 뻥이 표출되는 형식은 너무도 다양해서 고전적인 혼인 사기꾼과 신분 사칭 사기꾼은 그저 대단찮은 구닥다리로 간주될 정도다. 스가르비 같은 노련한 사기꾼은 빙산의 일각에 불과하며—앞으로 계속 살펴보겠지만—신분 사칭 사기가 우리 사회의 현실을 진작부터 심각하게 휘저어왔다는 명제를 증명하는 대표적 사례다. 별난 행동으로 사회적 엘리트 속으로 슬쩍 끼어든 이 배우지 못한 아웃사이더들은 어떻게 '기술'을 구가하며 사회가 요구하는 틀 속에 둥지를 틀 수 있었을까?

    스가르비는 사랑에 대한 보편타당한 기대감을 체계적으로 이용할 줄 알았다. 거기에는 사칭 행위를 할 만한 넉넉한 자양분이 있었음이 분명하다. 불안 심리가 팽배해 있고 음흉한 가식이 판치는 세상에서 애정관계가 오늘날 구원의 안식처로 여겨지는 탓에 그의 짓거리는 더 비열한 것이다. 개인주의가 계속 확산되는 상황에서 오로지 제대로 된 파트너를 만나 그와의 관계 속에서 스스로를 실현하는 것이 중요하다고 믿는 게 요즘 사람들이다. 그 속에서 사람들은 진정성, 조화, 행복을 찾는다. 애정관계란 활력을 제공하는 휴식처이며 동시에 모험의 공간이기도 하다. 또 우리는 이미 문제의 한복판에 있다. 애정관계에서 우리는 최고조의 감정, 다시 말해 짜릿한 은밀함과 절대 흔들림 없는 안온함 사이의 줄타기를 요구한다. 말하자면 가장 좋은 두 가지, 즉 완벽한 보험과 놀이

동산 둘 다를 원하는 것이다. 사기를 당할 잠재성은 이미 이런 것을 욕망하는 마음속에 들어 있다!

신분 사칭을 통해 자신의 출신을 감추려 했던 20세기 초의 혼인 사기와 달리 스가르비는 이러한 사칭을 할 이유가 없었다. 그는 비교적 괜찮은 집안 출신이었다. 기업체 간부의 아들로 법학을 전공했으며 졸업 후 금융계에서 직장 생활을 했고 외국어도 여럿 배웠다. 40대 중반의 나이에도 이상적 사윗감처럼 행동했다. 그러니까 늘 뻔한 수법으로 뜨거운 염문을 일으키는 피 뜨거운 제비족과는 달랐던 것이다. 스가르비의 모든 행태는 여성들 스스로가 그를 '영적 쌍둥이'—클라텐이 그와의 서신 왕래에서 이렇게 표현했다—로 마음에 간직할 만큼 좋은 인상을 주도록 훈련돼 있었다. 이를 위해 그는 모든 감정의 건반을 연주했다. 자기가 목표로 삼은 사람이 좋아하는 테마를 의도적으로 발설했다 클라텐의 경우 문학과 더불어 신체의 활력이 그것이었으며, 이를 위해 기업가인 그녀는 투자를 아끼지 않았다. 또 자신의 이력을 극대화하는 일에도 소홀하지 않았다. 그는 부모와의 갈등, 유산 문제로 인한 심각한 불화, 자신이 청소년 시절부터 일찌감치 혼자 힘으로 살지 않으면 안 되었다는 이야기를 풀어놓았다. 자신의 경제적 능력을 과시할 필요가 있을 때에는 종합금융회사 도이체방크의 요제프 아커만Josef Ackermann 회장과 친한 사이라고도 했다.

스가르비가 일으킨 최초의 대형 거사는 2000년 모나코의 몬테카를로에서였다. 30대 중반의 스가르비는 그곳에서 당시 83세의 백만장자 베레나 뒤 파스키에Verena du Pasquier 백작부인의 환심을 샀다. 점잖은 백작부인은 스가르비의 매력에 완전히 빠져들었다. 자신을 법률가이자 은행가라고 소개한 그는 노부인을 저녁식사에 초대했고, 이어서 멋진 부케 선물을 호텔방으로 보내기도 했다. 들뜬 나머지 젊은 남자친구에게 혹한 노부인은 머리카락을 붉게 물들였다. 스가르비의 입장에서 보면 이는 관계가 새로운 국면으로 접어들었으니 마피아 협박 스토리 제1편을 식탁 위에 풀어놓아도 된다는 신호였다. 조직폭력배가 자신에게 위자료로 1,000만 달러를 요구했으며, 이에 응하지 않으면 자신이 살해당할 거라는 이야기 말이다. 이 이야기에 충격을 받은 백작부인은 그를 위기에서 구해주었다. 그다음에 두 사람은 결혼하기로 결정했다.

하지만 노부인의 한 친구가 주의를 주었다. 그 친구는 다름 아닌 자가용 비행기족인 독일 부자 크리스티나 바이어Christina Weyer로, 전성기에는 "멋쟁이 영사領事"라고 불리며 독자적 영사를 둘 형편이 못 되는 저개발 국가의 명예영사직 타이틀 중개상으로 이름을 날린 한스-헤르만 바이어Hans-Hermann Weyer의 부인이었다. 그녀는 이미 자신의 경험을 통해 각양각색의 사기꾼 행태에 도가 튼 사람이었다. 스가르비는 결국 체포되었다. 노부인에게서 이미 1,500만 유로 가량을 챙긴 뒤였다. 그가 돈을 되돌려주자 백작부인은 연민을 느껴 고소를 취하했다. 그러나 이듬해 노부인이 사망하기 전, 스가르비는 다시 500만 유로를 빼내갔다. 그로서는 쉬어야 할 까닭이 없었다.

이 스마트한 제비는 병원장 부인, 기업가의 아내 그리고 하필이면 크리스티나 바이어를 상대로 또 다른 작업을 벌였다. 이 마지막 여성은 스가르비의 주장에 따르면, 백만장자 백작부인 사건도 염두에 두고 있었음에 틀림없다. 남자는 수순대로 섹스비디오로 그녀를 협박하려 했다. 그러나 크리스티나는 남편 앞으로 가는 그 우편물을 중간에 가로챌 수 있었고 이어서 남자를 고소했다. 독일 민영 RTL 방송사의 〈엑스클

루시프Exklusiv〉라는 프로그램에 따르면, 크리스티나는 이 제비 남성을 수사하기 위해 유혹에 넘어갔다고 한다. 이 사건으로 집행유예를 선고받은 스가르비는 이후 한동안 조용히 지냈다. 그사이 한 통신업체 민원부서에서 일을 하기도 했는데 대번에 까다로운 고객 전담직원으로 성과를 높였다고 한다.

그러나 2005년 그는 다시 사냥에 나선다. 스위스의 휴양도시 바트 라가츠Bad Ragaz에서 마리Marie라는 여성을 어떻게 엮어보려 한 것이다. 가구 사업가의 아내인 64세 여성이었다. 이 여성 또한 남자에게 진실한 감정을 느꼈고, 그가 또 다시 읊어댄 불행한 마피아 교통사고 이야기에 그만 수십억의 거금을 건네주고 말았다. 그러나 그 직후 헬크와 마리 두 남녀의 적나라한 행위를 보여주는 낯 뜨거운 사진이 저장된 그의 노트북이 이탈리아에서 도난당했다. 스가르비의 말에 따르면, 이 사진은 마리와 떨어져 있을 때 그녀가 그리워서 찍어둔 것이다. 그런데 이제 마피아가 이 사진을 공개하겠다고 협박에 나섰다. 돈을 주지 않으면 남편에게 이 사실을 통보하겠다고 한 것이다. 이에 마리는 자신의 생명보험을 해약해서 마피아가 요구한 120만 유로를 주었다. 이후 마피아가 재차 돈을 요구하자 더는 견딜 수 없었던 마리는 변호사를 불렀고 스가르비는 꼬리를 감췄다. 그럼에도 불구하고 그는 이후 두 명의 희생자에게서 수백만 유로를 뜯어냈으며, 그다음으로 수잔네 클라텐을 상대로 자신의 낚시 인생에서 가장 큰 물고기를 뭍으로 건져 올렸다. 그리고 이 욕심은 그에게 6년의 감옥살이를 안겨주었다.

"내 인생의 마에스트로"

스가르비를 이렇게 몰아간 것은 정녕 추잡한 욕구였을까? 총 1,700만 유로의 거금을 뜯어낸 그는 남들이 열망해 마지않는 초호화판 인생을 살아갈 수도 있었으리라. 그런데 스가르비가 클라텐 여사에게 보낸 편지에서 자신을 지칭할 때 쓴 표현대로, 이 '유약한 전사'는 그런 일에 전혀 관심이 없었다.

사실 스가르비는 범인이자 희생자였다. 그는 사근사근함과 세심함으로 여심을 파고들어 여인들을 꼼짝 못하게 만들 수 있었던 반면, 그 자신도 "내 인생의 마에스트로"라 부르는 심리주술가에게 빠져 그의 지시로 이러한 제비 노릇을 한 것이다. 그는 번 돈을 순순히 스승 에르나노 바레타Ernano Barretta에게 갖다 바쳤다. 스승 바레타는 북 이탈리아 압루치Abruzzi 산 한복판의, 인구 500명의 그림 같은 페스코산소네스코Pescosansonesco 마을에 살고 있었다. 이탈리아 경찰은 수사를 진행하면서 6만 평에 달하는 그의 호화판 저택에 대해 수색을 실시해 헬리콥터 비행장은 물론 여러 대의 고급 자동차와 현금 수백만 유로를 찾아냈다. 이 돈의 일부는 화병과 땅 속에 숨겨져 있었다.

스가르비는 스위스에서 자동차 기술자로 일하던 1992년에 바레타를 만났으며, 이 사이비 교주는 당시에 몇몇 제자들을 거느리고 있었다. 바레타는 스스로 예수의 화현化現인 듯 행동했으며, 십자가에 못 박힌 상처 자국을 하고는 사방을 돌아다니며 자신이야말로 지상의 예수교회의 진정한 수장首長이라고 주장했다. 그는 제자들에게 "돈은 죄악이다"라고 설교하면서, 제자들에게 부유한 여성들을 돈이라는 무거운 짐으로부터 해방시켜 구원하기 위해 밖으로 나가라고 했다. 한때 이 종교에 몸

담고 있던 사람들의 진술에 따르면, 그의 패거리 중 여성 추종자는 교주 바레타의 성적인 지배하에 있었다. 바레타가 가브리엘레 프란치스카라는 자기 휘하의 여인을 헬크 루사크라는 이름으로 다시 태어난 스가르비의 두 번째 아내로 엮어준 것 첫째 부인은 남편이 섹트에 빠지자 떠남 또한 결코 우연이 아니었을 것이다. 이러한 복잡한 관계 속에서 감정 제어와 조작은 중요한 역할을 했다. 스가르비는 재판 과정에서 모든 죄를 스스로 뒤집어쓰고도 여러 협박 사건의 이면에 대해 침묵했다.

지금까지의 얽히고설킨 이야기를 읽고도 아직 정신이 멀쩡한가? 그렇다면 이 사건에 또 다른 반전을 알고 나면 정신이 아득해지는 경험을 하게 될 것이다. 스가르비의 희생양이었던 수잔네 클라텐에게 특이한 과거사가 있었던 것이다. 사기는 그녀의 성장과정에서 중요한 역할을 했다. 그녀는 사기꾼들이 흔히 쓰는 수법인 '있는 척하기'에 대해서는 별 관심이 없었다. 오히려 평범한 시민의 삶을 따라 해보고 싶었다. 그녀는 자신의 출신과 재산을 감추려고 세세한 것에까지 늘 신경을 썼다. 열여섯 살 때 납치될 뻔한 일을 겪었기 때문만은 아니다. 대학을 다니는 동안에도 동기들에게 자신의 신분을 감췄다.

"그건 자신을 펼쳐 보이고 자신을 알아가는 데 꼭 필요한 엄청난 내면적 자유죠."

BMW 최대 주주인 그녀는 BMW 사에서 일할 때도 수잔네 칸트Susanne Kant라는 가명을 썼고 평직원으로 신분을 위장했다. 여기서 그녀는 현재 남편인 엔지니어 얀 클라텐Jan Klatten을 만나게 되다 남편 얀은 7개월을 함께 살고 나서야 그녀의 진짜 신분을 알게 되었다.

완벽한 남자의 완벽한 위장

고전적인 결혼 사기꾼들은 그럴 듯한 외형을 갖춰 사람을 속인다. 재산도 있고 교육도 받은 것처럼 꾸민다. 신부의 돈만 노린다는 의혹을 불식시키기 위해서다. 그런 인간은 치밀한 계산하에 사랑과 정을 투입한다. 다정다감하고 신실하며 센스 있는 사람처럼 보이고, 낭만적 감정을 동원할 줄도 안다. 주로 과부, 노처녀, 시골 처녀가 그 대상이다. 게다가 비교적 고급 직종의 종사자 예컨대 의사, 기업가, 조종사나 고급 장교 행세를 즐겨 했다. 그렇게 함으로써 더 나은 계층의 사람과 결혼하려는 여성들의 경탄을 끌어내고, 다른 한편 재산 있고 교육도 받은 여성에게 자신이 그들과 같은 계층에서 놀며 돈 따위는 전혀 필요치 않다는 인상을 주었다.

경찰은 결혼 사기꾼을 이미 1920년대에 신분 사칭범의 범주에 포함시켰다. 범죄학자 로베르트 하인들Robert Heindl은 직업적 범죄인을 다룬 매우 상세한 논문에서 이렇게 적고 있다.

"그런 사람들은 모든 사교 모임에서 환영받았다. 회원제의 배타적 사교 모임은 이들의 가입 여부를 결정하는 비밀투표에서 찬성의 흰색 공을 던졌다. 그러나 결국 어쩌다 한번 엉뚱한 실수 때문에 잿빛 죄수복을 입은 수감자의 모습이 드러난다. 신분 사칭범은 대다수가 행실이나 옷차림이 남다른 젊은 남자들이다. (……) 그들은 먼저 해당 지역을 조사하고, 계획을 대체적으로 구상한 다음 먹잇감이 될 여자에게 접근해서 그림자처럼 따라다닌다."

바로 이런 방식으로 당시 의사로 행세하던 오토 안더베르트

Otto Anderwerth는 돈 많은 호텔 투숙객인 척하면서 결혼에 안달이 난 한 식당 여직원에게서 힘들게 일해 번 돈을 뜯어냈다. 보덴 호반의 그 소도시에서 최종 리허설을 마친 그는 임신까지 한 데다 무일푼이 되어버린 사랑에 빠진 그 여성을 남겨두고 그곳을 떠나 취리히의 가장 값비싼 호텔에서 한동안 머물렀다. 그곳에서도 의사인 척하며 다른 투숙객에게 접근을 시도했고, 몇몇 투숙객을 진찰하고 '치료'도 해주었다. 시간이 다소 흐른 후 자신에게 열광하는 환자들에게, 자신이 주립 산부인과 병원장이자 저명한 의대 교수의 개인 조수로 막 임명되었다고 밝혔다. 그러면서 해당 문건을 주위에 보여주었다. 문건에는 그 유명한 교수가 이 젊은이를 "신의 은총을 받은 천재"라고 칭했다고 적혀 있었다. 호텔 살롱에서 샴페인을 터뜨리지 않을 수 없었다. 모두를 위해 건배!

하루 온종일 수술실에서 보낸다는 인상을 주기 위해 그는 호텔에서 자기 손을 늘 냄새가 강한 살균제로 문질렀다. 이렇게 해서 곧 이 호텔 사교계의 중심인물이 되었다. 여기에는 그가 막대한 유산을 받는다고 떠벌린 일도 일조했다. 이제 호텔 고객들에게 돈을 빌리기란 거저먹기였으며, 그렇게 빌린 돈으로 상류층의 삶을 누리는 데 썼다. 호텔에서는 유달리 인심이 후한 사람처럼 행동했다. 늘 사람들을 만찬에 초대하겠다고 약속해 비싼 식사비를 지출했다. 이렇게 폭넓게 사전 준비를 하고 나자 새로운 결혼 희생물이 포착되었다. 남들에게 빌린 돈으로 유지되는 그의 경제적 풍요와 상류 사교계가 그를 인정한다는 점에 눈이 멀어버린 교수의 딸 하나가 그와 사랑에 빠진 것이다. 안더베르트는 또다시 그녀의 재산에 탐을 냈다. 그는 병원에 출근할 때 그녀를 동행하도록 해서 속였다. 둘은 병원 건물 앞에서 헤어졌고 사기꾼은 곧 건물 뒷문으로 빠져나갔다. 곧 호텔에서 성대한 약혼 잔치가 이어졌다. 화룡점정은 앞서 언급한 저명한 의대 교수가 약혼 선물로 보냈다는 값비싼 수술도구 세트가 배달된 것이었다. 실제로는 자신이 구입해 배달시킨 것이다. 마침내 사기가 발각되자 이 가짜 의사는 갑자기 환자가 되어버렸다. 중병에 걸린 것이다. 당장 자리보전을 해야 할 지경이라 경찰도 구속을 못 할 정도였다. 나중에 행해진 재판에서 피해자들은 한결같이 그의 태도가 너무나 당당한 데다 빈틈이 없어서 아무도 의사임을 의심하지 않았다고 진술했다. 약혼녀 역시 끝까지 그를 믿었다.

"돈은 아무것도 아니라니까"

파리에 사는 노부인 릴리안 베텐-쿠르Liliane Betten-court의 경우도 사건의 전개는 비슷했다. 1922년생인 이 할머니는 남자친구가 진심이라고 철석같이 믿었다. 할머니의 부친은 화장품 업체 로레알L'oréal의 창립자 유진 쉴러Eugéne Schueller다. 그는 딸에게 거액의 유산을 남겼고 딸은 이로 인해 유럽의 갑부가 되었다. 노부인은 프랑수아-마리 바니에François-Marie Banier라는 사람과 15년 넘도록 깊은 우정을 나누고 있었다. 그는 60대 초반으로 왕성한 활동을 하고 있는 문인이자 사진가다. 동성애자인 그는 자기보다 훨씬 젊은 동성同性 예술가와 살면서도 160억 유로의 재산을 가진 화장품 제국의 여왕과 더 많은 시간을 보내며 풍자와 지성으로 그녀를 사로잡았다. 릴리안은 1995년 이래 그에게 수표, 보험증권, 그림, 부동산 등 총 10억(!) 유로 상당의 금품을 선사했다. 바니에는 이를 기부금이라고 부르며 기이한 우정의 초기에는 그것을 거부했다고 말했다.

베텐쿠르 여사 주변에서는 그의 주장이 거짓이라고 했다. 회계 담당 여직원 한 명은 바니에가 2005년 말 거의 매일 전화를 했다고 말했다.

"그는 베텐쿠르 부인께 자신이 부인을 사랑하고 있고 부인은 자신에게 중요한 사람이라고 전해달라고 부탁했어요. 그러면서 공동출자금에 낼 돈 200~300만 유로가 급히 필요하다는 거예요."

이런 상황에서도 노부인은 바니에에 대한 극진한 대접을 늘 반복하며 이를 돈은 자신에게 별 게 아니라는 고집스런 주장으로 옹호했다. 그러니 서로 완벽하게 아귀가 맞는 한 쌍이 아닌가? 바니에는 베텐쿠르와 만나기에 앞서 부인의 비서에게 전화를 걸어 당연하다는 듯 뻔뻔스런 태도로 부인께 수표책을 슬쩍 쥐어줄 것을 요구했다고 한다.

프랑스에서 소설가, 화가, 무엇보다 사진작가로 유명한 이 활동적인 예술가는 재미있게도 신분을 사칭하는 사기꾼들이 보이는 전형적인 인성 형성과정과 유사한 유년시절을 보냈다. 그의 어린 시절—그의 아버지는 골동품상을 해서 돈을 벌었다—집안의 모든 것은 사회적 신분 상승을 지향했고, 돈 많은 사람들과의 접촉은 사업을 위해서 불가피했다. 바니에는 결국 행복과 관습이라는 연극 뒤에 숨겨졌다. 그는 이내 무대에 올라도 될 정도로 외모를 가꾸고, 남을 사로잡고 유혹하는 일과 남들이 자신에 대해 경탄하도록 하는 일이야말로 곧 자기 발견의 길이라고 여기는 자아도취자가 된 것이다.

릴리안 여사와 바니에 사이에 우정이 싹튼 것은 그녀의 남편 앙드레André가 공직 생활에서 물러난 뒤였다. 앙드레는 자신이 레지스탕스프랑스인민의 독일점령군과 비시정권에 대한 저항운동—옮긴이에 들어가 싸웠고 그 덕에 드골 정권 때 출세를 했다고 수십 년 동안 주장했지만, 1940년대에 그가 비시 정권에 부역했다는 사실이 알려졌다. 그러다 2007년 세상을 떠났다. 과부가 된 노부인은 슬퍼할 까닭이 없었다. 자신에 대한 사랑이 남다른 바니에의 애정을 전보다 더 많이 향유할 수 있기 때문이었다. 미술품 수집가인 메르-로르 드 노아유Maire-Laure de Noailles, 작가 루이 아라공Louis Aragon과 더불어 나이 차이가 쉰 살도 더 나는 예술인 후원자 마들렌 카스텡Madeleine Castaing도 바니에의 '가까운 친구'였는데, 후자는 죽기 전 파리에 있는 고가의 부동산을 바니에에게 증여하기도 했다.

바니에의 이런 묘수는 베텐쿠르의 딸이자 신학자인 프랑수아즈 베텐쿠르-마이어스Françoise Bettencourt-Meyers가 자기 어머니의 남친에 대해 반감을 품지 않았더라면 아마도 세상에 알려지지 않았을 것이다. 프랑수아즈는 바니에가 어머니의 정신박약을 이용해 가족의 재산으로 자기 배를 불렸다고 고소했다. 게다가 베텐쿠르 여사는 바니에를 한때 유산 상속자로 지정하기도 했는데, 자신의 일상이 국가적 염문으로 번지자 이를 철회했다.

베텐쿠르 부인은 딸의 요청으로 조사를 받았다. 노부인이 정상적인 의사표시 능력을 갖고 있지 않음을 입증하기 위해서였다. 그러나 90이 다 된 어머니가 정상적 판단 능력이 없다는 판정을 받아 그녀를 로레알 그룹 경영위원회에서도 배제하려 한 딸의 노력은 수포로 돌아갔다. 이는 전혀 세련된 행동이 아니었으며, 따라서 노부인에게는 딸이 장-피에르 마이어스Jean-Pierre Meyers와 혼인한 이래 딸로부터 소외받고 있다고 공공연히 불평하는 동기로 작용했다. 그녀의 말에 따르면 두 사람은 노부인이 빨리 세상을 떠나주었으면 하고 바란다고 했다. 그래야 그룹을 팔아치울 수 있기 때문이다.

그러나 2010년 크리스마스 이브, 모녀는 서로를 딱하게 여겼다. 릴리안 베텐쿠르 부인은 자신이 예뻐하는 남자와 거리를 두었으며 딸을 용서했다. 바니에는 베텐쿠르 여사의 딸 프랑수아즈가 제기한 소송의 대상인 물경 6억 유로 규모에 달하는 두 건의 생명보험을 포기했다. 바니에가 거부인 노부인에 대한 자신의 남다른 애정을 언급한 번지르르한 말만이 그대로 남았다.

"난 그 사람 등골을 빨아먹은 게 아닙니다. 나는 그녀로 하여금 자신을 펼치게 합니다. 내가 그녀를 사랑하고 존경하기 때문이지요."

애정 사기꾼의 여러 가지 수법들

고전적인 혼인 또는 애정 사기범들의 일은 점점 더 복잡해져 간다. 당연하다. 무엇보다도 파트너에 대한 요구조건이 하늘 높은 줄 모르고 치솟는다. 당연한 일이지만, 유복한 환경에서 자란 세대의 라이프 스타일은 개인주의적 특성이 뚜렷하다. 이런 개인주의는 애정 문제에서도 모든 옵션과 선택 가능성을 요구한다. 개개인은 모두 특별한 존재이며 자신만의 자아도취적 성향을 키워가고 있다. 애정 전선에 뛰어들 준비가 된 싱글의 수는 꾸준히 늘어나지만 그들은 이상적인 파트너 구하기라는 프로젝트에 매달려 애쓸 뿐 외로움은 채워지지 않는다.

미국의 의학 드라마 시리즈 〈그레이 아나토미〉는 젊은 남녀 의사의 일과 복잡한 애정관계를 중심으로 이야기를 풀어간 프로그램으로 오랫동안 큰 사랑을 받았다. 이 프로에 등장하는 이상적 파트너의 이름은 맥드리미McDreamy. 물론 드라마 작가의 반짝이는 상상일 뿐이지만 다른 한편에서 보면 '맥'주로 다른 사람들이 보기에는 평범한데 내 눈에는 그저 좋아보이는 상황에 붙여 쓴다—옮긴이이라는 첫 음절을 통해 이상적 파트너일 가능성이 높다는 연상을 아주 적절하게 일깨워준다. 그러나 아주 비슷한 성장 배경을 지닌 성공한 의사들의 경우라 해도, 두 사람이 똑같이 원만한 애정 관계가 있으리라고 짐작할 수는 없다. 예전에는 이런 외적인 조건이 애정 관계가 평생 지속되리란 어느 정도 믿을 만한 보장으로 통했지만, 오늘날 사람들의 가치관과 이상은 무척이나 제각각이다.

게다가 새로 태어나는 인구가 점점 줄어드는 탓에 젊은이들은 많은 경우 부모, 조부모, 대부모 등의 각별한 돌봄 속에 살고 있으며, 애정 관계에 있는 파트너에게도 최소한 그 정도의 주목을 기대한다. 따라서 파트너 선택은 오랜 시간이 걸리고 복잡한 형태를 지니게 된다. 또 애정 시장에서 바람직한 파트너로 연출하기 위한 수법 역시 시간이 지나면서 점점 더 세련돼진다. 특히 관계 만들기의 영역은 인터넷을 통해 크게 확대되었으며 자신의 특성을 연출하기 위한 제대로 된 훈련도 가능해졌다. 여기에서는 글로 표현하는 능력이 실제 외모보다 더 중요하며, 이 호감 이후에 데이터 교류 이면에 실재하는 사람과 아날로그적 접촉을 할 것인지 결정한다디지털에 의한 접촉에서는 나이, 소득, 직업 및 자기 사진을 계속 수정해 매력을 높이는 방향으로 끌고 가는 것이 매우 중요하다.

남녀 관계는 이제 심리학자와 상담 전문가의 광범위한 활동 영역이 되었다. 낭만적 사랑이 수지맞는 자기실현이 되는 역설적 모습을 목도하는 것도 더 이상 놀라운 일이 아니다. 이런 관계는 사실 불만의 계기가 된다. 한쪽은 늘 손해를 보거나 적자라고 내세우기만 할 테니 말이다. 그렇기 때문에 온갖 좋다는 것을 총동원해 의식적으로 애정관계를 형성하는 일은 오늘날 필수다. 이는 '나는 어떤 관계유형인가? 나에게는 어떤 사람이 맞는가? 나는 좋은 애인인가'라는 질문에서부터 시작해, 날마다 행하는 '관계유지 업무'를 거쳐 위기 시에는 치료도 한 쌍이 함께 받는 데까지 나아간다.

이렇게 복잡하고 어려운 것이 오늘날의 사람인데 그럼에도 불구하고 파트너 관계에서는 '비밀 없는 공동체'라는 이상이 계속 통용된다. 사실 유리 같이 투명한 파트너가 어디 있으랴마는 이상은 여전히 그렇다. 사회학자 게오르크 짐멜Georg Simmel은 이미 1908년에 "비밀이란 인류의 가장 큰 성취 중 하나"라고 단언했다. 그는 비밀이라는 것은 인간에게 '제2의 세계'를 제공한다고 보았으며 자신의 진정한 정신적·개인적 소유물로 여겼다.

프랑스의 심리분석가 세르주 티세롱Serge Tisseron은 가족의 비밀을 분석한《금단의 문》이라는 책에서, 개인의 정신 구조는 뭔가를 비밀로 간직할 때에만 발전한다는 확신을 이렇게 표출한다.

"어린아이가 처음으로 거짓말을 하는 순간은 매우 중요한 의미를 갖는다. 부모가 자기 생각을 읽지 못한다는 것을 발견하는 것이다. 또 그 사실은 자신이 독자적 인격체임을 증명해준다."

하버드 대학 심리학과 대니얼 웨그너Daniel Wegner 교수에 따르면 모든 인간은 정신적 안정성을 위해 비밀도 필요로 하는데, 비밀 없이는 독자적 자아를 형성하지 못하기 때문이라고 한다. 그래서 제2의 세계를 향한 욕구가 생겨난다. 역할 놀이, 이중생활, 환상 같은 것이다. 개인의 사적 영역이 전혀 없는 파트너 관계는 잘 돌아가지도 않는다. 그저 '좋은' 비밀과 '나쁜' 비밀 사이의 회색지대를 이해하는 것이 중요하다.

속임수 사용을 허하노라?!

연인 관계에서의 기만과 실망. 이는 누구나 살아가면서 한 번은 경험하는 일이다. 속이려는 의도가 없다 하더라도 처음 사랑에 빠졌을 때의 구애와 일상화된 애정의 차이는 아주 뚜렷하다. 대학 시절 함께 집을 얻어 공동 자취를 해본 사람은 같이 자취하는 이의 이런 식의 태도 변화를 아주 가까이서 지켜볼 기회가 있었을 것이다.자신에 대해 그런 비판적 관찰을 하는 것보다 이게 더 쉽다. 함께 자취하게 될 여학생의 호의를 구하는 남학생은 예컨대 처음에는 환심을 사려고 늘 입가에 매력적인 미소를 머금고, 손님으로 방문해서 시키지도 않는데 대청소를 해준다. 그러다 자취가 시작되고 두어 주 지나면 심심하면 방귀를 뿡뿡 뀌어대는 잠꾸러기에다 다른 사람 냉장고를 수시로 싹쓸이하고, 냄새 나는 축축한 양말을 화장대 위에 올려놓는다.

이혼이나 별거와 같은 파경이 있고 난 다음에야 당사자들은 자신이 어떻게 그런 파트너에게 속아 넘어갈 수 있었을까 궁금해한다. 지각 능력에 대해 회의하기도 하고 상대가 의도적이고 계획적으로 자신을 속인 것이라 믿기도 한다. 이런 감정이 광기로 옮겨가는 경우도 있다. 예컨대 프랑스의 정신과의사 조셉 카프그라스Joseph Capgras의 이름을 따서 붙여진 '카프그라스 증후군'에 시달리는 사람들은 자기 배우자가 아무도 모르게 똑같이 생긴 지능적 사기꾼과 뒤바뀌었다고 확신하기도 한다.

뉴욕 주립대학 심리학과의 윌리엄 투크William Tooke 교수와 로리 캐미어[Lori Camire] 교수는 파트너를 구할 때 사기의 잠재성이 얼마나 높은지 밝히기 위해 실험을 했다. 이들은 남학생들에게 특정 진술에 대해 동의하는지를 물어보았다. 남학생들은 다음과 같은 문장에 대해 특히 긍정적인 반응을 보였다.[1]

- 여성을 위해서라면 자신이 실제 감당할 수 없는 금액이라도 지출한다.
- 미래의 출세를 위해 여성을 잘못된 길로 인도한다.
- 여성 앞에서 나는 실제보다 더 믿을 만하고 사려 깊은 존재인 척한다.
- 속으로는 그렇지 않으면서도, 장기적인 애정관계 형성에 관심이 있다고 말한다.
- 실제로는 머릿속에 섹스에 대한 생각이 떠올라도 그것에 무관심한 듯한 태도를 보인다.

또한 남자들은 다른 남자들 앞에서 뭔가를 보여줘야 하는 상황에서 자신을 잘 과시한다. 술을 많이 먹는 능력은 남성성의 증거라고 두루 알려져 있다. 그런데 여기에도 속임수가 작용한다. 보드카 잔에 물을 따라 마시기도 하고, 남이 보지 않는 순간에 그 독주를 옆에 놓인 화

---

1. 이로써 학자들은 게오르크 파울 횐(Georg Paul Höhn)이 1724년에 낸 《사기사전(詐欺事典, Betrugs-Lexikon)》의 이론을 입증했다. 즉, 남성들은 "엄청난 부자인 척하면서 한동안 남에게서 빌린 돈으로 대단한 사람이라는 인상을 주기도 하는데, 오로지 모두 결혼할 여성을 더 일찍 얻기 위해서다." 또는 자신을 "대학을 나온 사람으로 또는 실제보다 더 높은 신분과 성품의 사람인 척한다. 학위나 다른 타이틀에 푹 빠지는 여성들을 더 많이 꼬드기기 위해서다."

분에 버리기도 한다. 마찬가지로 남자친구들끼리 성관계 파트너 수를 떠벌리는 일도 듬직한 남자라는 이미지를 심어주는 데 사용된다. 뉴욕 주립대 남학생들은 "자기가 더 인기 있다는 티를 내려고 남자 지인들이 있는 자리에서 전혀 모르는 여성에게도 인사를 한다"거나 "성적 에너지가 더 뛰어나다는 티를 내려고 늘 콘돔을 가지고 다닌다"고 인정했다. 그러다 마치 우연인 듯, 지갑이 어디 있나 뒤지다가 슬쩍 특대 사이즈 콘돔을 책상 위에다 떨어뜨리는 것이다.

　이와 반대로 여성들은 외모와 관련된 진술을 인정했다.

- 더 매력적으로 보이게 하려고 화장을 하고 가짜 손톱을 붙이고 매니큐어를 바른다.
- 날씬하게 보이려고 굽 높은 구두를 신고 몸에 더 달라붙는 옷을 입는다.
- 규칙적으로 실내 일광욕장에 간다.
- 남자가 근처에 있으면 배를 쏙 집어넣는다.

　마지막 두 문장은 남성에게도 해당할 텐데, 이 사실을 보면 남성들이 지난 수십 년 동안 여성에게서 부지런히 배웠다는 것을 분명히 알 수 있다. 요즘은 자동차 판매직원이 아닌데도 온몸의 털을 다 밀어버리고 바삭하게 구운 통닭처럼 피부를 갈색으로 태우고 눈썹을 솎아내 연하게 화장까지 한 아도니스 그리스 신화에 나오는 미소년를 심심찮게 볼 수 있다. 인공 일광욕 기기로 피부를 그을려 연단에 서는 시장도 있다. 그는 이렇게 생각한다.

'만약 이렇게 과장하지 않는다면 선거전에서 나를 50대 후반의 나이로 인식할 것이다. 갈색으로 피부를 태우면 피곤한 듯한 눈빛에 창백한 얼굴의 상대편보다 더 활력 넘쳐 보이리라.'

먹잇감을 찾아서

수다를 떨거나 처음 만나 인사를 나누는 바로 그 순간에 벌써 수많은 술책이 말, 표정 또는 몸짓을 통해 나타난다. 이런 술책 중에서 몇 가지를 살펴보자.

환한 미소와 개방적인 표정을 하고 등장하기. 여기에 여유로움, 자신감, 교류할 자세가 되어 있음도 아울러 보여주기. 이것이 바로 '분위기 관리'라는 것이다. 상황에 따라 정반대의 신호가 투입될 수도 있다. 그런 경우 남자들은 외롭고 우울하고 남들에게서 오해받는 사람인 듯 행동한다. 내적인 소통을 그리워하며 파괴되어가는 그런 사람 말이다. 많은 여성들은 '고독한 카우보이' 남성에게 무장해제되고 만다. 그렇게 하여 헬크 스가르비는 먹잇감을 호텔 바에서 만난 것이다. 그곳에서 그는 위스키 한 잔을 앞에 두고 멍하니 앉아 있었다. 절대 그냥 지나칠 수 없는 SOS 신호를 다감한 여성의 마음에 쏘아 보내며 말이다.

관계를 처음 개척할 때는 첫 만남, 즉 개시가 결정적 역할을 한다. 스가르비의 SOS는 누군가 도움을 제안하게끔 하는 보편화된 형태에 해당한다. 아주 스마트한 영웅으로 보이는 사람이 남의 도움을 필요로 하는 것은 터프한 여성 사업가에게 매우 매력적으로 작용한다. 전에는 여성이 장갑을 떨어뜨리고 이것을 사려 깊은 기사騎士가 주워 이를 기회로 만난다. 오늘날에도 이런 기법은 〈브라보 걸Bravo Girl〉 같은 잡지에서 처음 연애를 할 때 써먹으라고 나온다. 예를 들면 소녀는 아이스크림을 자기가 좋아하는 남학생 근처에다 '실수로' 떨어뜨리고, 남학생은 마치 구원자라도 되는 듯 소녀에게 새로 아이스크림을 하나 사주겠노라고 나설 수 있다는 것이다.

첫 접촉에 성공한 뒤에는 감출 것과 드러낼 것 사이의 균형을 잘 유지해야 한다. 언론인 아담 소보진스키Adam Soboczynski는 "에로틱은 알고 있는 것을 잘 드러내지 않음에 기초한다"고 했다. 그렇기 때문에 자신에 대해 뭔가를 아주 조금씩 털어놓을 때에만 신비성이 유지된다. 이렇게 가장假裝을 함으로써 몇몇 비밀에 가득 차 보이는 사람들은 자기 등 뒤에 비밀이 전혀 없음과 동시에 은밀한(경제적) 이해관계를 감추기도 한다.

한 사람의 인생사는 사회적 지위 및 외모와 더불어 멋지게 꾸미고 이상화하기에 좋은 대상이다. 예컨대 남다른 데가 있는 사람인 척할 수도 있고 자신이 원하는 타인의 생동감 넘치는 이미지를 차용할 수도 있다. 돈 많은 부모와의 불화도 좋고 부상으로 인해 꺾여버린 운동선수로서의 인생도 좋고 CIA에서 잠시 일한 경력이라도 상관없다. 자신의 지금까지의 인생을 재미있으면서도 감동적으로 읊어대는 연출은 다양하다. 애정 사기꾼에게 이는 마치 구구단과 같다. 자기가 원하는 모든 것을 거기에서 끌어내는 것이다.

신뢰란, 내밀한 어떤 일을 일부러 당황하면서 '고백'하고 그렇게 해서 상대방으로 하여금 뭔가 하지 않으면 안 되도록 만듦으로서 생성된다. 상대에게 은밀한 것을 알게 되었다는 그럴듯한 카드를 안겨주고 자신도 그 상대로부터 비밀을 얻어듣는 것이다. 이런 식으로 다른 사람이 감정을 드러내도록 유도하여 마침내 영혼의 속살까지 드러내게 만든다.

이보다 더 우아하지는 않지만 거의 성공하는 방법이 하나 있다. 다른 사람에 대한 부정적 생각을 상대에게 털어놓음으로써 그런 생각의 공범이 되자고 하는 것이다. 함께 그 사람을 주시하고 그에 대해 낄낄거리고 그와 거리를 두는 것이다. 이런 험담 공동체는 친숙한 관계를 만들어준다. 물론 거기에 동참한 이는 그로 인해 자신의 어두운 구석을 드러내게 되는 단점이 있다.

조작에 도가 튼 사람들은 같은 취향을 지닌 척하는 데 숙달이 되어 있다. 이는 다음과 같은 식으로 전개된다. 현재 많은 사람들의 입에 오르내리는 영화를 봤다거나 책을 읽었다고 뻥을 친다. 그러면서 상대가 그 영화나 책을 어떻게 평가하는지 탐색한다. 그런 다음 대화에 끼어든다. 잊지 말아야 할 것은 웃는 일이다. 또 이 화제에 대해서는 절대 이빨을 앙다물고 흥분하거나 해서는 안 된다. 어차피 죽고 사는 문제는 아니니까 말이다.

이와 비슷하게 조작할 만한 것이 '신분 상징물'을 투입하는 일이다. 이것은 구애를 할 때에도 비언어적 신호로 쓰일 수 있다. 사람들은 겉으로는 내면적 가치가 무엇보다 중요하다고 배우처럼 주장한다. 하지만 그런 상징물을 갖추는 것은 애정 관계를 열어가는 데 매우 중요하다. 개인주의화된 사회에서 신분을 상징하는 물건들은 매우 다양하다. 롤렉스를 차고 있다고 어디서나 빛이 나는 건 아닌데도 예부터 신분을 한두 단계 높아 보이도록 하는 데 도움을 주는 제품들이 있었으며, 환경에 따라 새로운 것이 추가되기도 한다. 스마트폰을 통해 늘 연락이 가능하도록 하는 것과 더불어 페이스북 같은 사회적 네트워크에 나타나 있는 수

량화 가능한 친구 관계도 포함된다 "자네 네트워크가 어느 정도인지 보여주면 자네가 어떤 사람인지 말해주겠네".

애정 사기범의 장난에 놀아나는 거부의 상속녀가 얼마나 터 프한지, 또 그녀가 피어싱과 문신을 할 정도로 사회적 통례를 벗어난 사람인지 아닌지는 상관없다. 기사도가 넘쳐흐르는 신사다운 마스크는 아직도 잘 먹혀든다. 신사다운 태도가 주는 울림. 고전적 혼인 사기꾼은 한때 이를 완벽하게 구사했다. 신사는 언제나 여성의 왼쪽 또는 도로 가장자리로 걸었다. 여성을 신체적 부닥침이나 흙탕물 및 다른 불상사로부터 보호해주고 언제든지 그녀를 방어하기 위해 검을 뽑기 위해서다. 신사는 늘 여성보다 앞서 술집에 들어섰고 여성보다 나중에 그곳을 떠났다. 그렇게 그는 여성을 주변의 음험한 눈길로부터 보호했다. 신사는 여성이 일어서면 언제나 같이 일어났다. 예전에는 여성이 재빨리 일어서다가 이따금 졸도해 쓰러지는 일이 있었다. 코르셋을 지독하게 조인 탓이다. 그 때문에 함께 일어서면 가녀린 여성을 언제든지 부축해줄 수 있었던 것이다.

애정 사기범들은 온갖 기사도 정신을 다 발휘하면서도 라이벌이나 경쟁자가 있다는 암시를 절대 빼놓지 않는다. 그렇게 연출함으로써 피해자를 안달하게 만들고 '저 사람 놓치면 어떻게 하나' 하는 불안감을 유발한다. 또 주지하다시피 질투심은 뇌의 전체 영역을 마비시킨다. 이성적인 사람의 경우에도 마찬가지다. 스트레스, 특히 남녀 관계로 인한 스트레스는 사람을 멍청하게 만든다. 그런데 상대가 제3자와의 관계에 대한 해명을 요구하면 사기꾼은 모욕당한 듯, 명예에 금이 갔다는 듯한 태도를 취한다. 그는 피해자가 양심의 가책을 느끼도록 하기 위해 온갖 짓을 다한다. 피해자가 용서를 구하며 눈물을 흘려도 흔들리지 않는다. 이렇게 해서 결속 관계를 더욱 강화하는 것이다.

　　일부러 소극적 태도를 보이는 것, 사업 성공과 교육 수준을 은근히 내비치는 것도 조작 수법의 하나다. 예를 들면 대수롭지 않게 "회사에서는 그리 잘나가는 타입이 아냐. 난 어디 가서 티를 내거나 떠벌려본 적이 없어"라거나 "어쩌다 보니 임원자리 꿰찬 거지 뭐"라고 말하는 것이다. 이런 연출에는 이런 말이 추가되기도 한다. "나를 붙잡으려 애를 많이 썼지. 사실 쉽지 않았지만 결국 이사진에 합류하라는 요청을 수락했어." 이 모든 이야기에는 디테일이 숨어 있다. 그 이야기가 진짜임을 강조해주는 디테일 말이다. "사장님은 정말 내가 회사를 떠나도록 내버려두지를 않더군. 어느 날 아침 출근해보니 책상 위에 액자가 하나 놓여 있었어. 골프 휴양지 바트 그리스바흐Bad Griesbach에서 사장님하고 둘이서 찍은 사진이었지. 사장님은 나를 아마도 자기 아들 비슷하게 여기시는 것 같아." 이 단계가 되면 사기꾼은 진짜 챔피언급이다.

　　애정 관계를 맺기 위한 몇 가지 행태 목록을 보면—그 의도가 선하든 악하든—남성의 조작 능력이 여성보다 더 두드러진 것으로 추측할 수 있다.[2] 엔터테이너이자 여성 컨설턴트 데지레 닉Désirée Nick 역시 이렇게 말한다.

　　"여성은 오르가즘 한 번을 그럴싸하게 연출해 보이고 싶어 하지만 남자들은 관계 전체를 연출한다."

사랑에 빠진다는 것은 자신을 남의 손에 넘겨주는 일

모든 사회적 상황에서 자기 연출은 의사소통의 기본 장비에 속한다. 사람의 사랑을 얻고자 할 때도 의무적으로 연습해야 할 항목의 하나다. 여기에는 다툼의 여지가 전혀 없다. 특히 첫눈에 대번 인식되는 특징을 갖지 않은 사람일 경우 더욱 그러하다. 이 범주에 속하는 적지 않은 사람들, 그중에서도 파트너 관계나 그저 에로틱한 경험도 해본 적 없는 남성들에게 자기 연출이란 심각한 문제다. 이와 같은 모태 솔로는 잠재적 파트너에게 자신을 프레젠테이션할 능력이 부족하다는 사실 때문에 심적 고통을 겪는다. 일부의 경우 수줍음의 수준이 스스로는 극복할 수 없는 지경이라 본의 아니게 고행자에 가까운 삶을 살기도 한다. 이런 왕초보가 애정 관계를 형성하려면 전문가의 도움을 포함한 강력한 지원이 있어야 한다. 그렇지 않으면 기나긴 시간을 홀로 지내다 그만 상종 못할 희한한 인간이 되고 말 것이다.

이런 현상은 말하자면 인상 관리, 즉 '사람들에게 어떤 인상을 주는가'의 중요성이 커지고 있다는 뜻이다. 자신이 특별하거나 아주 독특하다는 것만으로 충분하지 않다. 파트너가 될 만한 상대방도 그것을 확신할 정도가 되어야 한다. 사회학자 카를 렌츠Karl Lenz는 남녀 관계에 대한 연구에서 "혼자 솔직한 것으로는 충분하지 않다. 쌍방이 서로에 대해 솔직하도록 하는 데에도 신경을 써야 한다"라고 단언한다. 자신의 긍정적인 면이 돋보이도록 하는 것, 그리고 이를 위해 약간의 쇼를 하는 것은 짝짓기 할 때만 쓰라고 자연이 우리에게 부여한 레퍼토리가 아니다. 하지만 오늘날 이런 능력은 너무나도 강박적으로 요구되고 나아가 당연시되는 것은 아닐까?

그렇게 우리는 다른 사람으로 하여금 자신이 원하는 모습만 보게 하려고 온갖 짓을 다하며, 마지막에는 스스로도 이를 믿어버린다. 뻥이 결국 자아를 먹여살리는 것일까? 낭만적 연애에 관한 이 역설적 요구사항들은 그것과 관련된 모범적 사례들이 매체를 통해 제시됨으로써 끊임없이 강화되고 혁신된다. 나탈리에 이바니Nathalie Iványi와 조 라이허츠 Jo Reicherz는 이미 여러 해 전에 '텔레비전에서 볼 수 있는 사랑'이라는 제목의 연구를 통해 텔레비전 프로그램에서 멋지게 연출된 청혼이 일상에도 열광적으로 수용되었고 이런 청혼 문화가 경쟁이라도 하듯 장려되었음을 보여주었다. 이처럼 시청각 매체가 파트너 관계에 대한 모델을 제공한다는 것은 누구나 알고 있는 일이다. 섹스 연구가들은 오래전에, 오늘날 아이들과 청소년은 최초의 내밀한 접촉을 하기도 전에 벌써 성적으로 "온갖 처방전을 다 받은 상태"라고 한탄했다. 말하자면 섹스라는 것이 어떤 모습이어야 하는지 나름대로 확고하게 내면화한 탓에 애정 관계를 처음 시작하는 단계에서 벌써 프로의 퍼포먼스를 보여야 한다는 엄청난 압박감을 받는다는 것이다.[3] 이들 부류를 벗어난 사람들에게도 미국의 리얼리티 프로그램인 〈디스미스드Dismissed〉, 독일 Pro7 방송사의 리얼리티 프로그램 〈모델과 또라이Das Model und der Freak〉, 미국 드라마 〈엘 워드 The L Word〉, 〈섹스 앤드 더 시티Sex and the City〉, 동성애자가 주인공인 미국

_____ 3. 전에는 남성 구혼자가 머리를 단정히 함으로써 미래의 장인, 장모의 마음을 사로잡아야 했다. 오늘날 남성은 은밀한 곳의 체모를 독창적으로 꾸미지 않으면 여자친구에게 차일 위험이 있다. 겨드랑이나 다리, 은밀한 곳의 체모를 다듬지 않는 것은 오늘날 젊은이들에게는 절대적 금기다.

드라마 〈퀴어 애즈 폴크Queer as Folk〉, 아니면 40세 이혼녀의 인생을 다룬 미국 시트콤 〈쿠거 타운Cougar Town〉 등의 다양한 방송 프로그램이 대상 집단별로 짝 만들기에 대한 온갖 상상을 제시한다.

　　그러나 무작정 드라마를 따라서 스스로를 조작해봐야 현실에서는 별 효과가 없다. 여러 가지 이상적인 모습으로 자신을 꾸미며 남들도 진짜로 받아들여주기를 기대하지만 잘 되지 않는다. 문제는 막 사랑에 빠진 사람들이 처해 있는 예외적 상황이다. 이런 상태에서 사기가 갖는 힘을 보다 더 정밀하게 들여다보려 한다. 그러나 오늘날 자신의 독특성 연출이라는 압박감이 너무나 강하다 보니 상대의 연출은 오히려 무비판적으로 수용하고 만다. 어쨌든 그런 연출은 에고ego의 발레에 박차를 가해 서커스 수준으로 만든다. 물론 두 파트너 사이의 연출에 균열이 생기는 때가 언젠가는 온다. 하지만 애정 관계를 이용하는 전문 사기꾼은 이 시점을 자기에게 유리하도록 늦출 줄 안다. 옛날 책에도 흔히 나오는 '사랑의 콩깍지'가 이들에게 도움을 주는 것이다.

감정 감염

　　단숨에 사랑에 빠지는 것, 그리고 그로 인한 정신적 비상사태는 심각한 감정의 감염으로 보아야 한다. 잠깐 뜸 들이는 단계남성의 경우 이 단계는 상황에 따라 매우 짧을 수 있다. 여성의 성적 상징을 뚫어져라 쳐다보는 정도의 시간에 국한되기도 한다가 지나면 꿈에 그리던 이상적 모습을 떠올리는 사랑병이 단숨에 도지는 것이다. 이때 상대의 진정성에 대한 의심의 불은 꺼진다. 심리학자이자 치료사인 데틀레프 클뢰크너Detlef Klöckner는 "사랑에 빠진다는 것은 남의 손에 자신을 넘겨주는 짓"이라고 말한다. 급성으로 사랑에 빠지면 심각한 자기기만에 빠지며 상대의 긍정적인 면을 확대하고, 그에게 대놓고 높은 신뢰를 부여하여 경고신호를 제대로 보지 못한다. 이 과정은 진화의 필연적 산물로, 파트너가 될 수도 있는 사람을 너무 비판적-현실적 시각으로 본다면 안정적 관계는 거의 나타나지 않을 것이다. 짝의 관계가 생성된다는 것이 상당히 기이한 과정임을 우리는 한 번쯤 의식할 필요가 있다. 전에는 대개 낯설거나 그저 흘깃 아는 정도의 사람이 짧은 시간 안에 그 누구보다 큰 의미를 갖는 중요한 사람이 되는 것이다. 이는 뇌에서 뭔가 일시적으로 비상 가동되지 않고서야 불가능한 일임이 분명하다.

이제 막 사랑에 빠진 이들이 보이는 긍정화 현상은 애정 사기꾼에게 도움이 된다. 사랑하는 사람이 부정적 효과를 야기할 말과 행위를 해도 사랑에 빠진 이는 그것을 대수롭지 않게 여긴다. 별 자극이 되지 않는 것이다. 그이의 약점은 허용해줄 만하고 대충 봐 넘겨야 할 부차적인 것이다. 애정관계를 위태롭게 하지 않으려는 소망은 결국 파트너의 나쁜 점, 좋지 못한 방향으로의 관계 전개에 대해 눈을 감게 만들고 입을 떼지 못하게 한다. 말하자면 '자기를 지키려고 상대의 결점을 제대로 보지 않는 것'이며 나중에 이로 인해 엄청난 청구서가 날아오기도 한다.

"손해를 입어야 똑똑해진다"는 옛말이 있는데 사랑에는 이 가르침도 거의 통하지 않는 것 같다.[4] 동일한 실수를 두 번 또는 심하게 세

_____4. 무엇이 여성들로 하여금 "자기 은행계좌를 다 털어먹고 자기 친구와 잘차리들 하는 그런 개 같은 녀석의 품으로 달려가게 하는가?" 하고 연예인이자 여성 전문 컨설턴트인 데지레 닉(Désirée Nlck)은 묻는다. (《40대 이후의 삶은 존재하는가?Gibt es ein Leben nach vierzig?》, Berisch Gladbach, 2005. 11p.)

번까지 저지르는 남녀가 적지 않으며, 늘 똑같은 낚싯밥으로 상대를 속여 뻔뻔스레 우려먹는 데 도가 튼 사기꾼도 적지 않다. 이 과정에서 애정 사기꾼은 별난 현상을 이용한다. 파트너를 고를 때 과거의 아픈 체험을 다시 연출할 수 있는 사람을 찾는다. 당시 겪은 상처를 새로운 관계 속에서 함께 이겨내 상쇄할 수 있으리라는 희망을 가진 사람 말이다. 처음 만나 서로 인사를 나누다 사랑에 빠지게 되는 결정적인 몇 분의 시간에 아버지, 어머니 또는 과거의 파트너에 대한 추억이 활성화된다. 상대를 자신의 이상형으로 인식하기도 한다. 서로 짝을 이룬 쌍을 상대로 한 설문조사에서도 밝혀졌다시피 사랑에 빠지게 만드는 데 결정적인 요소는 개방성, 다정함, 친절함, 활기, 카리스마 넘치는 자신감 같은 특성이다.[5]

어떤 사람이 두어 가지 긍정적 성품을 보여주면 상대는 자기도 모르게 다른 긍정적 성품을 받아들일 자세가 된다. 예컨대 몸집이 큰 사람을 보면 용기 있는 사람이라고, 미녀를 보면 마음이 따뜻한 사람이라고, 부지런한 사람을 보면 머리도 똑똑하리라고 여기는 것이다. 게다가 서로 비슷한 점, 예컨대 출신, 스타일, 외모, 유머, 언어, 취향, 목표, 신념, 희망 등에서 공통된 것이 있으면 이를 바탕으로 공감대가 생성된다. 이런 요소들을 통해 완벽한 조작 목록이 제공된다. 이들 공감 요인은 사실 경악스러울 정도로 표피적이다. 생일, 태어난 도시, 별자리 또는—스가르비와 클라텐의 관계에서처럼—좋아하는 책이 같다는 점, 그게 전부다. 흥분이나 당혹감 같은 돌발적인 (아니면 주도면밀하게 연출된) 공감 증거 역시 마찬가지로 잠재적 파트너의 매력을 강화해준다. 아주 기

_____5. 610명을 대상으로 한 설문조사. (Möller, 39p.)

분 좋은 일 또는 뜻밖의 사건으로 누군가를 알게 되는 일도 엄청나게 유리한 작용을 한다. 미술과 음악, 휴가와 휴양처럼 긍정적인 일과 함께 누군가를 연상한다면 그것은 그 누군가에게 결정적인 보너스 점수가 된다. 노련한 애정 사기꾼이라면 자신이 터득한 온갖 다양한 사기 술책을—의식적으로나 직관적으로—이 모든 층위 각각에 끼워넣을 수 있다.

누군가와 사랑에 빠져 함께 지내는 진지한 단계에 접어들면 이제 일정에 잡혀 있는 것은 정열과 섹스, 그리고 무엇보다 함께 보내는 시간이다. 이런 관계를 규정하는 것은 서로에게 몰입한 대화, 애정, 신뢰다.

사기꾼들은 자신에게 용인된 신용을 마지막 순간까지 써먹기는 하지만, 새로 사랑에 빠진 사람들의 인지 메커니즘에 대해 잘 알고 있어서 속임수와 술책을 동원해 체계적으로 작업한다. 파트너에게 정서적 의존관계 및 그에 상응하는 불안감을 불러일으키는 데 성공하면 사기꾼들은 기생적 존재양식을 더 오래, 더 거리낌 없이 누리며 결국에는 피해자를 경제적, 정신적으로 완전히 파멸시키고 만다.

몇몇 애정 사기꾼들은 피해자들이 동경해 마지않는 '뜨거운 단계'에 대한 가능성을 제시하는 것으로도 그들을 계속 붙들어놓는다. 결코 실현되지 않을 관계를 편지, 전화 또는 이메일을 통해 거짓으로 유지하면서 피해자를 깊은 의존관계로 몰아가는 것이다. 그러면서도 많은 경우 물질적 이익은 절대 포기하지 않는다. 사기꾼들은 자신의 본래 문제, 말하자면 관계를 유지하는 데 무능력하다는 사실을 전혀 모르는 경우도 종종 있다. 그렇기 때문에 그들은 자기의 자신감을 다지기 위해 강박적으로 늘 새로운 희생자를 찾아 감정적으로 끝까지 빨아먹는다. 이 과정에서 사기꾼들은 희생자가 사랑에 빠져 있는 시간이 영원하지 않음을 분명히 알고 있으며 그래서 극적인 애정관계를 연출하려고 모든 것을 동원해 얼마 안 되는 빠듯한 시간을 최대한 활용한다. 사랑을 거둬들이겠다는 협박에서 개인적으로 위기에 처했다는 호소대표적 키워드는 돈 문제!를 거쳐 장엄한 화해의 의식에 이르기까지 말이다. 그리고 때가 되면 다시 새로운 희생자를 찾아나선다.

멋진 외모는 명함보다 힘이 세다

화장품 판매업자 두글라스Douglas는 "진정한 아름다움은 존재하는가? 약간의 속임수는 허용되는가?"라고 묻고는 광고에서 "모든 아름다움에 관한 질문에 대한 1,000개의 답변"을 약속한다. 남녀 간의 관계도 사실이 아닌 것을 믿도록 하는 것이 그 특징이다. 미국 대학생을 상대로 한 설문 결과에서는 남성은 파트너를 고를 때 젊음과 건강에 비교적 큰 가치를 부여한 반면, 여성은 잠재적 파트너의 물질적 상황에 더 큰 관심을 보인다. 굳이 학자가 아니라도 이와 관련된 남녀의 기만 행동은 일상에서 얼마든지 관찰할 수 있다. 여성들은 하이테크를 이용한 젖가슴 밀어올리기, 하이힐, 몸에 달라붙는 옷으로 '이상적 여성'의 몸매를 갖고 있는 척하고, 남성들은 고급 손목시계에 중후한 대형차량 등 지위의 상징물로 자신을 장식한 다음 여성을 분위기 좋은 레스토랑으로 초대한다신은 양말에는 구멍이 나 있고, 집 냉장고에는 값싼 인공 치즈와 싸구려 포도주가 들어 있으면서 말이다. 의상과 장신구가 일상적인 사기행각의 도구가 되면서 소매상은 이로 인해 골머리를 앓아왔다. 특히 제품에 대한 교환이 비교적 관대하게 이루어지는 미국에서는 특별한 계기를 맞아 깊은 인상을 심어주려고 값비싼 정장, 투피스, 드레스 등을 사서 그날 한 번만 입고는 "잘못 샀다"며 반품하는 사람들의 수가 갈수록 많아지고 있다. 옷값은 전액 환불된다. '옷장 순례'는 새로운 종류의 부도덕 행위가 되었다.

　　겉치장에 기만성이 있다는 것을 사람들은 잘 알고 있지만 파트너 선택과 관련한 경우 우리의 감각은 아직도 석기시대 수준에 머물러 있다. 몇 초 만에 상대를 스캔한 다음 잠재적 짝짓기의 대상인지 결정하는 것이다. 조화로운 얼굴 표정, 매력적인 신체 비율, 풍채 당당한 몸, 훌륭한 태도 등은 저절로 긍정적 요소로 보인다. 매력은 중요한 특성 하나를 갖고 있는데 이를 가진 대상 자체에게 힘을 준다는 것이다. 멋진 남성에게는 긍정적 특성이 할당되고 이로 인해 그의 삶은 쉽게 풀리며 직업적 성공 가능성도 커진다. 그것을 통해 명성이 높아지고 사회적 지위가 향상된다. 그래서 많은 사람들이 멋진 모습으로 삶을 꾸려가려는 것은 전혀 놀라운 일이 아니다.

　　스위스의 젊은이 후안 이시드로 카실라Juan Isidro Casilla는 거기에 집착한 나머지 여러 신문에 자신이 구찌 모델로 등장하는 전면 광고를 싣기에 이른다. 라틴계의 이 멋쟁이가 디자이너 이름이 붙은 값비싼 의류를 광고하는, 웃통을 벗고 입을 앙다문 포즈를 취한 자신의 사진을 신문사 광고부에 보낸 것이다. 전화통화에서 그는 자신을 '미스터 왓슨 Mister Watson'이라고 떠벌렸다. 그러면서 광고비 청구서는 구찌 본사로 보내게 했다. 하지만 그것으로도 성에 차지 않았다. 카실라는 자신만의 패션 상표도 고안해 신문에 광고를 냈고 영화관 광고와 포스터 광고까지

했다. 조리사 교육을 이수한 그는 향수를 만들어 자기 이름을 붙였고 하이디 노래를 담은 싱글 음반도 제작했으며 모델로도 활동했고 '샤얀느Chayanne'라는 예명을 내걸고 팝 가수로 등장하기도 했다. 그야말로 축복받은 자기 연출자다.

1980년대[6]에 떠올라 20세기의 마지막 10년을 지나면서 전 지구적 문화 권력으로 발전한 캐스팅쇼는 자기 연출 세대를 길러내고 있다. 미국〈America's Got Talent〉, 독일 또는 인도네시아〈Indonesian Idol〉 등 나라별로 수백만 명의 사람들이 텔레비전 앞에 앉아 특이한 포맷의 프로그램을 뚫어져라 구경한다. 팝스타나 모델이 되려고 수만 명이 지원한다. 2010년의 〈독일이 슈퍼스타를 찾는다Deutschland sucht den Superstar, DSDS〉라는 프로그램에는 지원자가 무려 3만 4,000명이었다. 〈독일의 차세대 톱모델Germany's next Topmodel〉에는 2,000명의 여성이 지원했다. 이러한 캐스팅쇼에서는 주로 자기표현을 얼마나 잘하느냐는 기준에 따라 선남선녀들을 평가한다. 그러므로 매우 특별한 이력을 갖춘 지원자를 끌어들여 그들에게 좋은 점수를 주는 것은 별로 놀랄 일이 아니다.

예컨대 메노빈 프뢸리히Menowin Fröhlich가 그런 사람이다. 2010년, 느낌상 100차는 된 듯한 슈퍼스타 선발경연 결승에서 2위를 차지한 이 젊은이는 독일 최북단 잉골슈타트Ingolstadt 출신으로, 여러 해 동안 여섯 개의 가명을 써가며 사기 범죄를 저지른 바 있다. 페터 슈네베르거, 알렉산더 헤르츠슈흐, 프란츠 페터 등 다양한 이름을 골라 사용하면

_____ 6. 브리트니 스피어스(Britney Spears), 알리야(Aaliyah), 저스틴 팀벌레이크(Justin Timberlake) 같은 우승자를 낸 〈스타 서치(Star Search)〉는 1983년에 생겼다.

서 갖가지 수표 사기를 벌였다. 팝스타는 오랜 기간 다양하게 변신하는 과정에서 그가 택한 새로운 역할의 하나였다. 프륄리히만이 아니다. 변화무쌍한 인생사를 지닌 다른 지원자들도 이 쇼를 정체성을 바꾸는 기회로 여겼다. 캐스팅쇼를 재사회화 프로그램으로 파악한 것이다.

캐스팅쇼를 통해 기회를 마련하지 못한 이들도 자신의 매력을 상승시킬 수 있는 간단한 속임수를 이용할 수 있다. 자기보다 훨씬 더 뚱뚱하고 늙고 못생긴 사람들 속에 들어가면 자신은 상대적으로 젊고 멋져 보이는 효과가 난다. 이는 오랜 전통을 가진 효과다. 지난 수백 년 동안 왕가의 궁정에서 사람들은 성장이 부진해 키가 유난히 작은 사람과 장애인을 보며 즐거워했다. 자신의 멋진 모습이 그들과 대비될 때 가장 두드러지기 때문이다. 여자친구들 사이에서 '우아한 백조와 미운 오리새끼'의 조합이 자주 눈에 띄는 것도 바로 그런 이유에서다. 예쁜 여자는 못생긴 여자 옆에서 더 예뻐 보이고, 못생긴 여자는 예쁜 여자아이가 끌어들이는 남자들의 물결에서 이득을 보는 것이다.

완벽한 허리에 활력 넘치는 턱선

인터넷에서 쉽게 찾을 수 있는 몸을 잘 보완해주는 의상, 풍성한 스타일링과 이미지 관리는 상대를 기만하는 외형적 기술일 뿐이다. 더 과격한 짓은 성형수술의 도움을 받아 젊음과 자연스러운 아름다움을 가장하는 일이다. 독일에서 가장 유명한 성형외과 의사 중 하나인 베르너 망Werner Mang은 "나이 들어서 하는 성형수술은 틀니 같은 인공 치아나 인공 고관절처럼 당연한 것이어야 한다"고 말한다. 하지만 비교적 젊은 세대에게도 몸을 아름답게 교정하는 것은 이제 대규모 현상이 되어버렸다. 미국인 중 성형수술을 받은 사람의 수는 1,500만 명을 넘었는데 주로 눈물샘, 눈꺼풀 처짐, 주름 피하주사, 지방 흡입술 및 안면주름 제거 등의 수술이었다. 코와 가슴성형 그리고 복부 주름과 허벅지를 팽팽하게 펴는 것 또한 널리 퍼진 성형수술이다. 더 가파른 하이힐을 조금이라도 덜 고통스럽게 신기 위한 목적의 발 수술이나 돌리 버스터Dolly Buster, 독일의 포르노 배우—옮긴이처럼 완벽하게 잘록한 허리를 과시하기 위한 늑골 제거수술에까지 이를 정도로 성형은 다양하다. 성형수술 사례에서 남성이 차지하는 비중도 꾸준히 증가하고 있다. 2000년에는 9% 남짓했지만 오늘날에는 20%에 육박한다. 더 근육질에 더 스포츠형 남자로 보이고 싶다는 것이다. 대다수 여성들은 결혼을 목적으로 수술을 받는 반면 남성들은 수술을 통해 직장 생활에서 좀 더 나은 기회를 갖기를 희망한다.[7] 예컨대 세계경제 위기는 소위 턱 확장술 수요를 키웠다는 것이다. 더 험악해진 직업 세계의 분위기 속에서 슈워제네거Schwarzenegger 같은 아래턱을 가진 남성들이 더 정력적이고 강인해 보인다는 것이다.

유명인사들은 한편으로 인위적 아름다움을 추구하는 하나의 전범典範이기도 하지만, 다른 한편으로 성형수술이 실패할 경우 손쉽게 악의적인 비판의 과녁이 되기도 한다. 사람들은 멕 라이언, 마이클 잭슨, 니콜 키드먼, 실베스터 스탤론이나 셰어 같은 스타가 겪은 성형 실패를 손가락질하며 어느 정도 만족감을 느끼기도 한다.

성형수술은 유행이 된 지 오래며 이제 하나의 산업분야지만 개인적 차원에서 이 주제는 금기처럼 다루어진다. 많은 사람들이 자신의 성형수술을 부인하며 신체의 변화에 대해 '자연적인' 원인을 내세운다. 눈에 잘 띄는 부분을 최적의 상태로 치장하는 일에는 늘 정신적 불완전성이라는 결함이 붙어 다니기 때문에 주변을 속여야 하는 것이다. 그러면 당장 나이 값 못하는 아줌마라거나, 대머리가 된다고 불평을 하는 남자에게는 주관이 뚜렷하지 못한 성품이라는 평이 나오는 것이다. 그래서 차라리 적당한 변명에 의지한다. 수술 후 고무보트처럼 부어오른 입술에 대해서는 흔히 알레르기가 원인으로 선호되며, 피임약 복용은 가슴이 급격히 커진 데 대한 원인으로 동원되곤 한다. 특수 안면체조는 보톡스로 얼굴 주름이 다림질한 듯 펴진 데 대한 원인으로 거론될 것이 자명하다. 또 복부 주변, 둔부 또는 허벅지가 갑작스레 완벽한 형태를 갖춘 것은 당연히 지방 흡입술이 아니라 고된 훈련을 한 때문이다. 아르헨티나의 카를로스 메넴Carlos Menem 전 대통령은 1990년대에 성형수술 후 부풀어 오른 자신의 얼굴을 두고 말벌에 쏘였다고 발표했다.

예외적 사건들은 참으로 진기하기 짝이 없다. 덴마크 배우이자 가수인 브리기테 닐슨Brigitte Nielsen이 오랜 시간이 지난 뒤에 다시 토크쇼 등에 등장한 것은 돈 때문이자 절망적 시도였을 수도 있다. 한때 B급 영화의 여전사였던 그녀는 자신의 전면적인 혁신 과정을 2008년 봄 독일 RTL 방송의 〈온고지신Aus alt mach neu〉이라는 프로그램에서 상품화했다. 조지 클루니는 깨어 있는 듯 보이는 것을 중요시했기에 눈꺼풀을 팽팽하게 하는 수술을 받았다고 고백했는데, 매우 바쁜 할리우드 스타들에게는 충분히 이해될 수 있는 일이다. 그러나 성형외과의 한순간의 실수 탓에 눈을 감지 못하게 되는 수가 있고, 이렇게 되면 전에는 사소한 결점이던 것이 괴물 같은 모습으로 변하는 일이 발생할 수도 있다. 그래서 예컨 대 인류학을 취미로 공부하고 있는 데지레 닉Désirée Nick은 이탈리아의 패션 디자이너 도나텔라 베르사체Donatella Versace를 두고 아프리카에서라면 악귀를 몰아낸다며 그녀를 집 앞에 매달아버렸을 것이라고 평했다.

여기서 주제로 삼고 있는 것은 성형이 갖는 근본적 문제점이다. 엉뚱한 손에 성형을 맡기면 멀쩡한 모양이 갑자기 외과적 재앙으로 돌변해버리고 만다. 인공 미인을 어떻게 하면 자연스럽게 보이게 할 수 있을까? 베르너 망 박사는 "본디 상냥한 (혹은 짜증나는) 용모의 수많은 여성들이 한순간에 여장 남자처럼 보이거나, 흉측하게 일그러진 얼굴을 한 채 평생을 살아가야 한다"고 지적하고, 여러 번의 수술 뒤에는 전체 구조가 서로 맞지 않게 되는 심각한 위험성이 있을 수 있음을 강조한다.

"어떤 여성이 눈꺼풀, 코, 뺨, 이빨, 목, 가슴을 수술한다고 합시다. 각 부위 자체만 보면 수술 결과가 훌륭하게 나왔다 해도 전체 얼굴 모습은 전혀 조화를 이루지 못합니다. 이렇게 되면 마치 캐리커처처럼 서로 어울리지 않는 모습이 되고 맙니다."

다른 수술법에 대해서도 비판적으로 언급했다. '뉴욕 베이비 페이스'라는 이름의 방식으로, 얼굴 피부를 팽팽하게 잡아당기는 것이 아니라 얼굴을 자기 지방, 히알루론산 제제 또는 콜라겐으로 채워넣는 방법이다. 이 방법을 쓰면 노부인도 마돈나처럼 바뀌거나 할머니도 별안간 도톰하고 발그레한 소녀의 얼굴로 바뀐다.

세월이 흘러도 모습에 변화가 없는 이 수술법을 창시한 사람 은 프레드릭 브란트Fredric Brandt로, 미국에서 가장 유명한 성형외과 의사 다. 그는 뉴욕에 거대한 병원을 갖고 있으며 그 자신이 병원의 최고 고객이기도 하다. 그가 내건 구호는 "10분이면 10년 번다!"이다. 그사이 많은 여성들이 서로 매우 비슷한 얼굴을 한 채 빅애플뉴욕의 별칭, 마이애미 또는 말리부 해변을 활보하고 있다. 모두들 입술은 유난히 도톰하고 이마는 팽팽하며 뺨은 통통한 아기 천사의 그것처럼 예쁘지만, 40대에서 90대에 이르는 이들의 나이를 고려하면 좀 어색한 느낌을 준다. 질문하는 듯한 얼굴 표정, 아이와 청소년이 세상을 보고 깜짝 놀란 듯한, 그러나 얼어붙은 표정에 나타난, 좌절과 기운 빠진 명징성의 반대 현상은 그렇게 생겨나는 것이다. 이런 식으로는 자연스러움을 가장할 수 없다. 대신 지위를 상징하는 값비싼 가면이 생길 뿐이다. "아름답지는 않고 다만 그렇게 보일 뿐인 여성들이 있다"고 꼬집은 오스트리아의 풍자작가 칼 크라우스Karl Kraus의 말을 증명해주는 가면인 것이다.

　　　(주로) 여성들은 자신의 외모를 개선하는 데 왜 많은 돈을 투자할까? 광기와 무분별한 허영심? 그건 절대 아니다. 이렇게 하는 것이 가장 합리적인 태도이기 때문이다. 사회학자 캐서린 하킴Catherine Hakim 교수의 연구에 따르면, 사람들은 에로틱한 매력을 여성들이 직장이나 사회에서 성공하기 위해서 체계적으로 관리하고 불려가는 귀중한 '자본'으로 이해한다. 신체 숭배, 사진발, 외모를 중요한 가치로 인식하는 시대에 이는 매우 중요한 이력이라는 것이다.

그걸 사랑이라 부르자

■ 야니나Janina는 구동독 지역 소도시 안클람Anklam 출신으로 가짜 금

발에 동네 디스코 장에 가도 남자들의 눈길을 별로 받지 못하는 아
가씨다. 그런데 운동선수 느낌을 주는 한 남자에게서 극진한 대접을
받는다. 그는 내전을 피해 독일로 건너온 아프리카 출신 난민이었
다. 남자는 춤을 두 번 추고는 자신이 할 줄 아는 단 두 문장의 영어
를 그녀의 귀에 속삭인다.

"I love you, I want to marry you!"

■ 젓가락 같은 다리를 가진 대머리 디터Dieter가 태국에 휴가를 갔다가
놀랍게도 예쁘고 참한 동반자와 함께 돌아온다. 그는 아누차Anuch라
는 이름의 늘씬하고 젊은 부인을 아내라고 소개한다 그녀는 유감스럽게도
태국말밖에 할 줄 모른다. 딸이라고 해도 될 것 같다.

■ 정치적으로 좌파 성향인 볼프Wolf는 연대를 위해 쿠바를 방문했다
가 길거리에서 놀다가라며 불러대는 당당한 여성들에게 열광했다.
그리고 이내 타는 듯한 눈을 가진 이사벨Isabel에게 바짝 몸이 달아서
아르바이트로 매춘을 하는 이 여인을 슈투트가르트 인근 소도시의
자기 집으로 초대한다.

■ 소피Sophie라는 여인은 정의로운 세계 질서라는 의미와 비슷하게 활
동적이다. 사리를 걸치고 금발을 여러 가닥으로 땋은 모습으로 자
메이카 해변에서 캠핑을 하다가 존John에게 반해 사랑에 빠진 그
녀는 새 애인과 함께 고향인 스위스 아르가우 주의 소도시 베팅엔
Wettingen에서 공동의 미래를 설계한다.

이런 상황에서는 꿈과 소망만이 세계의 전부다. 달콤한 환상
은 현실이 무자비하게 침입할 때까지 우뚝 서 있을 것이다.

세계화 과정에서 사랑이라는 것도 전 지구를 포괄하는 규모를 갖게 되었다. 물론 대다수 사람들은 늘 그랬던 것처럼 같은 사회적 계층에서 또 종종 고향도 같은 사람을 파트너로 구한다는 규칙을 무의식적으로 따르고 있기는 하다. 문화와 교육, 언어, 출신 지역의 유사성이 공감대를 찾는 데 도움이 되기 때문이다. 하지만 그렇다고 해서 더 행복할 수 있는 것은 아니다.

인생과 파트너에게서 나는 뭘 기대하는가? 그 둘은 서로 합치될 수 있는가? '기대수명'이라는 단어는 오늘날 통계적 개념으로서의 의미만 지니는 게 아니다. '나' 위주의 사회에서 삶에 대한 기대는 사회학자 만프레드 프리싱Manfred Prisching이 표현한 대로 다수의 선택지, 그리고 동시에 불안을 유발하는 일시성을 그 특징으로 한다.[8] 나는 아직 시대에 맞게 살고 일하고 사랑하며, 그다음에 올 사회적 변혁에 대비한 무장이 되어 있는가? 공동체를 이룬 한 쌍의 남녀가 삶에 대한 자신의 개인적 기대를 충족시키기란 갈수록 어려워진다. 뜨거운 사랑의 불꽃이 식은 뒤, 파트너 관계 안에서 '고독'에 적응할 마음의 준비는 자아ego를 섬기라는 요구와 긴장관계에 있다. 소망과 현실 사이에 모순이 지속되는 것은 참으로 놀라운 일이다. 이때 애정 관계를 사업에서와 비슷하게 합리적으로 처리할 경우 문제가 생긴다. 예컨대 "우리 둘의 관계 속에서 너는 안

_____8. "그들은 사랑을 그리워합니다. 그런데 이혼율은 올라갑니다. 그들은 아기를 원합니다. 그런데 출산율을 떨어집니다. 사랑과 가족이 하찮지 않은 것이 되었습니다. 다만 그것이 점점 더 실현불가능해지고 있습니다." (Manfred Prisching, 《자아. 가면. 뻥. 자기 연출에 대해Das Selbst. Die Maske. Der Bluff. Über die Inszenierung der eigenen Person》, Wien/Graz/Klagenfurt, 2009, 41p.)

식만 취할 뿐 뭔가를 할 생각은 하지 않는다"거나 "이 관계는 나에게 아무런 도움이 되지 않는다. 늘 똑같은 싸움거리만 있다"는 식이다. 이런 상황일 때 관계를 유지시켜주는 얼음장 같은 '틀'에 진절머리가 나면 왜냐하면 사랑은 사실 진실한 것이라 협상할 수 있는 성질이 아니어야 하므로, '이상적 사랑'을 연출해서 그리움이 불꽃처럼 타올라—바깥에서 볼 때에는—가장 눈에 띄는 한 쌍의 관계로 이어질 수 있다. 특히 짝짓기의 세계화가 가능해지면서 완연한 격차를 배경으로 하는 사기가 연출되는 현상이 나타났다.

그래서 경제적 여유가 있는 독일인이 즐겨 찾는 터키, 이집트, 튀니지, 자메이카, 도미니카 공화국 등의 휴가지에서는 혼자 여행하는 서구 여성들이 이따금 전문 연애꾼의 포로가 되기도 한다. 그들은 여행 온 여성에게 살랑거리며 호감을 얻는다. 잠깐 사이에—휴가는 대개 아주 짧기 마련이다—감동적인 이야기가 흘러나와 사랑의 증거가 된다. 입안의 혀처럼 상대의 기분을 맞춰 주고 돈을 갈취해내기 위해서다. 어떤 연애 전문가들은 그렇게 결혼을 해서 서구의 어느 나라에서 훨씬 높은 생활수준의 삶을 확보하기도 한다. 그들의 목표는 소위 체재 滯在 혼인인데, 이는 때로 다른 활동을 감추기 위한 신분위장의 일부로 쓰이기도 한다. 이들은 몇 년 동안 새로운 고향에서 살다가 이용가치가 떨어진 파트너를 버린다.

이런 꿈결 같은 사랑은 악몽이 되기도 한다. 뮌헨에 사는 여성 울라 Ulla H.가 50세를 맞아 생일잔치를 벌인다. 그녀는 이혼한 상태고 장성한 자식 둘은 집을 나가 따로 산다. 그녀는 임상병리사로 일하며 대도시에서 검소하게 싱글의 삶을 영위하고 있다. 그런데 오늘 저녁 그녀는 샴페인을 터뜨리려고 다른 친구들과 함께 뮌헨의 한 클럽을 찾는다. 느굿한 분위기 속에서 나이지리아 출신의 남성 고든Gordon O.을 만난다. 잘생겼고 나이는 스무 살이나 어리다. 술을 마시고 춤을 추고 곧 둘은 한 쌍을 이룬다. 고든은 체류 허가를 얻자마자 일자리를 찾고 울라와 결혼하려 한다. 이때까지는 그래도 날마다 파티 같은 날이라 할 만하다. 고든은 울라의 집으로 들어오더니 빈번하게 친구와 친척들을 데리고 와서는 잔치도 하고 전화도 많이 한다. 울라는 착한 안주인이고 싶다. 장신구를 전당포에 맡기고 은행에서 융자를 낸다. 이제 월급만으로는 자기 집을 찾아오는 고든의 친구들을 대접하기에 충분하지 않아서다. 하지만 제3자인 우리가 자신을 어떻게 보는지 울라는 아직 뚜렷이 인식하지 못한다. 고든도 주는 게 있기 때문이다.

　　고든은 자기 친구들이 있는 이탈리아로 휴가를 가자고 울라를 초대한다. 일주일 동안 꿈같은 시간을 보낸 뒤 남자는 울라에게 터키에 있는 친척집에 방문하지 않겠느냐고 물어본다. 울라는 이스탄불의 대형 호텔에 초대를 받는다. 고든의 친척은 그녀에게 도시를 구경시켜준다. 이별할 시간이 되자 그들은 그녀에게 이탈리아에 사는 고든의 친구들에게 전해달라며 작은 꾸러미를 건넨다. 뮌헨에 갈 때 나폴리를 경유해서 가기만 하면 된다는 것이다. 울라는 이번 여행이 참 마음에 든다. 멋진 호텔, 남녘의 태양, 따뜻한 마음씨의 친구들. 그 대가로 그녀가 할 일이란 작은 꾸러미 하나를 가지고 가는 것. 그 정도야 기꺼이 한다. 그런데 어느 날 경찰이 대문 앞에 서 있다. 꾸러미에는 헤로인이 들어 있었다. 공범은 달아나고 없다. 고든은 울라에게 접근해 처음에는 돈을 축내다가 마약 전달에 이용한 것이다. 판사 앞에서 그녀는 고든을 믿었다고 설명했다. "저는 나이 차이에도 불구하고 그 사람의 마음이 진짜라고 믿었습니다."

그 수상쩍은 꾸러미에 대해서도 말을 보탠다. "그게 뭔가 불법적인 것이라고 짐작은 했지만 그런 물건이라고는 생각하지 않았습니다. 저는 고든에 대한 호의로 그렇게 했고 그가 제게 해를 끼칠 수 있으리라고는 믿고 싶지 않았습니다. 늘 우리의 미래에 대해 이야기를 나눴거든요!" 하지만 울라가 얻은 것은 고든의 사랑이 아니라 집행유예도 없는 5년 9개월형이었다.

진화하는 '트로피 와이프'

국적이 서로 다른 두 사람의 생활수준 격차가 크다는 점은 짝짓기의 중요한 동기이자 심각한 문제일 수 있다. 신분 상승을 원하는 사람들은 부자 나라 출신이거나 부자인 파트너를 비교적 빨리 매력적이라고 느낀다. 동일 문화권 내에서조차도 '부유한 늙은 남성과 아름다운 젊은 여성'의 조합은 기초적인 물물교환 거래로, 또 합의하에 속고 속이는 관계로 이해한다. 이 '트로피 와이프_{는 많은 중/노년 남성이 재력을 바탕으로 얻은 젊고 아름다운 아내}'는 노인네에게 젊음의 샘이자 특권의 획득이면서, 젊은 여인 자신은 그 대가로 안정된 삶과 영향력을 얻게 된다. 그런 다음 두 사람은 (적어도 일시적으로는) 그것이 위대한 사랑이라고 스스로에게 되뇌는 것이다. 생물학자들은 번식 논리를 바탕으로 이러한 동기 차이가 전혀 놀랍지 않다고 풀이한다. 즉, 여성은 (자식이 생길 경우 먹여 살리는 문제와 관련하여) 남성의 재력과 신뢰성에 초점을 두는 반면, 남성은 임신 능력과 건강함을 암시하는 외적 자극에 현혹되는 것이다. 이런 점에서 볼 때

여성은 제2, 제3의 회춘을 꿈꾸며 멍청이 짓을 하는 사랑에 빠진 늙수그레한 남성에 비해 더 합리적으로 행동한다. 유명인사의 스캔들도 단지 특별히 더 눈에 띌 뿐 일반적 현상을 대표하는 것에 지나지 않는다. 도널드 트럼프Donald Trump의 예를 보자. 전 세계적으로 유명한 억만장자 부동산 기업가인 그는 이바나 첼니스코바Ivana Zelnickova와 마를라 메이플즈Marla Maples와의 결혼 생활에 실패한 후 스물네 살 연하의 슬로베니아 출신 모델 멜라니아 나우스Melania Knavs를 만나더니 흡족한 듯 이렇게 말했다.

"우리가 음식점에 들어가면 성인 남자들은 눈물을 뚝뚝 흘립니다."[9]

트럼프의 현시욕顯示慾은 당연히 젊은 아내를 곁에 두는 것으로 그치지 않는다. 그는 기자를 법정에 세운 적도 있다. 기자는 트럼프의 재산이 수십억 달러가 아닌 3억 달러를 조금 넘는 정도라고 주장하며 도널드 트럼프는 거짓말쟁이 사기꾼이라고 쓴 것이다. 트럼프는 이런 태도를 묵과할 수 없어 물경 50억 달러의 손해배상 소송을 제기했다. 물론 아직까지 아무런 성과는 없지만, 거액을 벌 수 있는 다수의 부동산 프로젝트가 이 주장 때문에 무산되고 말았다는 것이다.

다시 트로피 와이프 현상으로 돌아가보자. 영어로 골드디거Gold digger라 불리는 이 여성들은 돈 많은 유명한 (그리고 주로 나이도 좀 있는) 남성 중에서 먹잇감을 물색한다. 체계적으로 움직이는 '금 캐는 여성들'은 고급 휴양호텔에 머물면서 보트, 헬리콥터, 무동력 비행기, 골프

_____9. Alexander Hagelueken, 《위대한 투기꾼Die großen Spekulanten》, Münche, 2009, 133p.

에 대해 활발한 관심을 보인다. 이와 관련된 각종 행사와 전시회도 방문한다. 나아가 전 세계의 온천 지역과 대형 호텔의 바를 들락거린다. 돈 많은 남성들은 손쉬운 먹잇감이다. 또 무명에 가진 것 없는 미녀들은 이런 식으로 음지에서 빠져나와 풍요의 세계에 이른다.

이런 행태는 유인원에게서도 관찰된다. 따라서 이는 까마득한 선사시대에 확립된 것으로 보인다. 호모 사피에스가 결점을 창의성으로 만회함으로써 자신에 대해 특별한 인상을 심어주자고 생각한 것은 그 이후의 일인 것이다. 막스 플랑크 연구소 진화인류학 분과의 크리스토프 뵈슈Christophe Boesch는 한 연구에서, 침팬지 수컷은 고기를 친척이 아닌 여성에게 주고는 그 대가로 섹스를 취한다고 기술했다. 인간과 비슷하게 침팬지도 이런 상황에서 단골 관계를 선호한다. 뵈슈와 그의 동료들은 이러한 거래 관계를 거의 2년 넘도록 관찰했다. 이 거래에 다른 원인이 개재하지 않음을 확인하기 위해서였다. 이들 연구진에 따르면, 이러한 거래의 이면에 자리 잡고 있는 것은 수컷에게는 더 높은 번식 성공 가능성, 암컷에게는 힘에 부치는 위험한 사냥에 나서지 않고도 더 나은 먹이를 확보하는 일이다.

이런 행위를 완벽하게 달성한 존재가 바로 현대의 트로피 와이프다. 그들은 목표로 삼은 인물을 남편으로 만들고 결국 부드럽게 지휘하는 기술까지 노련하게 구사한다. 겉으로는 자신을 낮추면서 남편을 하늘처럼 떠받들며 그의 자아, 남성성, 일생의 성취를 찬탄하고 인정한다. 그녀는 남편의 성취를 우러르는 팬처럼 행동하면서도 남편을 체계적으로 이용할 줄 안다. 이들은 자신의 존재를 감추지 않고 오히려 공격적으로 나선다. 유명인과 연애 관계를 맺은 이들은 요란한 대중지에 실릴 수도 있으며, 시장가치 및 상품가치가 올라가 결국에는 스스로 유명인사로 출세하기도 한다. 예컨대 누구의 '전前 부인'이 되는 것이다. 이 축복이 자식 세대로까지 이어지면 '지속적' 복지 확보라고 말할 수 있다.

　　　이러한 결합 관계가 나이 많은 쪽에게 새로운 젊음을 보장해주는 것은 절대 아니다. 그것은 엄청난, 심지어 생명을 단축시키는 스트레스와 상실을 향한 두려움도 똑같이 안겨줄 수 있다. 젊은 사람과의 보조를 더 이상 유지할 수 없고 늘 오래도록 나돌아 다니려는 생각이 없거나, 성욕을 적절한 수단을 통해 조절해야 한다면 그렇게 되는 것이다. 이따금 젊은 아내가 노인네, 아니 늙어가는 남편을 정신적으로 몰아붙이고, 경제적으로 압박을 가하는 것에 그치는 게 아니라, 남편 스스로 뭔가 혁신하게 하려고 성형외과 의사에게 끌고 가기도 한다. 그러나 트로피 와이프가 한 걸음 더 나아가 더욱 돈 많거나 유명한 파트너를 구하게 되면 한순간에 모든 것이 끝나버린다. 사랑에 빠진 전 남편 또는 전 애인은 이제야 자신이 비정하게 이용되었음을 확인한다. 그녀 때문에 오랫동안 신실했던 조강지처까지도 버렸고, 가정까지 무너뜨렸건만 이제는 〈피플People〉 같은 잡지의 조롱거리로 전락한 것이다.

운동선수에게만 특별한 묘령의 여인들

　　　1999년 늦여름 런던에서 일어난 일이다. 전성기를 막 넘어선 독일 출신의 세계적 테니스 스타 보리스 베커Boris Becker는 다시 한 번 윔블던을 공략하려 했다. 하지만 8강전에서 탈락하고 그의 시대는 이제 지나간 듯 보였다. 그는 런던의 한 고급 음식점에 홀로 술에 취해 앉아 있다. 안젤라 에르마코바Angela Ermakova가 그를 지켜보고 있다. 이 러시아 출신 모델은 손쉬운 먹잇감 냄새를 맡고는 순식간에 기회가 왔음을 알아차린다. 그녀는 베커 곁에 앉아 말을 건넨다. 눈길이 그윽해진다. 화장실로 가는 계단 위에서 허겁지겁 행위가 이루어진다. 잠깐의 섹스. 에르마코바에게는 그것으로도 충분하다. 9개월 뒤 어린 안나Anna가 세상에 태어난다. 보리스는 모든 것을 부인한다. 그럼에도 불구하고 매월 7,500마르크를 양육비로 지급한다. 이로 인해 아내 바바라와의 결혼 생활은 결국 파경을 맞았다. 나중에야 베커는 안나를 자신의 딸로 인정했다. 아이가 자신을 쏙 빼 닮아 부인하는 것이 무의미했기 때문이다. 모델 에르마코바에게는 이 모든 것이 무척 수지맞는 사업이었다. 특히 둘 사이에서 태어난 아이에게는 상당한 유산을 기대했다. 물론 베커가 해괴한 투자로 돈을 날리지 않을 경우에 그럴 수 있다는 말이다.

유명 스포츠 스타는 날렵한 여자친구에게 구워삶길 위험성이 더 높다. 그들은 출신도 그렇고 받은 교육도 거의 운동에 국한된 탓에 하버드에서 공부한 엘리트나 돈으로 행세하는 집안의 공주님을 사귀려는 생각이 없기 때문이다. 예컨대 영국 프리미어 리그에서 뛰는 적지 않은 수의 프로 축구선수들이 그 유명한 '키스 앤 텔 걸즈Kiss-and-tell-Girls, 입 맞추고 말을 거는 여자'에게 속아 사기를 당했다. 이 여인들은 상당한 돈을 받고 언론에 은밀한 상황을 발설하고 자신도 이런 방식으로 유명세를 타려 한다. 그사이 운동선수의 아내 또는 여친은 많은 소녀들이 선망하는 직업이 되었다. 독일 출신의 미국 프로농구 NBA 슈퍼스타 디어크 노비츠키Dirk Nowitzki 역시 긴 시간 동안 자신의 사생활을 언론 매체로부터 숨길 수 있었지만, 결국 다른 운동선수의 행렬에 끼지 않을 수 없었다. 숫기 없는 노비츠키는 브라질계의 한 젊은 미국 여성의 조준선에 포착된 것이다. 그는 대번에 사랑에 빠져버렸다. 그녀는 노비츠키의 집으로 살림을 옮겼고 둘은 약혼했다. 하지만 크리스털 타일러Cristal Tayler라는 이 여인은 과거에 이름을 여덟 번이나 바꿔가며 범죄를 저지른 못된 사기꾼이었다. 이런 사실은 아직 노비츠키 집안에 더 큰 손해를 입히기 전인 2009년에 발각되었으며, 그녀는 사기와 문서 위조 혐의로 5년형을 선고받았다. 감옥에서 그녀는 노비츠키가 자신의 과거를 알고 있었으며 그럼에도 불구하고 자신을 사랑했다고 주장했다. 이미 작성돼 있다는 혼인 계약서에서 문제가 된 것은 이혼할 경우 타일러에게 지급하기로 했다는 500만 달러에서 1,000만 달러에 이르는 돈이었다. 이것에도 불구하고 노비츠키는 그녀와의 접촉을 완전히 단절했으며 그 추문에 대해 언급하지 않았다. 사랑에 실망해서 내린 결정일까? 광고 계약을 걱정한 소속사의 압박 때문에 내린 결정일까?

　　　더 혼란스런 경우는 2003년에 있었던 일로 노비츠키의 동료 코비 브라이언트Kobe Bryant를 혼란의 소용돌이에 빠트린 사건이다. 그때까지 바른생활 남자라는 칭송을 받던 브라이언트는 열아홉 살의 호텔 종업원 케이틀린 파버Katelyn Faber와 함께 제 아내를 속인 것이다. 이어서 그 종업원은 스포츠 스타 브라이언트가 자신을 콜로라도 주 코딜레라Cordillera의 호화 별장 겸 온천장에서 강간했다고 주장했다. 그러나 브라이언트는 성적 접촉은 인정했지만 어떤 폭력도 행사한 바 없다고 부인했다. 고통스럽기 짝이 없는 심리가 진행되는 동안 압박을 받은 NBA 스타에게 뜻밖의 지원 제의가 왔다. '유리Yuri'라고 자신을 소개한 캘리포니아에 거주하는 스위스 남성이 300만 달러를 주면 이 귀찮은 여인을 없애주겠다고 제안한 것이다. 자신은 러시아 마피아와 끈이 닿아 있으며 킬러를 수배할 수 있다는 것이었다. 브라이언트는 즉시 경찰에 신고했고, 로스앤젤레스 경찰 당국은 거짓으로 돈을 넘겨줄 때 근육질을 자랑하는 체중 100킬로의 남성 파트릭 그라버Patrick Graber를 체포했다. 그는 미국으로 이주하기 전에 이미 스위스에서 신분 사칭범 및 투자 사기꾼으로 활동했는데, 새로 정착한 미국 땅에서도 재빨리 혼인 사기범으로 적응한 상태였다. 현재 가진 것 이상을 원하는 모든 사람들에게 이상적 토양인 로스앤젤레스에서 그는 슈워제네거 같은 배우가 되기를 바라며 스포츠센터 트레이너 겸 개인 경호원으로 일했다. 브라이언트의 경호원으로도 일한 적이 있다고 한다. 그의 살인청부 제의는 진심은 아니었고, 약간의 대중성을 얻어 자신의 꿈에 좀 더 다가가기 위한 속임수에 불과한 것은 아니었을까? 로스앤젤레스에서는 남의 이목을 끌려면 결국 어떻게든 머리를 짜내지 않으면 안 된다. 그러나 경찰은 그가 재미로 한 짓을 이해하지 못했다. 그들은 그라버에게 수갑을 채워 법정에 세웠다.

　　　현재 브라이언트에 대한 심리는 중지된 상태다. 그사이 케이틀린 파버가 농구 영웅 브라이언트의 팬에게 살해 협박을 받아 법정에서 그 진술을 되풀이하지 않은 탓이다. 브라이언트의 공개 사과 및 금액 미상의 돈 지급을 포함한 법정 외 조정으로 그녀는 침묵하게 되었다. 그라버는 감옥에서 출소한 후 2007년 한 권의 책과 함께 세이셸 군도에서 되돌아왔다. 책에서 그는 자기 버전의 진실을 이야깃감으로 써내려갔다. 그는 브라이언트의 개인 경호원으로 일하면서 마약에 취해 해롱대는 수많은 여자들과 대마초에 취한 자기 고용주가 벌인 헤아릴 수 없는 난교 파티를 목격했다고 주장했다. 뿐만 아니라 브라이언트가 그 호텔 종업원을 강간하는 것도 목도해야만 했다는 것이다. 그는 또 농구 영웅 브라이언트가 직접 자신에게 살인청부를 지시했으며 충성을 다하지 않을 경우 자식들이 위험할 수 있다고 협박했다고 주장했다. 이 모든 것이 브라이언트와 그의 직원들이 자신을 희생시킴으로써 대중의 이목을 돌리려고 정교하게 파 놓은 함정이라는 것이다.[10] 이 사건에서 누가 누구를 속였을까? 브라이언트는 실제로 파버를 제거할 방법을 모색했을까? 파버는 브라이언트를 상대로 사기극을 벌인 것일까? 그라버는 범인인가 아니면 음모의 희생자인가? 아니면 그라버의 '폭로'는 마침내 부자가 되고 유명인이 되기 위한 또 다른 삐딱한 시도일 뿐일까?

혼인 사기는 영혼마저 빼앗는다

형사 에리히 불펜Erich Wulffen은 1920년대에 남성 혼인 사기범 및 신분 사칭 사기꾼이 주류를 이루던 상황을 설명했는데 그들은 "주변 인물과 사소한 일에 매우 날카롭게 구는 여성의 눈에 대번에 띄어 들켜 버리고 만다"는 것이다. 남성 중심의 결혼 사기 시대는 벌써 지난 지 오래다. 하지만 범죄사를 고찰해보면 중요 여성 범죄인도 늘 되풀이해서 나타났음을 알 수 있다. 혼인 사기는 여성 사기꾼의 맛난 먹이이기도 했었으니 간음 알선의 전통이 바로 그것이다.

당시에도 오늘날과 마찬가지로 별로 신뢰할 수 없는 중매업체

---

10. Patrick Graber, 《죽은 여인은 말이 없다Dead women tell no tales》, Los Angeles, 2007. www.sportnet.at에서 그래버와의 2008년 3월 26일자 인터뷰 참조.

가 혼인 시장을 주물렀다. 이들 중매업체는 여성이 운영하거나 대외적으로 대표를 맡고 있는 것으로 나타난다. 이들은 많은 비용을 받으면서 늘 똑같은 매력적인 아가씨를 데리고 영업한다. 젊은 아가씨들은 첫 만남에서 상대에게 잔뜩 기대를 품게 하고는 '하차'해버린다. 파리의 드모르티에Demortier 마담의 사례를 보자. 그녀는 1880년대에 라 로셰트La Rochette 남작부인이라는 이름으로 결혼 중매소를 열어 이 분야에서 일찌감치 챔피언의 면모를 보인다. 혼인 신청자는 신붓감에게 값비싼 장신구를 선물하거나 오페라 특별석 표를 구입해야 했다. 그러면 신붓감과 그 어머니가 그 좌석에서 편안히 오페라 구경하는 모습을 바라보는 것이 그에게 허용되었던 것이다. 물론 멀리 떨어져서 말이다. 때로 그 특별석 입장료를 지불한 사람이 그만이 아닌 경우도 종종 있었다. 다른 구경꾼이 있는 경우도 있었지만 다른 구경꾼의 존재를 아는 구경꾼은 없었다. 또 맞선을 신청한 사람은 공연 후 모녀를 많은 돈이 드는 만찬에 초대해야 했다. 두 여인과 함께 하는 런던 여행까지 어쩔 수 없이 수락한 사람도 있었다.

1901년, 당시 34세의 베를린 출신 여배우이자 예술가인 안나 두버슈타인Anna Dubberstein이 실종돼 수색에 들어간다고 공표됐다. 카타리나 타치아노Catharina Taciano, 드 리가노De Regano 남작부인, 기카 공주Ghika, 오스트리아-에스테 폰 카타리나Catharina von Österreich-Este 대공大公 부인 등으로 불린 이 매력적인 여배우는, 수배 전단에 따르면 영주인 그녀의 친척으로부터 쫓겨났다가 이후 다시 복권되었으며 그후 엄청난 부를 손에 거머쥐게 되었다는 전설로 독일 수도에서 수많은 경배자들의 머리를 뒤틀어놓았다.

나중에 아돌프 히틀러의 '고문 법률가'로 유명해진 헌법학자 카를 슈미트Carl Schmitt 또한 이 귀족 여성의 숨결에 넋을 빼앗기고 말았다. 그가 1912년 뮌헨의 한 나이트클럽에서 '스페인 무용수'로 일하고 있던 파블라 폰 도로티츠Pabla von Dorotić를 처음 만나 사랑에 빠졌을 때의 일이다. 전에 그는 피아니스트 헬레네 베른슈타인Helene Bernstein과 결혼하려 했지만 무일푼인 탓에 그녀의 아버지에게 퇴짜를 맞았다. 그런 그에게 크로아티아 귀족 여성이 훌륭한 배필로 등장한 것이다. 그는 자신의 교수자격 취득 논문 〈국가의 가치와 개인의 의미Der Wert des Staates und die Bedeutung des Einzelnen〉 첫머리에서 흠모해 마지않는 파블라에게 논문을 헌정한다고 밝혔고, 그 직후 애인의 성을 자기 이름에 덧붙였다. 1921년에 나온 책 《독재》만 해도 저자가 카를 슈미트-도로티츠Carl Schmitt-Dorotić라고 표시돼 있었다. 그러나 소시민 가정 출신인 슈미트는 귀족 혈통과의 결합이 자신에게 아무런 사회적 신분상승을 가져다주지 않음을 이내 알아차렸다. 사실 파블라도 자신을 위로 끌어올려 줄 남자를 찾고 있었다. 결국 그녀는 악명 높은 도둑임이 밝혀졌다. 귀족 가문 출신은커녕 오스트리아 빈의 굼펜도르프Gumpendorf 지역에서 아우구스타 샤흐너Augusta Schachner라는 사람의 혼외 자식으로 태어난 것이다. 슈미트는 즉시 이혼했다.

　　파블라 폰 도로티츠가 뮌헨 술집을 찾는 남성들을 미치게 했고, '기카Ghika 공주'는 제국 수도 베를린의 비교적 상류 사회를 사냥터로 선언한 반면, 1906년생 오스트리아 여성 헤르미네Hermine D.는 1920년대와 1930년대에 시골의 부유한 농부에게 달라붙었다. 공범 한 명과 함께 그녀는 광고를 이용해 결혼 사기를 대대적으로 벌렸다. 헤르미네 자신이 귀족 출신의 부유한 상속녀이자 부동산 소유자라고 광고한 것이다. 먹잇감 중 한 사람에게는 자그마치 9년 동안이나 쉬지 않고 늘 새로운 약속과 돈을 요구하면서 기다리게 만들기도 했다. 이 끈질긴 남자는 결국 1948년 신문에서 헤르미네의 체포 소식을 접해야만 했다.

1940년대 오스트리아 빈에서 있었던 한 사건은 더 믿을 수 없다. 인터넷을 통해 비로소 널리 퍼졌다는 사기 형태가 그 옛날 서신왕래에 의존하던 때에도 이미 작동했음을 증명해주는 사건이다. 쉰여덟의 과부 안나Anna T.는 자기가 세 들어 사는 집의 방 하나를 젊은 여성에게 내주었다. 그런 다음 둘은 곧 친구처럼 지냈다. 돈벌이를 하지 않는 순박한 과부는 시간이 갈수록 세 들어 사는 젊은 엘리자베트Elisabeth M.에게 점점 더 의지하게 되었다. 그러다 엘리자베트는 우연한 사건 하나를 사기에 이용했다. 두 여성은 어느 카페에서 젊은 남자와 대화를 나누고 있었다. 남자는 늙어가는 과부에게 강인한 인상을 심어주었다. 엘리자베트가 흥미를 보이며 말한 대로 과부 안나는 불덩어리를 집어든 것이 분명했다. 이미 며칠 만에 심부름꾼을 통해 그 환상적인 젊은 남성의 사랑 고백을 담은 편지가 한 통 전달되었으니, 안나에게 그것이 얼마나 큰 행운이었겠는가! 젊은이가 이 할머니와 나눈 열광적 서신 교환은 7년 동안이나 이어졌다.

사실은 엘리자베트가 직접 편지를 썼고 그녀의 지시를 받은 심부름꾼을 통해 서신교환이 이루어진 탓에, 젊은 그녀는 오랫동안 속임수를 써먹을 수 있었으며, 안나에게서 단계적으로 전 재산, 특히 집안 가구 등을 빼내갈 수 있었다. 그사이 둘은 편지로 약혼을 했다. 하지만 곧 또 다른 운명이 이 젊은이를 가격했다. 돌로레스 데 암브로제Dolores de Ambrose라는 이국적인 이름을 가진 그의 누이가 중병을 앓은 탓에 치료에 많은 돈이 들게 되었다. 안나가 여기에 크게 기여한 것은 당연한 일이었다. 오랜 투병 끝에 누이 돌로레스가 1950년 마침내 숨을 거두자 우리의 이 젊은이는 햇빛 내려쬐는 모나코로 이사했고, 안나에게도 그곳으로 이주해 결혼하자고 요구했다. 그러자 안나는 자신의 '유능한' 세입자 엘리자베트로 하여금 살림을 하나씩 모나코로 보내게 했다. 여기서 안나는 마침내 빈털터리가 되고 말았다.

1990년대 뮌헨에서는 무르익은 한 여인이 네 명의 남자를 차례대로 등쳐먹는 일이 발생했다. 주택 두 채와 벤츠 한 대를 꿀꺽했고, 여기에 더해 생계 지원비와 주택보조비까지 챙긴 것이다. 테레제Therese E.는 다음과 같은 광고를 냈다.

"남편과 사별한 50대 중반의 여성이 파트너를 구합니다. 오래도록 함께 할 성실한 남자분은 어디에 계신가요?"

테레제는 50대 중반도 아니고 남편과 사별하지도 않았다. 66세의 이 할머니는 스무 살이나 어린, 일자리를 구하지 못한 도장 기술자와 결혼한 상태였으며, 사기와 위증 전과도 있었다. 맨 먼저 그물에 걸려든 사람은 보행 장애가 있는 52세의 남자였다. 조기 은퇴해 연금으로 사는 이 남성에게서 그녀는 8만 마르크를 챙겼다. 이어서 홀아비 자영업자가 여인에게 불이 붙었다. 그는 이 할머니 사기꾼의 희망은 뭐든 다 들어주었다. 여행도 함께 가고 집도 한 채 사주고 새빨간 벤츠도 뽑아주었다. 이런 사랑과는 반대로 테레제는 젊은 남편을 '양아들'이라고 꾸며 성과를 올리기도 했다. 사랑에 빠진 홀아비는 아들을 위해서도 적잖은 돈을 결제했다.

사랑에 죽고 사랑에 살고

애정 전문 사기꾼들에게도 남녀의 차이가 있다. 여성들은 공동 작업을 활발히 하는 반면 남성들은 주로 단독으로 활동한다. 물론 스가르비처럼 예외는 있기 마련이다. 우리가 살펴본 대로 이 '업계'에서는 남녀를 불문하고 전문화를 추진하고 있다. 이는 혼인 사기가 1975년 이래 더 이상 형사처벌 대상이 아니며 오늘날 재산상의 손실이 입증될 경우에만 기소된다는 사실 때문이기도 하다. 이 결정은 현대의 복잡한 남녀 관계를 현실적으로 관찰한 데 따른 것이다. 그러므로 프로와 아마추어의 구분을 시도해볼 수 있다. 프로는 '자발적' 금품 제공을 유도하고 그것을 대수롭지 않은 것으로 보이게 하는 재주가 있다. 스가르비 같은 애정 사기꾼들은 겉으로는 아주 교양 있는 듯 행동하면서도, 말로는 전혀 거리낌 없이 고뇌를 내뱉는다. 그는 자신을 흠모하는 여인에게 "그대는 사랑을 위해 산다고 말했소. 아, 어제 같은 순간은 이제 다시는 오지 않을 게요. 하지만 우리는 이미 그 순간으로 소중한 보물을 만들었다오" 라고 썼다.

이런 '거장의 연주'는 상대를 정서적 의존 상태에 빠지게 하는데, 오늘날 이런 의존성은 남자들의 눈길을 받지 못하는 평범한 여인네 등 취약 집단에 속하는 사람에게만 해당되는 것이 아니다. 경찰 추산에 따르면 독일과 오스트리아에서 연간 발생하는 사건은 대략 1만 5,000건에 달한다. 전에는 피해자들이 대체로 순박하거나 심지가 굳지 못한 여성들이었다. 이들은 '나만 남으면 어떡하나' 하는 일종의 공황장애나 열등의식으로 손쉽게 혼인 사기꾼의 먹잇감이 되었다. 뭇 남성들의 선망의 대상이 되어봤으면 하는 마음, 그리고 그렇게 함으로써 자존감을 한껏 뽐내는 일은 결혼하지 못한 것이 큰 흠으로 통하던 그 시대 여인들에게 생명의 영약靈藥과 다르지 않았던 것이다.

반면 오늘날 애정 사기꾼들의 먹잇감이 되는 남녀는 사회적으로 성공한, 인생의 중년에 접어든 사람들이다. 이들의 아킬레스 건은 자신이 애정 사기와 관련하여 위험에 처할 수 있음을 단호히 부인한다는 사실이다. 게르트 포스텔Gerd Postel의 예를 보자. 이 사기꾼은 돌팔이 정신과의사로 알려졌다. 그는 여성들로 하여금 자신을 위해 일하게 하는 비법에 통달했다. 그것도 성공한 여성들, 예컨대 롤렉스와 벤츠를 선물한 치과의사, 유용한 전문지식을 제공한 심리학자, 불법적인 서류 열람을 가능케 해준 변호사, 구속될 수 있다고 알려준 검사, 그리고 매월 돈을 대준 의대 교수 등이었다. 이들 여성은 위급한 상황에 처하지도 않았고 절망적인 상태에서 결혼하자고 남자를 몰아붙이지도 않았다. 어느 모로 보나 잘나가는 현대 여성의 대표적 존재다. 포스텔은 애정을 선사함으로써 또 여성으로 존중해줌으로써 그들이 사회생활 속에서 채워지지 않던 정서적 결핍을 충족시켜주었다.

그의 파트너였던 한 여성은 은행 분야에서 성공한 여성이었는데 독일의 대표적 시사 잡지 〈슈피겔Spiegel〉에 이렇게 털어놓았다. "그 사람은 하나의 사건이었죠. 그가 제 삶 속으로 파고 들어온 것입니다. 그리고 당시 저는 두 발로 땅을 딛고 서 있는 한 여성이었죠." 아직도 사로잡혀 있음을 뚜렷이 드러내면서 그녀가 말을 잇는다 "단 한 번도, 정말 단한 번도 저를 그렇게 보살펴준 남자는 없었어요. 네, 정말 보살펴준 겁니다. 그는 너무나 세심하고 너무나 직관적이었어요. 마치 제가 느끼는 것처럼 느끼는 사람이에요. 일단 제 느낌을 굳이 설명할 필요가 없었으니까요." 그는 이런 재주만 있었던 게 아니었다. 자신의 접근을 달가워하지 않은 여검사를 왕따와 전화 테러를 통해 신경쇠약으로까지 몰고갔다. 나중에 이루어진 한 인터뷰에서 포스텔은 자기에게 희생당한 이들의 시야가 "빨대같이 좁았던 것"이 문제였다고 했다. 사랑에 빠진 사람은 자기 파트너의 좋은 점만을 본다는 것이다. "그때 저는 성자의 광배 같은 것을 갖고 있었던 거죠."[11]

이런 부류의 애정 사기범이 먹잇감에게서 갈취하는 것 또한 대단하다. 예컨대 재산 많은 여인이 애인에게—초기 납입금만 대략 3만 5,000유로에 달하는—페라리 360 모데나 스파이더Modena Spider를 리스해주었는데 이탈리아로 가는 첫 자동차 여행에서 이 차가 곧장 버려진다면 어떻게 설명해야 한단 말인가? 로저Roger B.는 우선 밀라노 인근 소도시 몬차Monza의 경주로를 한 번 달리며 자동차를 만끽한다. 그다음에 자기 친구 하나가 사고를 일으킨다. 페라리는 그것으로 끝이다. 재주 있는 로저는 그 자리에서 새로운 먹잇감이 그 돈을 감당하게 만든다. 막 알게 된 가비Gaby E.라는 이름의 여성이 거의 7만 7,000유로에 달하는 수리비를 지불했다. 비서로 일하는 42세의 그녀는 로저와의 모험 끝에 60만 유로가 넘는 전 재산을 몽땅 날렸다.

프랑크푸르트에서 변호사로 활동하는 미햐엘 볼스키Michael

_____11. Sonja Veelen, 〈가짜 정체를 만드는 기술. 신분 사기에 대한 사회학적 분석Techniken zur Herstellung gefälschter Identität. Eine soziologische Analyse der Hochstapelei〉, 마부르크(Marburg) 대학 사회학과 석사학위 논문, 2007. 90p.

Wolski도 그와 비슷하게 뻔뻔스러운 짓을 했다. 그의 사건은 2010년 초 다름슈타트Darmstadt에서 심리가 이루어졌다. 그는 돈 많은 집안에 뛰어들어 서른 살이나 많은 마르깃Margit C.과 애정 관계를 구축했고, 마르깃은 남자에게 완전히 순종하는 지경에까지 이른다. 그 과정에서 두 사람은 마르깃의 남편 이그나츠Ignatz C.를 집안 양로원에 격리시켜 '생매장'해버렸다. 볼스키는 이그나츠가 죽은 뒤 마르깃에게 정서적 압박을 가해 자신에게 선물, 부동산, 고급 자동차 등 수백만 유로에 달하는 재산을 물려주도록 만들었다. 헤센 주 최고위 법관이자 기민당CDU 당원이기도 한 아내 카린 볼스키Karin Wolski도 남편의 이러한 애정 행각으로 큰 덕을 보았다. 그녀는 남편이 금고형을 선고받자 공직에서 물러났다. 남편이 그렇게 챙긴 돈에 대해 세금을 내지 않았던 것이다.

　　볼스키 사건의 경우 희생자와의 나이 차이가 한 세대였지만, 유명한 금융 사기범 위르겐 하르크센Jürgen Harksen은 젊은 시절에 돈을 뜯어내려고 여든의 할머니에게 청혼하기도 했다. 그는 24세의 나이에 덴마크에서 여러 해를 보냈는데 그 할머니 집에서 살면서 그녀의 재산과 부동산을 갈취했다. 그 일로 1986년 실형을 언도받고 추방되었다. 그러다 갑자기 함부르크에 모습을 드러냈다. 그곳에서는 아무도 그의 전력을 알지 못했기에 그는 새로운 인생을 시작했다.

　　전문적인 애정 사기꾼은 먹잇감의 마음속에 똬리를 트는 일을 재미 삼아 한다. 그런데 그들은 달라붙는 피해자를 어떻게 떨쳐낼까? 이미 오래전에 짜낼 것을 다 짜낸 상태라 해도 이 문제가 제기될 수 있다. 어느 사건에서 한 애정 사기범은 이제 별로 입맛이 동하지 않는 신부에게 자신의 죽음을 알리는 편지를 자기 동생에게 작성하게 해 보내서 그녀를 떨쳐내려 했다. 많은 피해자들은 고소조차 포기한다. 돌아올 비난이 두렵거나 여전히 범인에게 정서적으로 의존해 있기 때문이다. 그들은 애정 관계를 위태롭게 하는 것을 원하지 않으며 수년 동안 남자가 돌아오기를 바라며 감옥에 있는 그에게 사랑의 편지를 보낸다. 몇몇 혼인 사기꾼들은 이런 상황까지도 이용해먹는다. 예컨대 한 사기꾼의 공범은 여러 피해자를 찾아가서 자신을 기자라고 소개한 다음, 옥중에 있는 그 사람의 전기를 쓰려 한다고 말했다. 이를 위해 그 사기꾼이 한 말을 조사해 검증하려는 계획을 갖고 있다고 덧붙였다. 그러고는 피해 여성에게 범인과의 경험에 대해 물었다. 동시에 자신에게 약간의 돈을 지급할 경우 그 사건이 책에는 나오지 않을 수도 있음을 넌지시 일러준 것이다.

애정 관계를 이용한 사기는 위험할 수도 있다. 대다수 살인 범죄가 애정에 의한 범죄이기 때문이다. 극단적 경우이기는 하지만 혼인 사기범이 이제는 귀찮아진 먹잇감을 살해하는 일이 있다. 또한 일련의 연쇄살인으로 발전하기도 한다. 가장 흉악한 사기는 사랑을 약속하고 죽음을 안기는 것이다.

프랑스 남성 앙리 랑드뤼Henri Landru는 20세기 초에 최소 열한 건의 살인을 저질렀다. 300여 명의 여성과 관계를 맺고 그들로 하여금 결혼할 생각까지 품게 만들었던 만인의 연인에게서 그 이상의 사건은 입증할 수 없었다. 1921년 11월 7일, 52세의 이 남성은 베르사이유의 법정에 섰다. 엄청나게 큰 키에 수척한 용모의 그는 불그스레한 턱수염과 무성한 눈썹을 갖고 있었다. 움푹한 눈매는 분명 사람을 뇌쇄시키는 힘을 갖고 있었다. 그것 말고는 랑드뤼의 여성 편력을 설명할 길이 없다. 그는 여러 개의 가명을 써서 다음과 같은 광고를 수없이 냈다. "진지한 남성이 35세에서 45세 사이의 홀로 된 여성이나 아직 짝을 찾지 못한 여성과 혼인하려 함." 그는 자신을 공무원이라 소개하고 의도적으로 성숙한 여인들에게 접근했다. 몇몇 여성들은 비교적 오랜 기간 이용해먹은 반면, 어떤 여성들은 떠나보내고 그들의 재산을 팔아치웠다. 이웃들은 그의 집 굴뚝에서 이따금 짙은 연기가 솟아났다고 했으며 정육점을 하는 사람은 고기 탄 냄새를 맡았다고도 했다. 랑드뤼는 단두대로 처형되었다.

스위스 남성인 막스 카우프만Max Kaufmann은 1920년대에 자기 애인에 대해 두 건의 살인사건'만' 저지른 것으로 밝혀졌지만 그 범행은 비할 바 없이 잔혹했다. 카우프만은 그럴듯한 신문광고를 냈다. "진심으로 원함. 착한 심성의 30대 스위스 남자. 독신. 현금 1만 8,000프랑 소유. 가족 없는 아가씨와 혼인하려 함." 이를 보고 더 이상 아가씨라고 하기에는 곤란한 45세의 프리다 가스만Frieda Gassmann이 연락을 해왔다. 카우프만은 그녀에게 자기 사진을 여러 장 보냈다. 멋진 보병 분대장으로서 알프스를 배경으로 포즈를 취한 사진이었다. 아울러 편지에서 "사랑이 금성과 목성을 합친 것보다 더 뜨겁게 타오르고 있다"고 썼다.

그는 프리다에게 속옷을 선사했다. 그러나 그녀는 옷에 새겨진 M.C.라는 이니셜로 인해 열이 뻗을 때로 뻗었다. 실제로 카우프만은 옛날 여자친구에게 주려한 선물을 재활용 차원에서 프리다에게 보낸 것이다. 전 여친이던 마리아는 스위스 취리히의 한 고급 호텔 청소부였다. 카우프만은 가스만에게 자신이 M.C.를 죽였다고 실토했다. 그럼에도 불구하고 그녀는 이 사기꾼에게 엮여들고 말았다. 몇 주 뒤 그녀는 카우프만과의 정사 도중 그가 쏜 총에 맞아 죽었다. 그 사건 전에도 이미 진짜로 남자는 마리아를 죽였다. 그리고 프리다 가스만을 살해한 시점에는 이미 그가 보낸 꽃다발이 그 다음 희생자에게 가는 중이었다. 카우프만은 모두 43명의 여성과 관계를 맺었다.

보덴펠데(Bodenfelde)의 사악한 과부

애정 사기꾼 중 여성들도 막다른 골목에 몰리면 이따금 치명적인 조치를 취한다. 독일 니더작센 주 보덴펠데 출신의 뤼디아Lydia L.는 그런 짓을 아주 체계적으로 자행해 '사악한 과부'로 악명을 떨쳤다. 퇴직해 연금으로 생활하는 귄터 슈벵케Günther Schwenke는 경제적 여유가 있는 70대 중반의 남성으로 "노인 봉양 차원의 도움을 필요로 하는 나이 지긋한 신사분"을 찾는다는 여성의 신문광고에 큰 관심을 가졌다. 노신사는 인생의 황혼기에 의지할 만한 여성을 애타게 찾고 있었다. 활달하고 사랑스러우며 봉양과 살림에도 유능한 여성. 뤼디아가 처음으로 방문하자 귄터는 꿈을 꾸는 게 아닌가 싶을 정도였다. 풍만한 가슴의 이 과부는 길고 곱슬곱슬한 머리카락으로 인해 무척 매력적으로 보이고 나이도 50대 중반이 채 안 되는 것 같았다. 그녀는 보덴펠데에 있는 자기 집에서 살고 있는데 남자에게 이곳을 노후를 보낼 장소로 제공했다. 귄터와 뤼디아는 한 쌍을 이루어 살았는데 유감스럽게도 귄터는 아름다운 베저 강변으로 살림을 옮기자마자 건강 상태가 급격히 나빠진다. 기후 변화가 그에게 좋지 않은 영향을 미친 것이다. 만성피로가 그를 덮쳐 몸이 납덩어리처럼 무거워졌다. 낮잠 자는 시간이 갈수록 길어졌고 근육과 호흡도 갈수록 약해졌다. 귄터는 의사에게 이런 수수께끼 같은 건강상의 변화에 대해 진찰을 받고 싶었지만 그럴 만한 기력도 없었다. 뿐만 아니라 뤼디아도 그렇고, 그녀와 잘 아는 사이로 한 집에 살면서 정원도 관리하고 살림도 도와주는 지그문트Siegmund S.도 "걱정할 것 없어요"라고 말했다. 언제부턴가 권터가 정원에 앉아 있는 모습을 더 이상 볼 수 없었다. 사라져버린 것이다. 이웃들은 그가 다시 떠났다고 생각했다.

13년 뒤 수수께끼가 풀렸다. 지그문트는 아주 사소한 일로 보덴펠데의 작은 파출소에 출두했다. 그런데 경찰관에게 이렇게 입을 열었다. "이 일이 끝나면 수갑을 채워주시오." 자신이 권터 슈벵케를 1994년 비닐봉지로 질식시켜 죽였다고 자백한 것이다. 시신에 대해서는 나중에 괴팅겐Göttingen 남쪽의 한 고속도로 휴게소에서 휘발유를 끼얹고 불을 붙였다고 했다. 문제는 그게 자기 뜻으로 한 게 아니었다는 점이다. 뤼디아가 "저 사람 없애버려야 해"라고 말했다는 것이다. 그가 "뭐라고?" 하며 되묻자 그녀는 "그래, 완전히 없애버려야 한다고"라고 답했다.

지그문트는 정신적으로 그녀에게 종속되어 있었으며 수년 전부터 그녀의 집에서 살며 하인 취급을 받았다. 이제 그의 입에서 모든 이야기가 터져 나왔다. 그는 경찰관에게 뤼디아가 어떻게 체계적으로 노인네들을 꼬드겨 모든 걸 다 빼앗았는지 설명했다. "할아버지가 한 사람 오면 자유롭게 내버려두지 않아요." 지그문트의 말이다. 그 자신도 그 일에 적지 않은 기여를 했다. 그는 그녀의 청부에 따라 노인 세 사람을 더 죽였다. 물론 그런 짓을 해야 할 만큼 돈이 많은 신사들일 경우에만 그렇게 했다. 광고를 보고 연락이 와도 돈 없는 사람이면 뤼디아는 즉각 차버렸다. 처음에는 경찰이 믿을 수 없다는 반응을 보였다. 하지만 곧 그들은 뤼디아에 대한 비교적 오래전 조사를 기억해냈다. 매춘부였던 그녀와 관계를 맺은 남성들이 관계 직후 죽는 일이 1980년대에 있었던 것이다. 조사는 늘 성과 없이 끝나고 말았다. 그러나 이제 경찰은 확실한 단서를 갖게 되었다.

　　다음 살인이 있었던 때는 같은 해인 1994년, 그러니까 불과 석 달 뒤였다. 희생자는 84세의 아돌프Adolf B.라는 노인으로 헤센주 멜중겐Melsungen 사람이었다. 뤼디아는 이 노인과 4월에 혼인했다. 갓 혼인한 신랑이 다시 이혼하려고 해서 그녀는 완두콩 수프에 다량의 진정제를 타 먹였다고 한다. 지그문트는 식탁에 쓰러져 잠든 그를 침대로 옮겨 쿠션으로 질식시켜 죽였다고 주장했다. 이어서 희생자의 유언장도 없애버렸단다. 의사는 자연사라고 진단서를 발행했다. 뤼디아는 2007년까지 미망인으로 연금을 수령하며 피해자의 집까지 물려받았다. 지그문트의 진술에 따르면 그는 그 집에 두 번이나 불을 질렀다. 상속한 뤼디아로 하여금 보험금까지 받을 수 있도록 하기 위해서다. 두 사람의 세번째 살인은 1995년 4월, 81세의 기업가를 대상으로 행해졌다. 노인의 불에 탄 시신은 인근 튀링겐Thüringen 주에서 발견됐다. 경찰의 광범위한 조사에도 불구하고—미 연방 수사국FBI까지 애를 썼지만—시신의 신원은 밝혀지지 않았다.[12] 마지막 살인은 2000년 하노버 인근의 슈프링게Springe에서 일어났다. 71세인 희생자의 시신은 자기 소유의 땅에 묻었다.

　　결국 기소가 이루어졌고 뤼디아는 자기 일꾼이 복수심에서 고발한 것이라며 죄를 부인했다. 그의 사랑을 받아들이지 않은 것이 동기라고 했다. 기소 내용 중 사실은 하나도 없다는 것이다. 안드레아스 부익

_____12. 피의자의 힌트에 따라 특수수사대는 희생자가 당시 80세로 하이델베르크 지역에서 활동하던 전직 기업인의 한 사람임을 확인할 수 있었다. (니더작센 주 경찰 특수수사대의 2007년 10월 8일자 보도자료 및 목격자 신고요청문.)

<small>Andreas Buick</small> 검사는 소유욕 때문에 네 명의 남성을 동일한 방법으로 살해했다며 두 사람을 기소했다. 먼저 뤼디아는 희생자들에게 늘 다량의 강력한 진정제를 수프에 타 먹였다. 피해자들은 결국 15~20알의 진정제로 거의 마취 상태에 빠졌으며 이런 상태에서 지그문트의 손에 비닐봉지로 질식당한 것이다. 오래 매춘부 생활을 한 여인은 이런 식으로 총 67만 유로에 달하는 재산을 모았다. 괴팅겐 고등법원에서의 심리는 2008년에 뤼디아에게 종신형, 지그문트에게 12년형을 언도하는 것으로 끝났다. 흉악하기 그지없는 뤼디아는 "나는 그들의 연금과 돈을 취했고 그들은 나를 취했는데 뭐가 잘못됐단 말인가?" 하고 토를 달았다.

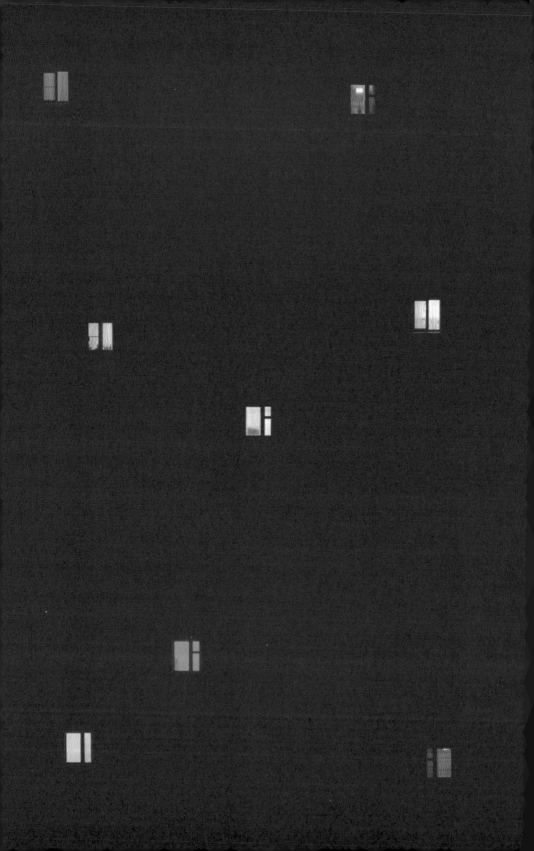

사회적 뺑의
가장 뜨거운 사례들

천사로 둔갑하고 싶은 사기꾼들

　　섹스와 돈은 인간이 살아가는 유일한 이유일까? 사회적 소명으로 일하는 사람, 명예직으로 자선 또는 문화 분야에서 열정적으로 일하는 모든 사람들, 환경보호, 교육, 남녀평등, 인권을 위해 헌신하는 모든 사람들, 빈곤과 인종주의에 반대해 투쟁에 나선 모든 사람들은 이에 격분하며 반대할 것이다. 자신을 내세우지 않고 남을 도와주려는 태도, 이타적 행위, 인간의 공존을 위해 애쓰는 모습은 문명의 기본 아닌가? 인간과 짐승을 구분해주는 것이 바로 이런 요소 아닌가 말이다. 남들은 다 빠른 자동차를 몰려 하고, 휘황찬란한 파티에서 아름다운 여인네_{혹은 남성들}의 환심을 사려 하거나 전 직원을 호령하고 싶어 하는데, 약한 사람을 돕는다면 이는 공동체에서 헤아릴 수 없이 귀하고 확고부동한 봉사를 하는 것이다. 돕는다는 것은 인간의 가장 고귀한 행위다. 이 과정에서 인간은 자신을 버릴 정도로 희생할 수 있으며 큰 갈채와 최고의 인정을 거둬들이기도 한다.이런 인정은 대개 낮은 임금 수준과는 전혀 관계가 없다. 직업별 명예와 관련한 설문조사에서 의사와 간호, 요양 분야 종사자가 소방관과 더불어 맨 위에 올랐다.그 아래가 보험외판원이며 정치가, 광고업계 종사자, 통신회사 직원이 꼴찌를 차지했다. 신분을 사칭하는 사기꾼들은 바로 이 찬탄의 빛을 쬐려 한다. 그들의 자아는 다른 사람들의 인정과 사회적 신망을 갈구하며, 이를 얻기 위해 남을 돕는 사람에게 주어지는 특별히 높은 신뢰를 이용한다. 그런 탓에 수많은 사람들이 의사를 사칭하고 그렇게 많은 기적의 치료사가 존재하며, 의심스러운 스폰서와 기부자가 존재하는 것이다. 역설적이게 그 반대편에도 마찬가지로 끊임없이 가짜 환자, 상상 환자, 범죄 희생자가 존재한다. 남을 돕고 치료해주는 것뿐 아니라 고통받는다는 점도 남의 주목과 애정 및 동정을 유발해서 특별대우를 받을 수 있기 때문이다.

존경받는 사기꾼의 탄생

정체가 드러난 사기꾼을 동정하고 자신과 세상을 속인 그들의 능력에 매혹되는 것. 이는 어떻게 해석할 수 있을까? 사기꾼은 의외로 평범한 사람들과 공유하는 것이 많은 것일까? 데이트에서 지루한 사람이라는 평가를 받았거나 직장에서 최선의 의도에도 불구하고 프로젝트에 브레이크를 거는 인물로 낙인 찍혀 사회적 관계의 길을 닦는 데 실패한 이력이 있는 이들은, 온갖 색채로 빛을 발하는 사기꾼 사례를 보고 자신도 멋지게 뻥을 칠 수 있었으면 하고 바랐을 것이다. 적어도 우리 안의 무언가는 사기와 긴밀한 관계를 갖고 있다는 예감은 오래전에 '사기꾼 증후군'이라는 임상 진단으로 외피를 벗었다. 유독 성과 지향적인 완벽주의자가 이런 진단을 받는다. 이들은 자신이 실은 사기꾼이며 따라서 언제든지 발각돼 끝장날 수 있다는 두려움에 빠져 있다. 종종 직업적으로 매우 성공한 케이스이기도 한 이런 사람들은 자신의 성공을 인정하지 못하며, 자신이 사회적 지위에 걸맞을 정도로 능력 있고 자신감 넘치며 똑똑한 사람이 못 된다고 여긴다. 오히려 자신의 능력과 성과가 대수롭지 않다고 말하고 그것을 행운, 우연, 부지런을 떨어 부족함을 보완한 덕분, 또는 표면적 매력이나 호감 정도로 치부한다.

그들에게는 일관된 감정이 결여돼 있다. 심리학에서는 이를 엄마와의 공생관계 분리가 결여된 탓으로 본다. 자신의 업적과 능력은 사실이 아니며 주변 여건의 기만에 따른 착각이라고 느낀다. 따라서 그들은 탄로날지 모른다는 상시적인 두려움으로 고통을 겪는다. 이것이 진짜 엄마에게는 어떤 양상으로 나타날까? 자식은 날마다 엄마에게 전화를 걸어 걱정하고 챙긴다. 하지만 이런 행위는 말만으로라도 엄마가 자신을 어루만져주었으면 하는 감정의 소산이다. 역설적으로 이러한 가짜 사기꾼들은 자기가 진짜 사기꾼이라는 것을 스스로 입증하기 위해 잘못된 짓을 연출한다. 실수라는 징벌을 통해 자신의 진면목을 확인하는 것이다. 게다가 사기꾼 증후군은 일은 과도하게 하면서도 '실수하면 어쩌나' 하는 두려움 때문에 실천력, 결단력이 약하다.

반대로 '진짜' 사기꾼은 자기의 이야기를 즉각 영웅담으로 변환하고 자아를 실현한 성공적 인생을 제 것인 양 취한다. 그들은 인생 계획이라는 시의적절한 말을 글자 그대로 받아들인다. 자유로운 사회에서 지켜야 할 약속으로 통하는 법규나 그것을 지키지 않음으로써 뒤따를 손실도 무시한 채 행복, 출세, 성공적인 자기실현이라는 환상을 실현해간다.

심리학자 요제프 그륀베르거는 사기성 인물로 발전하는 출발점은—별로 놀랍지도 않지만—이미 어린 시절이라고 본다. 전문가의 견해에 따르면 그 당시 이미 뭔가가 잘못됐다는 것이다. 그륀베르거는 개인의 정체성은 아동기 초기에 발전하며, 정체성 완성 후에는 현실과 자기 삶에 대한 꿈 같은 상상 사이에서 일어나는 긴장을 견뎌낸다고 한다. 그러나 사기꾼의 경우는 그렇지 않다. 그륀베르거는 사기꾼에게 엄청난 '자아 취약성'이 있다고 진단한다. 자아가 취약하기 때문에 쉽게 현실의 제약을 뛰어넘는 것이다. 물론 보통의 성인도 한 번씩 환상의 세계 속에서 꿈을 꾸거나 역할 게임에 열광하기도 한다. 하지만 사기꾼은 하루하루의 삶을 그것으로 이겨내려 하고, 그렇게 하면서 형상조차 아주 뚜렷한 '환상의 나'를 발전시키는 것이다.

또 다른 심리학자 우어줄라 마이어Ursula Mayr는 이를 외적 현실과 내적 현실의 교집합을 형성하는 '사이 공간' 모델을 이용해 해석한다. 이 공간은 현실의 안과 바깥을 구분하면서도 그것을 서로 조화시키고 결속시켜야 한다는 일생의 과제에서 벗어나 휴식을 취해도 되는 곳이다. 이곳은 환상과 현실이 뒤섞인 지대로 백일몽, 환영, 의식과 상징 만들기가 일어나는 곳이다. 예술과 종교의 공간이다. 이 모델에 따르면 사기꾼은 전 생애를 이 '사이 공간'에서 보내는 것이 분명하다.

이 현상은 대개 그럴싸한 '가족 소설'의 고안과 함께 일어난다. 이 소설에서는 전능한 아버지와 완벽한 어머니가 등장해 중요한 역할을 수행한다. 그렇기 때문에 사기꾼은 실제 세계에서 자기 교육을 책임지는 사람을 대개 못 견뎌 한다. 실제의 보호자가 보여주는 인간적 한계를 받아들일 수 없는 것이다. 그들은 육친을 사기꾼이라고 상상한다.[1] 사기꾼 기질의 인물은 종종 '개인적 신화'를 전개하기도 한다. 거기에는 어린 시절의 기억과 환상이 뒤섞인다. 이 기억으로 실제의 일이 감춰지기도 하고 드러나기도 한다. 사기꾼으로서의 출세 가도를 달리는 동안 새로운 진실이 여기에 추가되어 정신적 고통의 재료들을 감추고, 그럼에도 불구하고 세세하게 진실을 그대로 간직할 수 있다.

　　　그러나 전문가의 견해에 따르면 이로써 실제의 부모가 책임을 면하는 것은 아니다.

　　　"부모와 자식 관계를 분석해보면, 자식을 어느 정도 의식적으로 '돋보이게' 하려는 대상은 바로 부모일 수 있음이 드러난다. 자식으로 하여금 부모 자신이 원했던 삶을 살도록 몰아붙이는 것이 바로 그렇다."

　　　사기꾼으로 행세하도록 토대를 깔아주는 존재가 부모만이 아님은 두말할 나위가 없다. 그륀베르거의 확신에 따르면 모든 잠재적 사기꾼이 반드시 범죄자가 되는 것은 아니다. 대다수는 아주 정상적인 경력을 쌓는다. 많은 다른 정신병적 인물과 마찬가지로 현실과 환상의 세계 사이에서 사회적으로 용인하는 균형에 이르는 데 성공한다.

　　　사기꾼에도 다양한 부류가 있는데 좀 덜 심각한 버전에 해당하는 사기꾼은 아주 뛰어나거나 심지어 프로 운동선수라는 날조된 과거

―――――――1. 그리고 그들은 사악한 '양부모'이며 이해심 많은 '진짜' 부모가 존재한다는 희망 어린 상상은 계속 살아남는다.

로 자기 전설에 맛을 보탤 수도 있다. 그렇게 하면 심각한 신체 손상도 훌륭히 가공할 수 있다. 널리 알려진 것처럼 사기꾼 성품 형성에는 가정 내 분위기가 영향을 미친다. 가족이 비교적 높은 사회 계층으로 올라가려 할 때 아버지는 원칙적인 영향력을 행사한다. 끝이 안 보이는 위기의 현실은 당연히 망할 수 있다는 두려움을 만든다. 이는 일상의 삶에서 엄청난 스트레스를 생성하며, 더 나은 삶을 위한 계획은 고달픈 눈속임으로 유지된다.

전에는 지루하기는 해도 안정적인 인생행로를 걷는 부모들이 많았다면, 오늘날 미래의 분배 전쟁에서 제 자식을 살아남게 하려고 별별 희한한 행위를 하는 부모가 생기는 이유는 '살아남지 못하면 어쩌나' 하는 두려움 때문이다. 그래서 신분상승을 향한 몸부림은 더욱 과격해진다. 또 이러한 신분상승의 꿈에서 뭔가 잘못되면 다시 원래로 되돌아가게 되고 그 수치심으로 인해 아이의 내면에 심리적 불안이 생겨난다. 아이는 이런 힘겨운 상황에서 자신이 상상하는 역할을 수행하는 게임을 한다. 사기꾼도 게임하는 순간에는 완전히 그 역할에 푹 빠진다. 하지만 아이와는 달리 그는 종종 그 게임을 끝내지 않고 그것을 게임이 아닌 진짜로 만들려고 한다. 어떤 역할을 실행할 때 사기꾼은 피해자가 나중에 자신에게 어떤 태도를 보일지 고려하지 않으며, 또 정체가 탄로나는 일은 상상 능력 바깥에 있는 먼 미래라고 생각한다.[2]

우리가 당신 자신보다 더 잘 살기를 부모가 원했으니 우리는 모두 심리치료용 소파로 가서 누워야 할까? 그렇지 않다. 실제로 우리에게는 사기라는 세계보다 더 강한 힘이 존재한다. 이 힘의 한가운데에는 삶에 대한 보편적 소망이 위치해 있다.

복음 같은 심리치료

미국의 텔레비전 시리즈 〈소프라노스The Sopranos〉는 다년간에
걸쳐 성공을 거둔 덕에 고전의 반열에 올랐다. 주된 스토리는 우울증에
시달리는 마피아 우두머리 토니가 심리치료를 받는 내용이다. 신경쇠약
을 겪는 보스는 마지못해 도움을 요청한다. 그를 치료하는 의사는 너무
나 매력적이고 자유분방한 제니퍼 멜피. 보스는 의사에게 치료를 비밀로
해달라고 요청한다. 사악한 친척들에게 간섭과 잔소리를 듣지 않기 위
해서다. 후에 이 시리즈는 정신과의사가 우리 사회의 은밀한 무당이 되
었음을 보여주었다. 전에는 그저 악인에 불과하다고 간주되던 토니 같
은 무자비한 살인자조차 오늘날에는 보살핌을 필요로 하며, 심리치료사
를 통해 '치료될 수 있는' 환자로 다뤄지는 것이다. 전에는 그냥 기분이
좀 나쁜 사람이었지만, 오늘날에는 그런 사람의 특징이 '꽤나 광범위하
고 모호한 개념인 심리 장애'의 하나가 된다. 승승장구하는 정신분석 및
심리치료 세계에 대한 연구에서 사회학자 에바 일루즈Eva Illouz가 그렇게
단언한다. 전문가들은 정신건강이라는 환상을 토대로 갈수록 '신경성 불
행'의 이유를 더 많이 만들어낸다. 그것은 우리가 살아가면서 (그리고 가

---

2. 신분을 뻥치는 사기꾼은 늘 남의 인정과 애정을 차지하려 애를 쓰고, 자신
이 애정 받을 만한 사람임을 입증하자마자 늘, 그리고 필연적으로 자신과 함께 살아가는 사
람들을 실망시킨다. 이 과정에서 사기꾼들은 자신을 낯선 이름 뒤에 감춰야 한다는 강박 때
문에 고통을 겪는다. 그는 가짜 이름, 가짜 정체로만 다소 현실에 적합한 환상을 실현시킬
수 있는 것이다. 그런 사기꾼은 진정한 자아, 진짜 이름을 별 가치가 없거나 짐스럽다고 느
낀다(비록 신분 사칭의 재주는 매우 잘 인정할 줄 알면서도 말이다). (Helene Deutsch, "The Impostor.
Contribution to Ego Psychology of a Type of Psychopath", Psychoanalytic Quarterly, 24, 1955.
483p.)

장 심각한 결과를 야기하는 어린 시절에) 획득하는 온갖 결함이다. 우리의 '진정한 자아'를 해방시키고 자아를 실현하기 위해서 이런 결함을 극복할 필요가 있다는 것이다.

이들 전문가의 활동 영역은 아주 넓다. 그래서 심리분석가 마르가레트 말러Margaret Mahler는 이미 1970년대에 이렇게 단언했다.

"자기에게 최대의 관심을 보여주는 엄마가 있고, 필요한 것을 다 제대로 갖춘 아이조차도 분리와 개별화의 과정을 극복하지는 못한다는 사실은 인간 본성의 일부인 것 같다."[3]

지난 수십 년 동안 치료문화는 점점 대중화되는 추세다. 직장에서의 코칭,《여성이 너무나 사랑한다면》또는《너 자신을 사랑하면 그 누구와 결혼하든 상관없다》등과 같은 책의 형태를 취한 부부 상담, 아주 널리 퍼진 자기계발 도서, 자조自助 그룹, 텔레비전 토크쇼 또는 친구와의 '심리 토크' 등 그 형태는 매우 다양하다. 이러한 '치료적 대화'는 다양한 경로를 통해 우리 존재 내부로 스며들어, 정신적 고통을 극복해가는 가운데 언젠가는 진정한 자아로 나아간다는 주장으로 먹고산다. 우리가 할 일이란 그런 정신적 고통에 대해 충분하고도 제대로 말하는 것뿐이다. 건강과 자기실현은 이런 생각 속에서 사실상 서로 중첩된다.

우리는 '겉으로는' 아주 괜찮을 수 있다. 그러나 그럼에도 불구하고 그 옛날의 유해한 찌꺼기로 인한 정신적 충격은 자아를 실현했다고 느끼는 것을 방해한다. "이 이야기의 핵심에 자리 잡고 있는 것은, 사람들이 과거의 고통에서 벗어나기 위해 그 고통에 매달려 추억하고 있다

_____ 3. Illouz, 297~298p.

는 것"이라고 에바 일루즈는 말한다. 미국의 유명한 토크쇼 진행자인 오프라 윈프리는 자신이 겪은 정신적 고통을 이야기함으로써 그것을 자기 정체성의 중심 요소로 삼았을 뿐 아니라 그 과정에서 미국의 대표적 치료사의 반열에까지 올랐다.

　　　그녀의 자기 체중과의 싸움 "몸무게 수치는 곧 내 인생의 짐 무게를 의미합니다"도 정신적 고통에 대한 이야기의 구성요소가 된다. 성적 활동 "내가 그렇게 하지 않은 것은 사방을 돌아다니며 성관계 갖는 것을 멋지다고 여기지 않아서가 아니라 내가 그것을 한 번 시작한 후 다른 남자들이 내게 화내는 것을 원치 않았기 때문이지요" 및 불행하게 끝난 애정관계 "나는 매번 연애 관계를 맺으면서 제대로 대접받지 못했는데 내 스스로 그럴 만하다고 믿었기 때문이었어요" 역시 마찬가지였다. 윈프리는 전에는 존재조차 몰랐던 배다른 여동생 패트리셔와의 만남도 당연히 텔레비전에서 해냈다.[4] 그런 정신적 스트립쇼의 첨단은 특히 유명인사의 경우 대개 책을 통해 '비극의 인생사' 형태로 나타난다. 윈프리는 〈빅브라더Big Brother〉 같은 사이코 캠프 또는 그것과 유사한 토크쇼나 리얼리티 쇼 등 쓰레기 같은 텔레비전에서 제공하는 통속적인 치료법을 넘어서서 그녀의 자아에 주목해달라는 엉뚱한 소리를 해댄다. 자신을 스스로의 부족함과 씨름하는 자아로 연출해 강력히 부각시키는 것은, 심약한 인물들이 자신을 '피해자' 또는 '환자'로 연출해 남들로부터 진지하게 받아들여지고 공개적으로 인정을 받는 유력한 방법이다.

_____4. L. Randolph, "Oprah opens up about her Weight, her Wedding, and why she withheld the Book", 〈Ebony〉 1993. 10. 130p, 〈Oprah Winfrey Show〉 2011. 1. 24.

기막힌 진짜

진짜란 대체 무엇일까? 또 한 인간 또는 우리 자신이 진짜인
지 어떻게 인식할 수 있을까? 여기에서 우리는 짙은 안개와 맞닥트린다.
생각을 하도록 넉넉히 공간을 제공하는 안개다. 흔히 자아란 변하지 않
으며 형상을 지녀 마치 거친 돌로 만든 조각상처럼 바깥에 내놓을 수 있
다고 보는 것은 매력적으로 들린다. 하지만 이는 일상적 경험에는 부합
하지 않는다. 예컨대 인성발달을 연구하는 사회심리학자 발터 미셸Walter
Mischel은 인간의 행위는 자아의 단독적 특성을 통해서라기보다 오히려
흐름 상태에 있는 인성변수와 하나의 상황이 주는 여건에 의해 규정된
다고 본다. 우리는 그럴 때에만 높은 도덕 수준을 지닌 원칙에 충실한 인
간으로서, 적절한 계기만 있으면 무척 비열해지면서 그 사실에서 아무런
모순에도 빠지지 않고 위기에 처하는 일도 없음을 인정할 수 있다. 그럴
때에만 우리는 예컨대 지금 일을 하고 있는지, 옛 친구들과 한잔하러 가
고 있는지, 아니면 집에 있는지에 따라 서로 다른 형태의 자아로 행위 한
다는 것을 견딜 수 있다. 이들 상황 하나하나마다 우리의 생각과 행위가
우리가 자아의 표상이라고 만들어놓은 것과 일치하는지를 매번 물어보
지 않는 것이 좋다. 어쨌든 우리는 주기적으로 스스로에 대해 깜짝깜짝
놀란다.

우리는 진짜라는 안개를 어떤 도구로 찌르는가? 자아에 매달
리면 자기실현이라는 목표로 가게 되는가? 짜증을 유발하는 군살을 스
포츠센터에서 운동으로 빼서 보기만 해도 흐뭇해지도록 몸을 만들어 꾸
미듯 말이다. 하지만 그렇게 단순하지가 않다. 왜냐하면 우리의 머릿속
'근육'이 '자아실현'의 문턱에 이르렀는지, 아니면 그 근육이 자아연출

을 위해 훈련되는 것은 아닌지 분명치 않기 때문이다.[5] 과거의 고통과 개인적 결함 간의 불분명한 인과관계는 대개의 경우 그저 하나의 주장으로 머문다. 이때 특별한 역할을 하는 것은 언어다. 정신적 고통의 경험은 (종종 판에 박은 듯한) 개념과 어구를 수단으로 해서 나중에야 비로소 하나의 '유의미한' 이야기로 형성되기 때문이다.

사기꾼들은 이 언어로 자신의 허구적 정체를 그럴싸하게 전달하고 스스로도 믿기 시작한다. 그들은 자신의 일대기를 매번의 필요성에 맞게 창작하고 팔아먹는 데 도사다. 일대기가 한 사람을 이해하는 데 필요한 열쇠라고 할 때, 그것을 창조적으로 잘 다루는 것은 거짓말과 자기기만 행위로 무한히 나아가는 바탕이 된다. 반대로 자기 과거를 상호 이해의 바탕으로 만들 준비가 되어 있지 않은 개인은 의심을 받는다. 개인은 뭘 숨겨야 할까? 사람들은 이런 논리에서 그냥 빠져나오지 못한다. 소통을 위해서든 자기 확신을 위해서든 우리는 언어에 의지하기 때문이다.

그러면서 언어는 자신과 남에게 뭔가를 보여주는 가장 강력한 매체이기도 하다. 뭔가를 의식하고 '그것에 대해 말하기'가 얼마나 음험할 수 있는지는 미국의 인지심리학자 조너선 스쿨러Jonathan W. Schooler와 잉스틀러-스쿨러T.Y. Engstler-Schooler의 연구가 잘 보여준다. 두 사람은 다양한 시도를 통해 '언어 가림 효과'를 확인했다. 예컨대 피험자에게 얼굴을 보여준 다음 다시 그 얼굴을 마주볼 때 인식하도록 하는 과제를 주었는데, 얼굴을 보기 전에 미리 말로 그 얼굴을 기술한 다음에 확인하게 하자

---

5. 추측건대, 현대 사회에서 개인의 행복한 삶이라는 요구를 유지하기 위해 진짜 자아라는 환상을 우리는 그 어느 때보다 많이 필요로 하는 것 같다.

얼굴 인식 적중률이 훨씬 낮아진 것이다.

진짜 인물이고자 하는 목표에 대해서는 쾰른 대학의 자료도 주목할 만하다. 학생을 상대로 한 이 연구는 자기 개성에 대한 각각의 평가가 얼마나 미확정적이며 조작에 취약한지 보여준다. 미래의 자아그것은 순전히 사변에 기초한다라는 모호한 그림은, 어쨌든 실제의 기억에 근거한 것일 수 있는 과거의 자아라는 그림과 똑같은 정도로 현재의 자기 평가에 강력한 영향을 미친다.[6] 이를 우리의 실제 기억은 시간이 지날수록 점점 더 큰 차이를 보이면서 더 크게 '허구화'된다고 표현할 수 있다. 이는 우리 모두가 알고 있는 경험이다. 예컨대 어린 시절 이야기를 수십 번 읊어대다가 갑자기 말을 멈추고 잠시 생각하는 것이다. 내가 정말 그것을 경험했는가, 아니면 내 이야기를 통해 비로소 이런 기억으로 발전한 것인가?

듣기 좋은 말로 참 자아를 찾아 나서게 하는 웰니스Wellness나 필굿Feelgood 관련 서적들은 끝없는 자기 탐구의 길에서 방해가 되는 걸림돌에 대해서는 의도적으로 입을 다문다. 우리를 모든 종류의 뻥에 취약하게 만드는 것들도 똑같은 자극이요 방해 요소다.

자기기만의 유용성

사람은 스스로를 이해하는 데 정말 이렇게 시원찮은 정도인가? 그렇다고 말하는 쪽은 철학 분야만이 아니다. 우리 본성에 내재한 기

---

6. J.W, Schooler & T.Y. Engstler-Schooler, "Verbal Overshadowing of Visual Memories -Some Things are better left unsaid", *Cognitive Psychology*, 22, 1990. 36p.

만 성향을 봐도 그렇다. 애정 관계를 처음으로 개시하거나 취업 면접, 아니면 그저 일상 속에서라도 상관없다. 자신의 좋은 면을 드러내려 하고 사회적 공존관계 속에서 대책 없는 솔직함"이봐요, 오늘 당신 꼬락서니 정말 끔찍해", "과장님, 죄송합니다. 하지만 과장님은 경영에 대해 정말 아무것도 모르세요. 제가 더 잘 할 수도 있는 일 아닙니까?" 등으로 외톨이 신세로 전락하는 꼴을 당하지 않으려면 사람은 어쩔 수 없이 미사여구, 헛소리에 다소간의 과장을 활용하게 된다. 그러나 그것이 솔직한 사람이 되자는 우리의 요구와 어떻게 양립하는가? 표현, 어휘선택 및 얼굴 표정에서의 불확실성과 부적절성은 이런 상황에서는 즉각 의혹을 불러일으킨다. 그러므로 특별히 설득력 있게 거짓말을 하고 사기를 칠 수 있도록 우리 본성은 또 다른 엑스트라를 예비해두었다. 바로 사실이 아닌 것을 사실로 확신하는 능력이다.

　　　온 세상에 다 알려진 저 '위대한' 뻥 사건들은 그저 드라마의 클라이맥스일 뿐이다. 왜냐하면 사기꾼들은 유명한 경우를 포함해서 모두 갈수록 무성해지는 거짓말 구조를 위해 특히 설득력 있게 행동해야 하며, 복잡하기 짝이 없는 거짓말의 전체 구조를 한눈에 조망해야 하기 때문이다. 이는 자신조차 사기에 완전히 푹 빠지지 않으면 불가능하다. 위르겐 하르크센Jürgen Harksen 같은 금융 사기꾼과 다르지 않게, 그들은 사업상의 식사 약속을 위해 실제로 식당으로 간다. 그러나 실은 다른 사람에게 거짓 일정을 둘러대느라 꾸며낸 식사 약속이다. 그런 다음 현장에 가서야 자신이 스스로의 거짓말에 속아 넘어갔음을 확인한다. 이들이 내세우는 모토는 '거짓말은 살아 있다!'다. 그러나 정체가 드러난 이후에도 다수 사기꾼들은 자신의 행위를 옹호한다. 그들은 사람들이 속아 넘어간 것에 대해 책임을 져야 할 것은 우리 사회의 사악한 욕심이라고도 하고,

자신의 행위를 통해 벗겨내려 했던 것은 아주 거대한 규모의 사기라고
둘러댄다.

예컨대 앞에서 언급한 게르트 포스텔Gert Postel이 등장하는 것이
다. 우편집배원 직업 교육을 이수한 그가 어떻게 수년 동안 정신과의사
노릇을 할 수 있었는지에 대해 그 자신은, 정신과 전체가 사기꾼들이 운
영하는 가장무도회라서 가능했다고 이유를 댔다. 그 외에도 포스텔은 자
기 행위를 정당화하기 위해 치료사들의 기본 입장을 그대로 견지했으며,
자신이 과거에 체험한 트라우마를 언급하기도 했다. 그는 열네 살 때 직
접 주말 동안 아동 및 청소년 정신병원에 있어봤다고 한다. 학교 성적이
나빠서 집을 나와 그리로 도망쳤다는 것이다. 작센 주의 한 병원에서 벌
인 범죄행각으로 포스텔은 정체가 탄로난 이후 정신병원 반대운동의 아
이콘이 되기도 했다. 경의를 표한 것이다. 자신에게 내려진 '자아도취성
인성장애' 진단을 가리키며 그는 이 경의를 받아들인다.

인간의 자기기만 능력은 하나의 학문이 되었다. 이해할 만하
다. 행동의학에서는 자기기만이 건강에 도움이 된다고까지 간주한다. 환
자가 자기 건강상태가 얼마나 나쁜지 속속들이 알지 못할 때 더 나은 치
유 효과가 나타날 수 있다는 것이다. 한 연구에 따르면 수술이 임박했다
는 생각을 하지 않은 환자들이 사전에 수술에 대한 생각에 몰두한 환자
들에 비해 수술 후 합병증으로 인한 고통을 훨씬 덜 겪었다. 미국의 심리
학자 대니얼 골먼은 질병 퇴치 또는 질병 무력화에 정신적 과정이 개입
한다고 보았다. 이 과정은 신체 내 호르몬 분비에 작용해 견딜 수 없는
고통을 일시적으로나마 차단한다는 것이다. 말하자면 손상된 몸을 보호
해주는 메커니즘에 비교할 수 있다. 모르핀이 고통을 잠재우듯 자기기만

은 두려움을 억누를 수 있다. 물론 그것에 상응하는 현실감 상실이라는 대가는 어쩔 수 없이 지불해야만 한다. 질병이나 부상으로 인한 생존 위협은 현실 속에 그대로 남는다. 문제는 진정제처럼 기능하는 신체 내 '마약'인 자기기만 역시 중독성이 있는가 하는 점이다.

거짓말 없이는 호모 사피엔스도 없다?

자기기만이라는 현상은 첫눈에 모순적으로 보인다. 어떻게 한 사람이 하나의 사기에서 범인이면서 동시에 피해자일 수 있을까? 하지만 뇌 속에서 진행되는 사고 과정을 보면 사람은 자기 자신을 속일 수 없음을 암시한다.

한 번쯤 이런 일을 겪은 적이 있을 것이다. 동료와의 대화에서 우리가 특정 견해를 표명했다. 한 주 뒤또는 한 시간 뒤의 회의에서 그 동료는 완전히 똑같은 생각을 얼굴도 붉히지 않고 아주 확신에 차서 마치 자기의 것인 양 떠들어댄다. 이것이 꼭 사기 의도와 관계가 있다고 말할 수는 없다. 그저 그의 뉴런이 무의식적으로 그렇게 흘렀기 때문일 수도 있다. 남의 공功을 자기 것인 양 으스대는 그는 그 구도가 자신의 생각이라고 느끼는 것이다. 만약 그런 뻔뻔함에 분노가 치민다면 '우리의' 생각이 똑같이 생겨났을지도 모름을 한번 생각해봐야 할 것이다.

1980년대 이래 몇몇 인지과학자들은 수천 개의 미니어처 뇌가 그려진 그림을 이용해왔다. 기억하기 쉽도록 하기 위해서다. 미니어처 뇌는 우리 뇌소위 모선(母船) 속에서 자신에게 할당된 작은 소임을 행한다. 이 '정신 모듈' 각각은 자기가 맡은 과업은 완벽하게 처리하는 전문가로 기능하지만 그 이상은 아무것도 하는 게 없다. 미국의 진화심리학자 데이비드 리빙스턴 스미스David Livingstone Smith에게 뇌는 이로써 오히려 "위원회에 봉사하는, 개별적으로는 천재인 바보"와 같다. 그리고 이런 토대 위에 정체성으로 형성되는 모든 것은 다소 임시적인 것으로 남을 수밖에 없다. 스미스는 경쟁자를 압도하기 위해 갈수록 더 정교하게 사기를 쳐야 한다는 진화론적 압박 덕분에 인간이 고도의 정신적 잠재능력을 갖게 된 것은 거짓말의 유일한 이유가 아니라고 확신한다. 그러나 한편으로는 거짓말이 없으면 호모 사피엔스도 없다고 주장한다. 그리고 자신을 속이는 능력은 남을 기만하는 데 더 효과적이다.

인간의 자기기만 능력이 어떻게 유전자의 우성 자질로 발현될 수 있었는지 밝히는 일은 인간의 원초적 본성을 탐구하는 과학자들에게는 짜릿한 과제다. 왜냐하면 뇌는 다른 체내 조직과 동일한 선택 내지 도태의 과정을 따랐기 때문이다. 진화 과정을 겪은 우리 인간도 기계적으로 생존을 추구하는 존재로, 더 많은 유전자를 생산하도록 유전자에 의해 프로그래밍되어 있다고 보는 극단적 진화 과정 모델조차도 한동안 특별한 인기를 누렸다. 이런 견해를 대표하는 가장 유명한 이가 바로 영국의 리처드 도킨스Richard Dawkins다. 그의 견해에 따르면 모든 생물을 확고하게 장악하고 있는 것은 유전자이며, 이 유전자가 내리는 유일한 지침은 유기체를 유지하고 가능한 한 자주 재생산하는 것이다. 도킨스의 저서 중 가장 많이 읽힌 책에는 그런 견해가 그대로 반영된《이기적 유전자The Selfish Gene》라는 제목이 달려 있다. 이 책이 오늘날까지 (적어도 초보자에게는) 계속 인기를 얻는 것은, 인간 본성에 대한 모든 어려운 질문에 이 이론이 너무나 단순한 답변을 제공한 덕분이다. 인간을 자기 복제에 환장한 유전자를 담는 용기로 해석하는 것에 대한 반발조차도 이 이론에서 비열하게 변형되어 자기기만 및 거기에 수반되는 실체성 상실이라고 설명한다. 달리 표현하면 "생존 능력이 더 우수함을 증명해주는 것은 무엇인가? 이 삶은 의미가 없으며 인간 자체는 중요하지 않다는 믿음인가, 아니면 인간은 중요한 어떤 연극의 스타라는 믿음인가?"[7] 하는 것이다.

자신과의 대면

뇌가 잘못된 정보를 준다거나 심지어 속이기까지 한다는 점은 이미 검증되었다. 개인의 자기 평가와 본디 행태 간의 관계는 기껏해야 느슨한 정도인데, 고교 졸업생을 상대로 자신이 리더가 될 자격이 있는지 묻는 설문조사에서 70%가 자신이 재능을 갖고 있다고 밝혔다. 단 2%만이 평균 이하의 재능을 갖고 있다고 평가했다. 이를 입증하는 간단명료한 사례로 침실에서든 도로에서든 '교통' 참여자로서의 자신에 대한 과대평가를 들 수 있다. 대다수는 자신이 자동차를 평균 이상으로 잘 몬다고 확신하는 것이다. 면허증이 없는 사람도 다 포함할 때에만 나올 계산이다.

자기기만 메커니즘의 꿍꿍이속을 들여다보기 위해 미국의 심리학자 루벤 거Ruben Gur와 해럴드 새케임Harold Sackeim은 실험의 배경을 피험자에게 알려주지 않은 채, 피험자에게 녹음된 목소리를 들려주었다. 30여 개의 목소리 샘플에는 각 피험자의 목소리 샘플 다섯 개도 함께 들어 있었는데, 한 그룹은 자기 목소리를 전혀 들을 수 없다고 했고, 다른

_____ **7.** 심리학자 데니스 크렙스(Dennis Krebs), 캐시 덴튼(Kathy Denton), 낸시 히긴스(Nancy Higgins)의 견해. Volker Sommer, *Lob der Lüge*, München, 1993, 139p.

쪽은 가끔 내지는 자주 들린다고 했다. 이제 피험자들은 자기 목소리가 들린다 싶으면 단추를 하나 누르고, 다른 사람의 목소리가 들린다 싶으면 다른 단추를 누르라는 지시를 받았다. 거짓말탐지기와 비슷하게 단추를 누르지 않는 손의 두 손가락에서 신체 반응을 측정했다. 반응 시간, 심장박동, 호흡 빈도 및 혈압과 더불어 소위 '피부 전류반응'을 측정해보았다. 그렇게 함으로써 거짓말할 때 나타나는 흥분을 포착하려는 것이다. 혈압이 상승하고 호흡 빈도가 빨라지면 피부의 전기저항이 저하된다. 두 연구자는 피험자들이 제 목소리를 들을 때 벌써 피부 저항이 증가함을 확인했다. 그리고 그 저항은 자기 목소리를 제대로 확인했을 때 특히 더 높았다. 반대로 낯선 사람의 목소리를 올바로 확인했을 때에는 낮았다. 그런데 목소리 구분을 제대로 못했을 때 흥미로운 결과가 나타났다. 자기 목소리를 남의 목소리라고 판단한 경우 피부 저항은 그럼에도 불구하고 높았다. 또 남의 목소리를 자기 목소리라고 여겼을 때 피부저항은 그럼에도 불구하고 낮았다. 뇌가 엉뚱한 결정을 내려도 피부는 바른 답을 내놓은 것이다.

그런데 피험자들은 자기기만에 대해 어떤 이유를 갖고 있었을까? 이에 대해서도 연구자들은 설명을 내놓았다. 각 피험자에 대해 ("행하거나 말하지 말았어야 할 일에 대해 종종 걱정을 하는가?" 같은 질문이 담긴) 설문지를 통해 자신이 그러하리라 믿는 것과 자신이 그러했으면 좋겠다 싶은 것 사이의 개인적 불일치, 다시 말해 소망과 현실의 차이를 조사했기 때문이다. 이런 불일치는 '자기부정'의 경우에 특히 높게 나타났다. 그러니까 이 실험에서 자기 목소리를 제대로 인식하지 못한 경우가 빈번했던 피험자들이 자신과의 논쟁을 꺼린다는 것이다. 반대로 남의 목소리를 종종 자신의 것이라 판단한 사람들은 설문에서 높은 만족도를 보였다. 이러한 자기확신을 두 학자는 자아도취적 자기확대라고 해석했다. 자신과의 대면은 쉽지 않은 문제며 각각의 반응은 자기 목소리나 거울 속의 피곤에 찌든 자기 모습을 만나는 것과는 상관없이 자존감에 달려 있음이 분명하다.

연구자들은 다른 실험에서 피험자에게 지능검사를 받게 했다. 절반은 특별히 어려운 문제를 풀어야 했다. 자기 머리가 나빠서 요구 조건을 충족시키지 못한다고 믿게 하기 위해서였다. 다른 절반은 말도 안 되는 간단한 문제를 받아 이 테스트로 자신이 진짜 머리 좋은 사람이라는 기분 좋은 느낌을 갖게 했다. 그런 다음 진짜 테스트가 이루어졌다. 설문 결과, 자신에 대한 부정적 조작이 행해진 피험자들은 긍정적 조작이 행해진 이들에 비해 자신을 '두려움, 우울, 적대감' 같은 범주와 훨씬 더 자주 연관시켰다. 게다가 그런 다음에 다시 목소리 인식 실험이 이어졌다. 거기서 패배자들은 자기 목소리를 인식하지 못하는 경우가 빈번했다. 말하자면 '자기부정'을 행한 것이다. 반대로 승리자 측은 실제보다 더 자주 자기 목소리를 인식해 '자기확대'의 경향을 보였다.[8]

이 실험에서 주목해야 할 사실은 자기기만 작용이 외부 영향에 크게 의존해 있음이 분명하다는 점이다. 이에 따라 우울증 같은 정신적 결함은 (물론 실험 두 번째 부분에서 모의실험된 것이라고는 해도) 문

_____
[8]. 루벤 거와 해럴드 새케임의 실험. Sommer, 121p. 원서는 Gur, C. Ruben & Sackeim, Harold A., "Self-deception: a concept in search of a phenomenon" *Journal of Personality and social Psychology*, 37, 1979. 147~169p.

제가 있는 상황이나 삶의 위기에 대한 그럴싸한 반응으로 해석될 수 있다. 다른 정신적 장애에 비해 현저하게 널리 퍼져 있는 우울증에서 유용성을 찾는 연구자들이 실제로 있다. 한시적으로 우울증으로 고통받는 사람이 전 인구의 7%에 이른다. 우울증이 있는 사람들은 자신의 인생 상황을 '정상적인 자기기만자'와 달리 대개 환상을 배제한 채 더 현실적으로 평가한다.

그런데 늘 부정적인 생각을 곱씹고 자신을 무자비하게 해체하며 존재 의미에 대한 질문으로 머리를 쥐어짜며 고민하는 자학적 과정이 어떻게 유용할 수 있을까? 정신과의사 폴 앤드류스Paul Andrews와 앤더슨 톰슨Anderson Thomson은 우울증의 유용성에 대한 자신들의 이론에서, 우울증이란 삶의 위기를 극복하기 위해 분석적으로 파고들다보면 수반되는 것이라고 강조한다. 앤드류는 "뇌가 하필이면 가장 많이 사용될 때 제 기능을 하지 못한다는 것은 우리로서는 논리적이라고 보기 어렵다. 아마도 뇌가 다만 특별히 일관되게 하나의 탈출로를 찾는 것인지도 모른다"[9]라고 말했다. 두 학자는 자신의 이론을 부분적으로 신체적 원인도 갖는 심한 우울증에 대해서는 거의 적용될 수 없다는 정도로 제한했다. 그러나 그들은 비교적 심하지 않은 일시적 우울증 형태는 인생 위기극복의 중요한 구성 요소라고 확신한다. 이렇게 되면 우울증은 자신과 남을 속이려는 경향, 즉 뻥의 대립자라는 모습을 갖는 것이다.

우리 시대에 자기실현이니 진짜니 하는 구호가 그렇게 중요해

_____**9.** Andrews, Paul W. Thomson, J.Anderson, Jr. *Psychological Review* *Vol.116(3)*, 2009. 7. 620~654p. 〈Frankfurter Allgemeine Zeitung〉 2010. 3. 7.

졌으면서도 그 형태는 안개처럼 불분명함을 살펴보았다. 진정한 자아를 찾아야 하면서도 늘 변할 수 있고 실험 능력도 갖춘 상태를 유지해야 한다는 데에 근본적인 모순도 분명 있다. 고도로 역동적이면서도 지향점이 없는 사회가 구성원에게는 그 이상을 요구하고 있기 때문일 것이다.

아마도 '진정한 자아'에 대한 숭배는 삶의 다양한 선택 사항과 존재에의 두려움 사이에서 가랑이를 벌리고, 피할 수 없는 피로감에 대비한 경계 태세를 유지하기 위한 가장 효율적인 길인 듯하다. 그런데도 게임에서 살아남는 데 성공하지 못한 사람들은 바로 신경성 우울증에 이르게 되며 거기에 해당하는 사람은 갈수록 늘어난다.

그러나 이 녀석의 경우 이름이 언급되지 않는 게 특징이다. 우울증은 매우 좋지 않은 이미지를 갖고 있기 때문이다. 이는 패배자, 늙은이, 불쌍한 사람, 아웃사이더에 대한 진단으로 통한다. (19세기 말까지만 해도 상황은 그렇지 않았다. 그때까지만 해도 이런 상태는 멜랑콜리라는 개념으로 파악되어 아주 긍정적이고 생산적인 특성이 부여되었다.) 시대에 맞춰 우울증 대신 '번아웃Burnout, 탈진'이라는 표현을 더 자주 사용한다. 탈진은 요구 조건을 충족시키지 못했다거나 자기 자신에 대한 실패가 결코 아니다. 탈진은 추월 차선을 달려야 하는 직장 생활에서의 핏스톱pit-stop, 즉 수리도 하고 연료도 보충하는 공간이다. 이런 논리로 보면 그것은 능력이 탁월한 사람에게 청신적인 쥐가 난 것으로, 세계화 및 계속되는 제 몇 차 구조조정을 이겨내려고 누군가 자기의 모든 것을 다 쏟아 부었음을 의미한다. 미리엄 메켈Miriam Meckel 같은 언론학자는 탈진이 "종종 업적 증명서로 사용된다. 직업적으로 성공한 사람들이 가족을 갖고 자기 집을 갖고 주말 별장을 갖듯 어느 때인가는 탈진 상태에 이르게 된다"고까지 주장한다.

메켈 자신도 신경성 우울증으로 고통을 받아 그것에 대한 책을 썼다. 또한 토크쇼에도 출연했는데 이 '질병 고백'이 엄청난 성공을 거두었기에 메켈은 정신적 탈진마저 이용해먹고 "자신의 최대 위기조차도 돈벌이에 써먹었다"는 비난을 받았다.

가짜 질병이 판치는 세상

고통스런 이야기로 대중의 이목과 사랑을 얻는 기회는 누구에게나 주어지지 않는다. 사회학자 만프레드 프리싱Manfred Prisching은 희생자인 척하는 경향이 광범위함을 밝혀낸다.

"정치적 다툼이 있었으며 국가의 통제를 받는 분배전쟁에서 희생자 모습을 지니는 것은 강력한 무기의 하나다. 왜냐하면 희생자에게는 도움을 주어야 하기 때문이다. (……) 멀찌감치 앞서갈 수 없음을 알아차린다면 (……) 감정의 눈금자 상의 다른 극단, 즉 희생자 패러다임으로의 방향 전환 말고는 길이 없다."

이 경우 '이익'은 주로 애정, 주목, 동정이라는 화폐로 지급된다. 따라서 이러한 주목을 얻어내기 위해 일상에서 여러 가지 무해한 전략 및 덜 무해한 전략이 투입된다. 그러나 이런 사회적 뻥이 얼마나 멀리 갈 수 있을까? 비교적 덜 해로운 것에서 시작해보자. 여기에 속하는 것으로는 고통스러운 척하는 것스트레스나 높은 성과 요구와 관련된 편두통이나 이명이 가장 좋다 혹은 실제 존재하는 증상 이상으로 과장하거나 극화하는 것이 있다.

이미 어린아이들도 이따금 그냥 반창고로 장식만 해도 주변의 걱정스런 이목을 자신에게 끌어모을 수 있다고 주장한다. 또 누구나 저절로 알게 되지만, 몇몇 상황에서는 자신의 정신적·육체적 약점을 강조하는 것이 주목을 구하는 데 유리하게 작용한다. 이런 습관은 정말 위중한 질병이 생길 때에도 당연히 계속된다. 노령화 사회에서 대화는 물론 친구 관계 까지도 각자의 고통에 대한 이야기를 중심으로 전개하면서 '질병 경쟁' 을 하는 것은 평생을 걸쳐 배양된 성과 윤리의 하나다. 이것은 사회적으로 기반을 잡은 인생기에 이루어지는 지위 비교시골 별장을 구입했다거나 승진했다 거나 아이들이 사립학교를 다닌다는 것 등를 점차 대체하며 노년층에게는 가장 희귀 하거나 가장 복잡한 질병을 가진 (그러나 그것에 대해 떠들 수는 있는 상 태인) 것을 자신을 위한 최대의 오락이라고 여기게 만든다.

　　　　그 와중에 전문가, 민간 병원 및 치료사 무리들은 병에 대해 빠삭한 환자들과 합심하여 몸이 좀 좋지 않다는 현상을 치료해야 할 질 병의 범주에 포함시키려 할 가능성이 있다. 의사이자 신학자 만프레트 뤼츠Manfred Lütz가 단언하다시피 이들은 "자기 관찰을 과장함으로써 스스 로를 정신장애 환자라고 몰아가는" 사람들을 다룰 준비가 돼 있다. 그러 니 서로에게 도움이 되는 사업이다. 환자는 주목을 받고 치료하는 이는 능력을 발휘함으로써 자아를 강화한다. 그리고 병원은 매출을 올린다. 그래서 탈진 외상 후 스트레스 장애 및 경계성 장애 진단이 인플레 현상 을 보이는 지경에 이르게 된다. 이런 전개는 뤼츠에 따르면, 결국에 가서 는 사기성 환자 또는 상상 환자가 정말 심각한 환자의 치료 자리를 빼앗 아 정신과의사를 비롯한 의사들의 주의력을 소모하게 한다. 물론 세계보 건기구WHO조차도 건강 개념을 매우 폭넓게 규정해 질병과 장애가 없는 상태에 만족하지 못한다. 세계보건기구 기준을 적용하면 건강이란 신체적, 정신적, 사회적 안락이 완전히 갖추어진 희귀한 상태를 의미한다. 그러므로 진정으로 건강한 삶을 사는 시간은 말하자면 초시계로 잴 수 있을 정도다.

아픈 척하기라는 주제와 관련해 가짜 건강염려증 환자, 그러니까 병이 있다고 말로만 티를 내는 사람들이 최대의 주목을 받는 것은 우리 시대의 한 징후다. 하랄트 슈미트Harald Schmidt 같은 방송계 유명인사는 건강염려증을 연출함으로써 이런 고통이 유행하도록 했으며 당대의 몇몇 사람들도 사방을 돌아다니며 병에 대해 떠들고 유식과 교양을 뽐내기도 했다. 건강염려증이 슈미트에게는 시대에 맞는 쇼 진행자 이력의 한 요소로 쓰였으며, 따분한 늙다리의 우스개 늘어놓기에 서서히 질려가던 그에게 제약회사 광고 출연으로 짭짤한 부수입을 안겨주었다. 이러한 가짜 건강염려증 환자는 지나치게 잘 먹인 푸들과 같다. 운동을 하지 않아 힘없는 다리를 후들거리며 복지사회의 안락 지대를 휘청휘청 걸어가고, 남의 동정심 덕에 겨우 대화에 끼어들며 곧 쓰러질 듯한 인상을 주는, 그러면서도 개 나이로 100살을 살아가는 그런 강아지 말이다.

이와 반대로 진짜 건강염려증 환자들의 경우는 아프다는 것이 자기 정체성의 가장 중요한 근거가 되며 인생의 스타일을 규정한다. 그들은 병들었다는 느낌을 제어하지 못하며 그렇기 때문에 그것을 연출할 수도 없다. 그의 인생은 병적인 병마공포를 특징으로 한다. 질병을 본업으로 하는 환자로서 그는 주위의 주목과 애정을 받지만, 결국 절대 만족하지 못한다. 그래서 이 의사, 저 의사를 찾아 돌아다닌다. 건강염려증은 '신체형' 장애군somatoform disorder, 심리적 요인이나 갈등으로 생기는 신체적 증상—옮긴이에 속한다. 그러나 신체검사를 광범위하게 해봐도 신체 문제라 할 근거가 없거나 있어도 대수롭지 않다는 결과가 나온다. 그러나 환자들은 이런 결과에 만족하지 못하고, 예컨대 이유를 알 수 없는 복통 내지는 하복부 통증, 빈맥頻脈, 음압陰壓 과민반응 또는 피부감각 장애와 마찬가지로 자기 몸에서 일어나는 증상의 원인을 알아내지 못했다고 믿는다. 건강염려증 환자는 그런 척하는 것이 아니라 질병공포증이라는 광기의 세계 속에서 살고 있으며, 그것 때문에 실제로 고통을 받는다.

가짜 질병 고조화의 여러 단계

독일이 통일되기 전병역 의무는 당시만 해도 젊은이들이 인생사에서 심각하게 고뇌하는 일이었다 군대에 가지 않으려는 청년들이 선호한 전략이 있다. 징병검사에서 스스로 심리불안이라고 진술하는 것이다. 양심의 순수성을 지키기 위해 복무 기간이 더 긴 공익근무를 해야 하는 용감한 입대 거부자들과는 달리, 아픈 척하는 이들은 지역 병무청에 가서 상대를 설득시킬 정도로 미친 척하는 쇼에 모든 것을 다 걸었다. 그 대가로 그들은 간절히 원하던 징병검사 T4급 판정을 얻는다. T4급이란 독일연방군에서 '일시' 활용불가 상태를 의미했다. 이와 반대로 병역의무자와 공익근무자에게는 이따금 '건막腱膜 염증'인 척하며 며칠 병가를 얻는 것 말고는 달리 할 게 없었다. 병역의무 철폐 직전에는 독일연방군의 신병 수요가 많지 않았던 탓에 '셀러리 알레르기'나 충치만 증명해도 훈련을 받지 않았다.

민간에서도 질병 가장은 늘 있는 일이다, 심각한 인생 위기와 탈출구가 보이지 않는 상황에 처하면, 도움이 제공되고 모든 성과에서 면제가 필요하다고 사회적으로 규정한 역할에 푹 빠져버렸으면 하는 욕구가 일어난다. 만성 질환자라는 것은 이런 상상 속에서는 낙인이 아니라, 서방 선진국의 종합 건강관리 시스템이 제공하는 온갖 장점을 다 누리는 한 번쯤 빠져들 만한 탈출구다. 예컨대 (사고 후에) 기억상실증에 걸린 척하면 몇 년 동안은 환자의 지위를 얻을 수 있다. 그런 사람은 상황에 따라서는 지금까지의 삶과 친척 등을 완전히 정리할 수도 있다.

독일에 사는 미국인 릭 미니치Rick Minnich는 자기 아버지에 대한 영화 〈Forgetting Dad〉를 제작했다. 영화에서 감독은 이 현상을 추적한다. 아버지 리처드 미니치는 1990년에 교통사고를 당했는데 사실별 탈이 없었다. 다만 약간의 타박상과 더불어—별나게도 일주일 뒤에야 비로소—기억을 잃고 말았다. 당시 마흔다섯의 IT 전문가였던 그는 그 나이 되도록 자신이 뭘 했는지 전혀 기억하지 못했다. 게다가 아내, 아들 릭, 다른 자식들 세 명도 전혀 알아보지 못했다. 아니면 적어도 그런 척했다. 도저히 견딜 수 없다 싶은 삶으로부터의 탈출 전략이었을까? 아들과의 인터뷰에서 리처드는 이렇게 말했다.

"나는 이제 '새로운 리처드'다. 네가 늘 불러대는 그 '아버지'가 아니란 말이다."

리처드는 가족을 떠나 계속 환자로 살고 있다. 이전의 삶을 기억하지 못한 채 말이다. 적절한 진단법을 찾아나섰던 의사들은 환자 진료기록부에 "외상 후 스트레스성 장애"라고 기록했다. 그러나 이런 진단은 본디 전쟁 피해자들을 위한 것이었으며 기억의 점진적 회복이 가능한 것으로 여긴다. (베트남 전쟁 상이용사들은 꾀병이라는 미국 당국의 비난으로 고통을 겪었다.) 리처드 미니치의 경우는 아들의 추측에 따르면 아마도 거액의 돈 문제가 그를 영원히 환자로, 또 기억 없이 살도록 했을 수 있다.

'환자이기를 원하는' 몇몇 사람에게는 어쩌면 《약국 둘러보기》라는 책을 읽는 것이 영감을 줄 것이다. 또 몇몇은 에스프레소 서너 잔과 레드불 몇 개를 들이키고는 빈맥이라며 의사의 품에 안기는 것을 거들기도 한다. 이런 현상의 원인으로는 대개 사람 사이의 '빙하화' 증가, 그러니까 노동강도 증가에 따른 사회적 고립과 대화 부족을 들 수 있다. 보건 제도를 냉정하게 관찰할 경우에조차도 '요양'이나 '조기 은퇴' 같은 문구를 듣는 사람은 누구나 내일보다 오늘 아픈 게 더 낫다는 결론에 이른다.

의도적으로 질병이나 장애를 유발하는 것도 보험금을 타내거나 다른 유리한 상황을 만드는 수단으로 늘 사용된다. 대표적인 예가 '쓰지 않는 손오른손잡이의 경우 왼손'의 집게손가락을 싹둑 잘라버린 어느 의사의 사건이다. 그는 나무를 패다가 일어난 사고라고 주장했다. 이런 사건의 원인은 돈 문제이거나 경제적 손실 없이 힘든 직장 생활에서 벗어나고자 하는 바람인 경우가 많다. 물론 보험회사도 그런 유형을 잘 알고 있다. 몇 가지 지표사고 진술에서 말이 맞지 않은 경우, 의도적으로 자른 듯한 절단 형태, 시험 삼아 해본 듯한 신체 손상 등가 모이고—앞서 언급한 의사처럼—피보험자가 '신체손상 장애 등급'이 적용되는 상해보험 가입자라면 보험사기 경고등이 켜진다. 몇몇 추정에 따르면 인위적 형태의 질병이 환자의 5% 정도에 이를 것으로 본다. 물론 여기에는 순전히 아픈 척하는 경우와 사기를 칠 의도로 병을 만든 경우가 모두 들어 있다. 이와 반대로 일부러 환자가 되기 위해 자해하는 사람들이 있다. 이들의 동기는 기괴하기 짝이 없다. 이런 사례가 환자인 척하는 경우와 다른 점은 스스로 심각한 질병의 피해자로 나서는 분명한 동기가 존재하지 않는다는 것이다. '거짓말 남작, 허풍의 대가' 뮌히하우젠Münchhausen의 이름을 딴 증후군이 여기에 속한다.

질병 연출은 흔히 응급환자로 구급차에 실린 채 극적으로 병원에 도착함으로써 시작된다. 고통스러워하는 모습을 매우 실감나게 보여주는 연기가 뒤따르는 것은 물론이다. 그들은 전문가가 보기에도 극도로 교묘하고 잔혹하며 이해할 수 없는 식의 자기조작을 통해 고통스런 모습을 만든다. 누가 제 몸에 산酸이나 알칼리 또는 다른 유해물질을 들이붓겠는가? 누가 제 몸에 세균에 감염된 용액, 침, 걸레 빤 물이나 우유를 피하에 주사해서 염증을 만들고 고름이 고이도록 하겠는가? 더 이해하기 어려운 경우는 일부러 내과 질환을 유발한 사례다. 유해물질을 섭취해 일부러 고열이 나게 한다거나 상시적으로 피를 빼서 인위적으로 빈혈을 일으키는 짓이다.

뮌히하우젠 환자들의 경우 진료기록부를 합치면 두꺼운 책 두께가 되는 사례도 드물지 않다. 일반적으로 조작이 불가능할 것 같은 곳에서도 놀라운 창의력을 발휘한다. 혈액 응고를 막는 약품을 섭취해서 '원인 불명'의 격심한 출혈을 야기하기도 하고, 갑상선 호르몬으로 갑상선 기능을 인위적으로 항진시키기도 하며, 인슐린 주사를 통해 저혈당증을 야기하기도 한다. 열여섯 먹은 소녀가 피를 심하게 토했다. 하지만 폐를 비롯한 다른 장기에는 아무런 이상이 없었다. 그녀는 계속 병원에 나타났다. 결국 그녀의 토사물을 실험실에서 분석한 결과 그 피는 자궁에서 나온 것임이 드러났다. 도대체 어떻게 그 피가 폐에 이를 수 있었을까? 병원에서 기침 발작을 일으키기 전에 자신의 월경혈을 삼켰음에 틀림없다.[10]

이런 사람들에게는 무슨 일이 일어난 걸까? 이러한 부정적 자아도취의 극단 속에 푹 빠지는 것이 그들의 '출세' 방식일까? 뮌히하우젠 환자는 욕망과 고통의 역설 속에 사로잡혀 있는 것은 아닐까? 계속 의학적 주목을 받기 위해서 끊임없이 스스로에게 손상을 가해야 하니 말이다. 그들에게 중요한 것은 의사들이 법적 이유로 살펴보지 않을 수 없는 신체적 증상을 만들어내는 일이다. 처치에 성과가 없으면 그다음 순서는 전문의에게 환자를 의뢰하는 일이다. 그러면 환자는 자기 파괴적 행위로 전문의마저도 속여서 결국 해당 진료과의 최고 전문가에게까지 간다. 상황에 따라서는 '매우 드문 복잡한 사례'로 의과대학 수업에 소개되거나 학문적 출판과 학회 논문의 대상이 되기도 한다. 사기성 환자에게는 이것이 스스로 만든 그 모든 고통과 신체 손상에 대한 달콤한 보상이다.

　　　이들에게 아프다는 것은 곧 자기 정체성이 되었고 병원과 그곳 인력은 사회적 환경을 대신한다. 언제부턴가 그렇게 심한 육체적 증상의 진짜 원인은 어쩌면 정신적 고통일 수 있다는 의혹의 순간이 점점 늘어난다. 하지만 뮌히하우젠 부류의 환자들은 이런 진단을 절대로 수용하지 않는다. 자신이 연출한 질환에 의혹을 제기하는 것은 그들로 하여금 치료를 중단하고 의사를 바꾸게 하는 동기가 된다. "환자가 의사의 조언

_____10. 스튜어트 맥일로이(Stewart McIlroy)는 1970년대에 여덟 개의 이름과 스물두 개의 성을 바꿔 써가면서 수많은 의사를 바보로 만들었으며 특정분야 언론 너머로까지 이름을 날렸다. 수술 자국 투성이인 그의 배는 의사들의 '열광'의 흔적이며 방사선 촬영 및 혈액검사 횟수는 100회를 훨씬 웃돌았다. 의사 두 사람은 "그의 생존 이야기는 인간의 몸뚱이가 견딜 수 있는 한계뿐 아니라 우리 병원들이 행한 진료의 안정성도 입증해준다"고 요약했다. Jill A. Fisher, "Playing Patient, Playing Doctor: Münchhausensyndrome, Clinical S/M, and Ruptures of Medical Power". *Journal of Medical Humanities*, 27, 2006, 143~144p.

에 반대해 체크아웃하면 보통의 의사는 안도의 한숨을 내쉬는" 것이다.[11]

이런 질병은 또 다른 측면을 하나 더 갖고 있다. 뮌히하우젠 부류의 꾀병증후군은 의사와 환자 사이의 권력 관계를 음흉한 방식으로 갉아먹는다. 그 증상이 인위적이지만 다른 한편으로는 다른 (정신적) 질환을 암시하는 '진짜' 단서여서 의사의 능력이 혹독한 시험대에 올라서기 때문만은 아니다. 뮌히하우젠 증후군은 의사의 자기이해에도 영향을 미쳐 자신의 진단 능력에 문제가 있다고 여기게 만든다. 환자는 혼란, 어이없음, 경멸 및 분노가 뒤섞인 감정으로 치료를 받는다. 선의로 치료에 임한 의사를 상대로 한 태업에서 그가 성공을 거둔다는 것은 곧 의사에게는 수치와 고통의 근원이 된다. 이런 감정을 인정하든 인정하지 않든 뮌히하우젠 환자는 의사들의 엄청난 혐오감, 두려움, 절망 또는 진짜 악감정에 불을 붙일 수 있는 몇 안 되는 사람이다.

의사들이 이런 장애진단을 내릴 때 다소 불편함이 뒤따른다. 진단이 환자들이 보여주는 일련의 규정하기 힘든 증상과 태도에 기인하기 때문이다. 1951년, 내과의사 리처드 애셔Richard Asher가 저명한 의학 저널에서 이에 속하는 병증을 모두 "뮌히하우젠 증후군"이라고 분류한 것이 관련 분야에서 열광적으로 수용되었다는 사실은 그리 놀라운 일이 아니다. 질병이라고 분류한 것이 환자에게 도움이 된 것은 아니지만 그 대신 흔들렸던 의사의 권위가 다시 복원되었다. 과거에는 그저 모욕적인 사기였던 것이 이제 진짜 진단이 나온 것이다.[12]

보통 사람들은 듣기만 해도 오싹해지는 '피해자 역할 놀이'는

_____11. Fisher, 146p.

사회 중심부에서 일어나는 현상이며 교육 수준이 낮은 사람 또는 사회
부적응자와는 전혀 상관이 없다. 격정적으로 전진하는 이러한 사기 형태
가 얼마나 다양한지 다음의 사례들이 잘 보여준다.

피해자는 있는데 범인은 없다

옛 동독 지역의 한 슈퍼마켓. 입구 광장에 스킨헤드족 몇 명
이 빈둥거리고 있다. 짙은 색 머리칼의 여섯 살쯤으로 보이는 어린 여자
아이가 입구에서 나와 광장을 가로지른다. 살짝 취기가 오른 녀석들은

---

12. 뮌히하우젠 신드롬에는 또 하나의 술수가 있다. 이따금 제3자도 있기 때
문이다. 1977년에 처음으로 기술된 '확대 뮌히하우젠 증후군(Münchhausen-Syndrom by
Proxy)'은 특별히 이해하기 어려운 사례, 즉 해당자가 자신이 아니라 다른 사람에게 해를 가
하는 경우를 지칭한다. 종종 엄마와 아이들 관계가 그런 경우로, 엄마가 자기 자식 하나 또
는 여럿의 건강을 조작하는 것이다. 하버드 대학 심리학과 캐서린 에이여브(Catherine C.
Ayoub) 교수 같은 몇몇 연구자들은 이를 아동 '운동과잉(hyperkinesia) 장애' 같은 유행질환
의 진단과 관련한다. 아이와 함께 의사의 주의를 끌고 아이를 병원에 입원시키기 위해, 수
술까지 포함하는 의학적 처치를 야기하기 위해 증상을 속이거나 강화하는 것이다. 그런 부
모는 겉으로는 매우 아이 걱정을 많이 하는 것으로 보인다. 베를린의 한 종합병원에서는 한
아이를 감염과 고열 증상 때문에 여러 번 치료했다. 결국 아이는 엄마와 함께 입원했다. 다
시 심한 감염증상을 치료해야 했고 의사들은 처음에 그 원인을 알지 못했다. 그러다 간호원
이 사용 흔적이 있는 주사기 한 개를 병실에서 발견했다. 엄마가 염증을 유발해서 병원 입
원 의뢰서를 발급받으려고 자기 아이에게 배설물을 주사한 것이다. 그런 극단적인 학대 및
신체 손상의 경우 뮌히하우젠 환자의 아이와의 병적 동일시가 바탕에 깔려 있어서 고통마
저도 선가하는 것이다. 그래서 그 환자는 최대치의 관심, 예를 들면 걱정이 많으며 '마음 아
파하는' 엄마라는 인상을 주위로부터 짜내는 것이며, 동시에 그 가면 뒤에 자신을 감출 수
있는 것이다.

아이의 길을 막고는 머리채를 잡아당기고 우는 아이를 이리저리 밀쳐댄다. 아무도 나서지 않는다. 인근 주민들은 그저 창가에서 쳐다보기만 할 뿐이다. 오직 열일곱 살의 레베카Rebecca만이 목소리를 높인다. 2007년 11월 23일, 경찰의 보도 자료에는 이렇게 나와 있다.

"경찰은 극우파의 공격을 목격한 사람을 찾고 있다. 작센 주 미트바이다Mittweida의 한 슈퍼마켓 앞에서 10대 여자가 외국 아이를 이리저리 밀치며 놀리던 젊은 남자 네 명을 보았다고 한다. 이 여성 목격자는 거기에 끼어들었고 이어서 남자 패거리는 어린아이에게는 손을 떼더니 여학생을 공격해 바닥에 내동댕이쳤다. 혐의자 세 명은 여학생을 붙잡았고 네 번째 남자는 수술용 칼 비슷한 물건으로 그녀의 둔부에 길이 5센티미터로 나치의 갈고리 십자 문양을 새겼다는 것이다. 그런 다음에야 범인들은 그 여학생을 풀어줘서 도망칠 수 있었다고 한다."

어린아이는 거기서 도망쳤지만 경찰은 아이가 누구인지 알아냈다. 경찰 보고서에 따르면 아이는 여섯 살이며 독일계로 동구권에 살다 다시 독일에 들어와 정착한 사람의 딸이었다. 용감하게 어린아이 앞에 나선 레베카의 진술에 따르면 수많은 사람들이 그 공격을 보고 있었으면서 아무도 나서지 않았다고 한다. 그래서 이 사건은 더더욱 사람들의 주목을 끌었다. 신新 나치 활동이 매우 활발한 소도시 미트바이다는 이 잔혹한 범행으로 말할 수 없는 당혹감에 휩싸였다. 곧 400명이 넘는 사람들이 촛불을 들고 반 극우 폭력과 시민의 용기를 요구하는 침묵시위에 동참한다. 시위, 공개편지, 공공장소 앞에서의 침묵시위 및 평화의 기도가 이어졌다.

몇 주 후 상황은 급반전했다. 피해자가 거짓말로 범죄를 꾸몄

다며 경찰이 수사에 나선 것이다. 레베카가 급히 달려가 도와주려 했다
는 어린아이는 현장에 있지도 않았다는 것이 밝혀졌다. 여섯 살짜리 아
이는 조사 시 비록 심리학자가 동석하기는 했지만, 아마도 유도성 질문
에 넘어가 대답을 한 듯하다. 독일 전역에서 활동하는 '민주주의와 관용
을 위한 연대'가 레베카에게, 비록 그녀에 대한 수사가 이미 진행 중임에
도, 2008년 2월 '용기 있는 시민상'을 수여하자 이 사건은 결국 특별한
차원에 이른다. 미트바이다 시청에서 있었던 레베카에 대한 칭송 연설은
이 연대의 자문위원회 위원장인 코르넬리 존탁-볼가스트Cornelie Sonntag-
Wolgast가 했다. 공개적으로 제기된 모든 의혹에도 불구하고 사민당 소속
의 이 여류 정치인은 "우리는 그녀를 신뢰할 수 없다는 아무런 확고한
근거도 갖고 있지 않습니다"라고 했다. 존탁-볼가스트는 녹색당 소속 연
방 하원의원 모니카 라차Monika Lazar와 함께 시상을 강행했다. 정치하는
사람들이 악의적 소문을 이유로 독일 전역을 상대로 한 멋진 광고 기회
를 흘려보낼 수는 없는 일이다. 2008년 가을, 레베카는 거짓말을 한 죄
로 40시간의 봉사 처벌을 받았다. 용기 있는 시민상은 말없이 아무도 모
르게 반납했다.

        2년 뒤 스위스. 쌀쌀한 겨울 어느 날 초저녁의 취리히. 브라질
출신의 젊은 여류 변호사 파울라Paula는 슈테트바흐Stettbach 급행전철역 인
근을 걷고 있었다. 쌍둥이를 임신한 지 3개월째인 그녀는 이곳 지리를
잘 몰라 헤매고 있었다. 갑자기 세 명의 건장한 형상이 길을 막고는 마
구 욕을 해댔다. 주위에는 아무도 없어 그녀는 공격적인 세 명의 까까머
리로부터 벗어날 수 없었다. 남자 둘은 그녀를 붙들고 옷을 벗겼다. 파울
라는 소리를 질렀지만 아무도 듣지 못하거나 들으려 하지 않았다. 뒷머

리에 나치의 갈고리 십자 모양의 문신을 새긴 한 명이 젊은 여인의 몸에 "SVP"라는 철자를 칼로 새긴다. 5분이라는 고통스런 시간이 지난 뒤 범인들은 그녀를 풀어준다. 폭행을 당한 그녀는 충격에 빠져 역 화장실로 가고 그곳에서 사산하고 만다. 어쩔 줄 몰라 그녀는 그곳에서 남자친구에게 전화를 하고 남자는 서둘러 그녀를 도우러 온다.

　　　　이 끔찍한 뉴스는 브라질에 폭탄 같은 충격을 주었다. 신新 나치가 일을 저질렀으며, 그들은 최근 가장 강력한 정당인 외국인 정책에서 보다 강경한 노선을 취한 선동적인 스위스 인민당SVP의 동조자라는 것이다. 같은 날 저녁, 경찰은 피해자를 상대로 일단 정밀 조사에 들어간다. 냉정을 찾은 것으로 보이는 변호사는 경찰에게 마지막으로 자신이 언론매체에 어떤 태도를 취해야 할지 묻는다. 경찰관은 일단 아무 말도 하지 말아 달라고 부탁한다. 범인 색출에 지장이 있을 수도 있기 때문이라는 것이다. 그러나 이 시점에 사건은 벌써 브라질의 뉴스 매체 〈우 글로부O Globo〉를 통해 전파되고 있었다. 브라질 매체들은 이미 엄청나게 파울라 아니면 그녀의 주변에서 나온 사진과 정보를 전했다. 브라질 정부 고위 공무원으로 최고의 연줄을 갖고 있는 파울라의 아버지는 이후 며칠 동안 딸의 끔찍한 운명과 스위스 인민당의 본질에 대해 모든 채널을 통해 자세히 알린다. 모든 조사에 동석하는 브라질 총영사 비토리아 클레아베르Vitória Cleaver 또한 기꺼이 정보를 제공한다. 이제 룰라 대통령까지 가세해 스위스 측이 행동에 나설 것을 요구한다. 몇몇 스위스 매체들도 이에 동조하여 '일상화된 인종주의'를 개탄한다. 알프스의 나라 스위스가 다시 한번 세계여론의 피고석에 앉은 것이다.

　　　　하지만 이는 그리 오래 가지 않았다. 사건에 심각한 의문이 제기된 것이다. 사건이 사실이라고 하기에는 너무 판에 박은 것 같다는 점이다. 우선 신 나치가 갈고리 십자 문양을 크게 문신으로 새겨 취리히 시내를 활보하면서, 피해자의 몸에 공교롭게도 SVP라는 약자를 새긴다. 그런데 이 우파 정당은 독일 바이에른 주에 근거를 둔 기독사회당CSU과 정책의 큰 줄기가 대체로 유사해, 신 나치가 마음에 들어할 만큼 과격한 정당은 아니다. 다음 조사에서 파울라는 과거에 겪은 두 번의 유산에 대해 이야기한다. 이어지는 파울라의 진술. 지난 크리스마스 무렵 다시 임신을 했고, 1월에 슈퍼마켓에서 임신진단 키트를 구입해 테스트한 결과 양성으로 나왔다. 그녀와 친한 브라질 출신 여의사가 나중에 취리히의 한 호텔—호텔 이름은 기억나지 않는다고 한다—에서 초음파 검진을 해 쌍둥이 임신을 확인해주었고 사진을 찍었다는 것이다. 그러면서 당시 찍은 사진은 갖고 있지 않으며 검진한 여의사의 전화번호도 찾을 수 없다고 했다. 피해자는 이제 점점 더 모순에 빠져든다. 이제 병원의 자료들이 도착한다. 한 여성 경찰관은 매뉴얼대로 '위로하듯' 그 자료를 파울라에게 전달하려 한다. 병원 자료에 따르면 파울라는 최근에 임신한 적이 없음이 분명하다.

　　　얼마 후 이 브라질 여성은 자신의 인생에는 스킨헤드도, 태어나지 않은 쌍둥이도 없었음을 고백한다. 칼로 새긴 상처는 법원 전문가들도 스스로 낸 상처임이 분명하다고 확인했다시피 전철역 화장실에서 스스로 한 짓이었다. 범행 당일 아침에 가방에 넣어둔 주방용 칼로 말이다. 그러므로 이 사건은 순간적으로 일어난 것이 아니라 계획된 짓이었다. 이에 대해 잡지 〈에포카Epoca〉는 파울라가 동료들 사이에서는 벌써부터 거짓말쟁이로 유명했다고 보도했다. 예컨대 한번은 있지도 않은 남편이 비행기 추락 사고로 죽었다고 떠들었다는 것이다. 동정심을 유발하기 위해서였다. 그녀는 범행 전에 자기 뱃속 쌍둥이를 찍은 초음파 사진을 친구들에게 보냈는데 인터넷에서 뒤져 다운받은 것이라고 한다. 아마도 파울라에게 경제적인 동기도 있었을 수 있다. 스위스에서는 폭력 행위 피해자가 국고에서 위로 및 피해 보상금을 받게 돼 있다. 만약 파울라가 이 이야기를 끝까지 관철했다면 두 아이를 잃은 것 및 그것과 연관된 심각한 정신적 피해에 대해 3만 5,000에서 7만 5,000유로 정도의 돈을 청구할 수 있었을 것이다. 스위스의 법적 보호장치의 이러한 특성을 변호사인 그녀는 아마도 잘 알고 있었을 것이다.

2009년 12월, 파울라는 벌금형을 선고받았다. 스위스 인민당의 존재에도 불구하고 이 거짓말쟁이는 계속 스위스에 머물려 했지만 체류 허가가 연장되지 않았다. 이 여성 변호사는 독일 작센 주의 미트바이다에서 일어난 사건에서 영감을 받았을 수도 있다. 그녀는 다른 거짓말로 인한 곤경에서 벗어나려고 강도당했다는 거짓말을 했다고 한다. 남자친구에게 아이를 가졌다고 거짓말을 했는데, 산부인과 방문 일정으로 거짓말이 들통날 것 같으니 나치에게 폭행을 당하고 그에 뒤이어 자연유산이 되는 것으로 일을 꾸미자는 생각이 든 것이다.

정치계와 수사관들이 그런 사건에 대해 보통 매우 신중하게 접근하는 것은 과거 경험 때문이다. 자칭 피해자들이 이른바 나치 갈고리 십자 문양을 강제로 몸에 새기는 만행을 당했다고 경찰에 고소한 사건은 모두 자작극으로 밝혀진 바 있다.[13] 대다수의 경우 핵심은 '피해자의 지위'를 얻어서 사회적 이익을 누리는 것이다. "그런 행위의 근저에는 인정받으려는 병적 욕구가 있거나, 보다 깊은 곳에 있는 커다란 개인적 문제를 이런 방법으로 다른 곳으로 돌리려는 노력일 경우가 많다"고 심리학자 슈테판 슈말바흐 Stefan Schmalbach 는 설명한다. 사건이 일어나면 사람들이 걱정해주고 관심을 가져주며 대중의 이목이 집중되는 것이다. 인종주의자와 신 나치의 피해자가 되면 그것에 민감한 대중들로부터 강한 반향을 만들어낼 수 있다. 특히 미국에서는 특정 그룹에 속한 사람들을 대상으로 하는 '증오범죄 hate crime'에 엄벌을 가한다. 1990~1997년 사이 미국에서 알려진 가짜 증오범죄만 해도 약 100건이다.

언론 매체는 증오범죄의 희생자에 대해 늘 호의적으로 보도하며 게다가 국가 및 보험회사가 특별한 손해배상금을 지급할 것을 요구하므로, 이런 식으로 희생자인 척하는 것은 사기꾼과 협잡꾼에게는 매력적이지 않을 수 없다. 괴롭힘을 당하고 박해받았다고 떠드는 사건의 경우에도 그 바탕에는 비슷한 동기가 있다. 유명인사에 가까운 사람들은 이따금 스토커를 만들어내기도 한다. 언론의 주목을 받고 자신이 스타의 지위에 있음을 과시하기 위해서다. 예컨대 호주 연예인 페얼리 애로우 Fairlie Arrow 는 한 미친 팬에게 쫓기고 있다고 주장하며 그 이야기를 언론에

_____13. 2002년 12월 29일, 열네 살의 쿠바 여자아이가 브란덴부르크 주 구벤 (Guben) 시 파출소에 나타났다. 자신에게 신 나치주의자들이 뺨에 칼로 나치 갈고리 십자 모양을 새겼다는 것이다. 공무원들은 처음에 그녀의 말을 믿었지만 곧 소녀는 그 이야기가 꾸며낸 것이라고 실토했다. 1994년 할레(Halle)에서는 휠체어에 탄 소녀 하나가 스킨헤드족이 자기 뺨에 칼로 나치 갈고리 십자 모양을 새겼다고 주장했다. 이후 여러 날 동안 만 명도 넘는 사람들이 극우 폭력에 반대하는 시위를 벌였다. 얼마 후 이 소녀도 범행이 거짓말이라고 인정했다. 그 직후 베를린의 한 파시스트 그룹은 신 나치주의자들이 전철 안에서 20대 여성의 배에 칼로 나치 갈고리 십자 모양을 새겼다고 보도했다. 경찰 수사는 별 성과를 내지 못했다. (〈Der Spiegel〉 2007. 12. 18.)

퍼뜨렸다. 사건은 결국 스토커가 그녀를 납치했다는 이야기로 정점에 이른다. 그러나 탄로가 났고 애로우는 약 1만 6,000유로의 벌금형을 선고받았다. 그녀가 남성용 잡지 〈펜트하우스Penthhouse〉에 실릴 나체 사진을 촬영해 벌어들인 돈이었다.

남의 관심은 곧 내 삶의 비타민

독일의 68 학생운동을 주도한 인물 중 한 명인 루디 두치케Rudi Dutschke 사건은 아직도 자주 회자된다. 두치케는 자신이 유대인 대학살 때 부모를 잃고 고아가 되어 독일인의 손에서 자랐다고 믿었다. 그러나 그런 자기연출보다 더 대담한 사건을 벌였고 부작용 또한 치명적이었다. 예를 들면 신 나치 및 민족 살해를 부정하는 사람들은 가짜 대학살 피해자들이 거짓말쟁이고, 즉 대학살 전체가 하나의 거대한 전설이라는 말도 안 되는 소리를 한다. 벨기에 여성 미샤Misha D.는 1990년대에, 자신은 어릴 때 폴란드 숲 속에서 늑대 무리로부터 보호를 받았던 덕에 대학살에서 살아남을 수 있었다고 주장했다. 그녀는 여섯 살 때인 1940년 강제수용소로 이송된 부모를 찾아 혼자 벨기에에서 폴란드까지 걸어갔다고 했다. 그녀의 이야기는《미샤: 홀로코스트 시절의 기억》이라는 책으로 출간되고 영화로까지 제작되었다. 하지만 순전히 꾸며낸 이야기라는 것이 밝혀졌다.

1995년 거대 출판그룹 주어캄프Suhrkamp의 자회사로 유대문화 장려를 위해 설립된 출판사에서 빈야민 빌코미르스키Benjamin Wilkomirski의 비망록《어린 시절의 파편Bruckstücke. Aus einer Kindheit 1939-1948》이 출판되었다. 이 책에서 저자는 자신이 유대계 아이로서 독일 점령하의 폴란드 강제수용소에서 어떻게 생존투쟁을 했는지 서술한다. 전쟁 후 그는 고아로 스위스로 가서 그곳에서 입양되었다. 이 이야기는 대중의 큰 관심을 끌었으며 책은 베스트셀러이자 유대인 회고문학의 가장 인상적 사례로 칭송받았다. 국제 언론계에서는 열광적으로 서평을 내보냈고 빌코미르스키는 언론계가 가장 많이 찾는 인터뷰 대상자이자 홀로코스트의 증인이 되었다. 텔레비전과 기록영화에서도 그를 볼 수 있었으며 학교를 돌며 자신의 체험을 절절히 풀어내기도 했다.

　　　지명도가 점점 높아지면서 그는 정통 유대교 신자로 이스라엘에 살고 있는 고령의 생부 아코프 마로코Yakow Maroko를 다시 만나게 되었다. 아버지는 아들을 마이다넥Majdanek 수용소공식 명칭은 루블린 수용소, 마이다넥은 루블린 시의 교외—옮긴이에서 잃어버린 일을 지금껏 떨쳐내지 못한 채 가슴의 상처로 안고 있었다. 카메라가 돌아가는 가운데 아버지는 죽은 줄로만 알았던 아들과 텔아비브 공항에서 상봉했고, 이 화면은 전 세계로 퍼져나갔다. 성을 윌버Wilbur로 바꾼 채 미국에서 살고 있던 다른 친척들도 연락을 해왔다. 마이다넥과 아우슈비츠-비르케나우Auschwitz-Birkenau 수용소에서 함께 살아남은 사람들도 그를 이제 다시 알아보았다. 비벌리 힐에 있는 한 유대교회에서 있었던 라우라 그라봅스키Laura Grabowski와의 재회 역시 감동적이었다. 두 사람은 함께 지옥 같았던 아우슈비츠-비르케나우 수용소에서 살아남은 뒤 50여 년 전 서로 연락이 끊기고 만 것이다.

　　　3년 뒤 빌코미르스키는 영광의 꼭대기에서 바닥도 없는 나락으로 추락했다. 다니엘 간츠프리트Daniel Ganzfried라는 사람이 쓴 신문기사한 건으로 그가 사기꾼임이 드러났기 때문이다. 빈야민 빌코미르스키의 본명은 본래 브루노 되세커Bruno Dössekker. 그는 1941년 스위스에서 브루노 그로세안Bruno Grosjean이라는 사람의 혼외 자식으로 태어났으며 관청의 주선으로 입양아가 되었다. 여러 길을 거쳐 그는 되세커Dössekker라는 부유한 의사 부부의 집에까지 이르렀으며 취리히의 저택에서 성장했다. 입양아에게는 정말 동화 같은 것에서나 볼 수 있는 행운이었다. 김나지움을 졸업한 되세커는 대학에서 역사를 공부했지만 졸업은 하지 않았다. 대신 음악으로 전공을 바꿔 클라리넷 교사로 일했다. 동급생이던 한 사람은 되세커가 이미 당시부터 이야기를 그럴듯하게 했다고 말했다. 예를 들면 자신이 발트해 연안국 출신 망명자의 자식이라고 했다는 것이다.

20대 중반에 그는 처음으로 자신이 유대인이라고 주장했으며 다윗의 별이 달린 목걸이를 하고 유대인이 쓰는 모자 키파를 쓰고 다녔다. 한 걸음 한 걸음 그의 전설은 커졌고 마침내 제대로 된 변신을 완성했다. 1960년대 말 그는 폴란드의 한 음악가 가정 출신이라고 주장했으며 크라카우크라쿠프와 아우슈비츠를 여러 번 다녀왔다. 어느 방문에서 그는 바이올린 연주자 반다 빌코미르스카Wanda Wilkomirska의 연주를 들었는데 자신이 그 연주자와 닮았다는 말을 듣게 되었다. 그는 1972년 빌코미르스카가 되어 스위스로 돌아왔다. 1980년에는 동유럽 유대인이 쓰는 말인 이디시Jiddisch를 잘 구사하는 척하면서 금요일 초저녁부터 시작되는 안식일 축제를 개최해 유대 의식에 대한 해박함으로 사람들에게 깊은 인상을 남겼다. 1982년 그는 이스라엘 비밀 정보기관 모사드Mossad의 요원이라고 주장했는데, 이는 사기꾼들이 특히 선호하는 거짓 이야기의 모티프이기도 하다. 서핑보드를 타고 스파이로 이집트에 침투하기도 했고 반

팔레스타인 전쟁에도 참여했다고 했다. 실제로 그는 항공기 조종사 교육을 이수했으며 이스라엘 공군을 위해 참전했다는 이야기도 꾸며서 덧붙였다. 동시에 암을 앓았다고 읊어댔다. 폴란드의 강제수용소 유적지로 여행을 갈 때면 빌코미르스키는 망아忘我의 상태에 빠진 듯한 태도를 보였다. 전문가들은 자신이 겪은 고통과 관련된 직관적 신체 반응이라고 말했다. 유대계 사람과 대화를 나누는 도중에 그의 말은 갑자기 이디시 같은 느낌을 풍긴다. 그렇게 되면 흥분한 듯 행동하며 말을 더듬고 말투도 아이들 언어처럼 바뀌었다. 그는 이스라엘 여행을 했다. 게토유럽 도시 내의 유대인 집단 거주지—옮긴이 투사 박물관에서 자신의 이야기를 하기 위해서였다. 이어서 아동 생존자에 대한 이스라엘 텔레비전 방송사의 다큐멘터리 프로그램에 출연했다.

결국 그를 치료하던 심리치료사 모니카 마타Monika Matta는 감동적인 인생사를 글로 써서 남기라고 부추겼다. 대학살 생존자인 한 문학판권 중개업자가 그의 글을 소개했고 몇몇 유명 출판사가 관심을 보였다. 주어캄프 출판사가 낙점을 받아 책의 출간을 서둘렀다. 그의 글이 진실의 기록이 아니라 꾸며낸 이야기일 수 있다는 경고가 초창기에 몇 차례 있었으나 무시되었다. 언론인 한노 헬플링Hanno Helbling은 책 출판을 준비하고 있는 출판사 사장 지크프리트 운젤트Siegfried Unseld에게 책에 대해 편지를 썼다. 그 책은 "필경 조만간 허구임이 드러날 것"이라고 지적했다. 그럼에도 불구하고 빌코미르스키의 책은 총 아홉 개의 언어로 출간되었으며 별 볼 일 없던 무명의 클라리넷 교사를 세계적으로 유명한 나치 희생자로, 대학살 생존자의 대변인으로, 미디어의 스타 빈야민 빌코미르스키로 만들었다. 이후 여러 해 동안 빌코미르스키로 분한 되세커는 수많은 상을 받았으며, 그중에는 놀랍게도 그의 정체가 밝혀진 후에 받은 것도 있었다. 미국 교정矯正 정신의학 학회는 1999년 4월 그에게 하만 Hamann 홀로코스트 및 인종 학살 연구상을 수여했다. 그가 '홀로코스트와 인종학살에 대한 이해'를 증진시켰다는 이유였다.

도식화된 기억

되세커가 자신을 홀로코스트의 희생자로 연출한 이유는 무엇일까? 저지 코진스키Jerzy Kosinski의 경우가 그에게 자극이자 동시에 경고로 이용되었을 수 있다. 코진스키는 1960년대 자전적 소설《The Painted Bird국내에는《페인트로 얼룩진 새》로 출간되었다—옮긴이》를 썼다. 책에서 그는 유년시절 나치 치하의 폴란드에서 겪은 끔찍한 기억을 묘사한다. 되세커는 이 작품을 읽었음이 확실하다. 책은 참혹한 사건과 폭력으로 가득했다. 미국에서 간행된 원판은 1965년 열광적인 평가를 받았다. 사람들은 이 소설을《안네의 일기》에 견주었으며 저자는 한때 노벨문학상 후보감으로 대접받았다. 하지만 1980년대 들어 그가 거짓말쟁이라는 의혹이 깊어졌다. 코진스키는 히브리어로 쇼아Schoah 또는 Shoa, 즉 대학살에서 살아남은 사람이기는 하지만 그가 쓴 끔찍한 이야기는 사실이 아닌 것이 밝혀졌다. 그의 유대계 가족은 재산과 개명 덕분에 나치 점령기를 무사히 넘길 수 있었으며 이후 미국으로 이주했다. 코진스키의 신뢰도는 크게 흔들렸으며 1990년대 초에 삶을 마감했다.

되세커/빌코미르스키 사건에서 눈에 띄는 점은 전설이 매우 점진적으로 커졌으며, 수많은 모순과 결점이 내재한 탓에 끊임없는 '개선'이 필요했다는 것이다. 이는 체계적이고 냉정하게 구상된 사기 계획과는 반대다. 예컨대 그는 중간에 자기 생일을 1941년에서 1939년으로 정정했다. 세 살이라는 나이로는 강제수용소에 대한 세밀한 기억에 대해 신뢰성을 불러일으킬 수 없기 때문이다. 또 공식적인 스위스 입국 시기를 1948년으로 했다. 하지만 갖고 있던 증명서에는 1947년이 입학 연도로 표기돼 있다. 되세커가 창조한 일대기는 단편적인 모순 속에서 점차 그를 사로잡아 결국 유대인 그리고 특히 쇼아 생존자만으로 이루어진 배타적 공동체의 구성원이 되기에 이르렀고, 이스라엘의 마로코Maroko 집안, 미국의 윌버Wilbur 집안과 함께 새로운 가정을 갖게 되었다. 되세커는 치료사의 돌봄 속에서 자신의 새로운 정체 속에 빠져들었다.

　　　이 사건을 파헤친 다니엘 간츠프리트는 되세커의 심리치료사 엘리추어 베른슈타인Elitsur Bernstein의 역할에 대해 이렇게 말했다. "브루노 되세커가 (……) 새로운 삶을 찾아냈을 때 그는 혼자가 아니었다. 모든 발걸음은 심리치료사의 통제를 받았다. 빌코미르스키라는 인물의 고안과 제조를 감시한 인물이 바로 그 치료사였던 것이다."[14]

　　　되세커는 엄청난 양의 역사서와 문서, 회고문학을 소화해냈으며 사실 및 다른 사람들의 기억을 마치 자기의 것인 양 내면화했다. 그랬기에 기대감, 경외감, 고도의 암시적 질문으로 무장한 대담 상대 및 인터뷰 요청자에게 그 전설적인 내용을 정확히 전달할 수 있었다. 북미 유대 도서보급회Jewish Book Council의 게리 모코토프Gary Mokotoff 같은 소수의 사람만이 이런 도식을 알아차렸다. "빌코미르스키가 묘사하는 사건을 하나하나 들여다보면, 그것들은 모든 생존자들의 경험의 총합입니다."[15]

─────── 14. *Weltwoche* 50, 2004.

되세커는 정체가 드러난 후에도 여러 해 동안 유대인이라는 정체성을 고수한다. 그러다 2001년 태도를 급작스레 전환해 이스라엘-팔레스타인 간 갈등에서 이스라엘에 반대하는 공격적 태도를 취한다. 그는 여러 편지에 반 유대적 상투어를 많이 모은 다음, 반 유대주의에 대해 책임을 져야 할 사람들은 유대인들이며 그들은 돈이 되는 희생자 숭배 사업을 하면서 스위스 같은 나라에서 지속적으로 돈을 짜냈다고 주장한다. 다시 심리치료사가 나서야 할 판이었다.

이타적 행동의 이면

연대 공동체들은 고통이 있는 곳에 도움을 준다. 이처럼 약자에게 도움을 주는 일은 사람들이 가장 높이 우러러보는 계율이다. 그런데 이 어려운 영역에서도 신분 사칭 사기꾼은 남의 인정을 받고 사회적 특권을 손에 넣는 통로를 찾아내려 한다.

이때 본질적인 역할을 하는 것이 공감능력이다. 남의 처지가 되어 느낀다는 것은 연대와 이웃 사랑에 대해서만이 아니기 때문이다. 공감은 악의적 기만, 이기적 속임수를 사용하기 위한 전제조건이기도 하다. 이런 인식은 인간에게만 국한돼 있지 않다. 예컨대 바다의 청소부라는 클리너 피시cleaner fish 같은 소위 원시적 생명체의 행태도 마찬가지다.

15. Ursula Mayr, "False memories. Botschaften aus einem Über-gangstraum", *Forum der Psychoanalyse*, 21, 2005, 58p.

이들은 이기와 이타를 통합하는 데 성공했다. 이 물고기는 몸집이 큰 해양 생물의 몸을 깨끗이 관리해주는 일을 전문으로 한다. 그러니까 겉으로 보기에는 좋은 일이다. '고객' 물고기의 몸에서 기생충을 없애주는 것이다. 그러나 이 일이 청소부 물고기에게는 전혀 만족스럽지 않다. 본디 그들이 좋아하는 것은 고객 물고기 몸의 점액층 조직이기 때문이다. 그래서 이따금 신명난 청소부 물고기는 진짜 '청소하는 악마'로 변신해 제 고객의 살점을 한 입 뜯어먹기도 한다. 그러나 너무 티내면서 하면 안 된다. 그렇지 않으면 일터를 잃어버리는 수가 있다.

청소부 물고기가 운영하는 세탁소가 특히 인기를 끄는 경우는 쌍으로 세탁소를 운영할 때다. 왜 그럴까? 여기에는 전혀 도덕적이라 할 수 없는 도덕률이 작용한다. 왜냐하면 몸집이 더 작은 암컷이 너무 크게 한 입 먹으면 제 수컷 친구에게 혼나기 때문이다. 그런 일이 있고 나면 암컷은 자제를 해서 한동안 다시 기생충 박멸 활동에 만족하며 산다. 암컷이 이런 정직한 서비스를 하는 동안 이제 수컷은 거기에 편승해 다음 고객의 살점을 한 입 더 뜯어먹는다. 그렇게 제 몸을 뜯기는 고객은 두 마리의 서비스 업자가 제공하는 전신관리 서비스를 더 철저히 즐기는 것이다. 동물행태학자 니콜라 라이하니Nichola Raihani와 르두안 브샤리Redouan Bshary는 연구 결과, 인간에게도 문제없이 적용할 수 있을 것으로 보이는 다음과 같은 결론을 도출한다.

"청소부 물고기를 대상으로 한 이 실험은 겉보기에는 이타적 구원자인 물고기가 철두철미하게 이기적인 이유로 행동하는 것일 수 있음을 보여준다."[16]

이제 그 누구도 수컷 청소부 물고기가 고객및 암컷 배우자을 의식적으로 기만하는 능력을 갖추고 있다고 진지하게 주장하려 하지 않을 것이다. 그의 행태는 청소부 물고기라는 종의 생존에 특히 유용한 것으로 입증된, 정교하게 만들어진 행태 프로그램인 것이다.

영장류의 경우 남을 의식적으로 속이려는 게 아님을 보여주는 것은 더 어려운 일이다. 두 동물행태학 전공자의 관찰에 따르면, 이들은 자신이 속이려는 대상이 지금 무슨 생각을 하고 무엇을 알아차리는지도 고려해서 속임수를 사용해야 하기 때문이다. 이를 보여주는 유명한 예가 비비 원숭이 암컷이다. 이 짐승은 뭇 암컷의 주인이 보는 가운데 제 '사랑하는 이'의 이를 잡아준다. 이때 사랑을 받는 수컷은 바윗덩어리 뒤에 몸을 숙인 채 숨어 있는 반면, 암컷은 마치 우연인 척하면서 그 바윗덩어리 쪽으로 다가간 다음 일부만 몸을 가린 채 앉아 있다. 규방 주인장에게는 그 원숭이의 손이 보이지 않는다. 그래서 순진한 표정의 비비 원숭이 암컷의 금지된 사랑의 서비스는 주인 모르게 계속되는 것이다. 말하자면 이 암컷은 '주인'이 뭘 감지하는지 또 거기서 그가 어떤 결론을 내리는지—무엇을 생각하는지를—계산하고 있음에 틀림없다.[17]

이런 속임수 성질의 이타성에 이미 몇몇 사람들은 힘들어 할 것이다. 도와주려는 자세와 기만적 태도의 양상은 자연 속에서만 확고히 자리하고 있는 게 아니다. 문화사 및 관념사적으로도 이기주의가 이타의 외투를 걸치는 일이 늘 있었다. 그래서 인간이 지닌 이 정반대의 두 특성

---

16. *Science* 327, 2010, 〈Süddeutsche Zeitung〉 2010. 1. 8, 16p.

17. 고등 정신기능, 즉 비비 원숭이 암컷은 '목표 개체의 뇌 속에서 일어나는 과정을 상상'하는 것이다. (Sommer, 102p.)

은 당연하게도 아주 대단하다는 여러 글과 행위의 대상이기도 하다. 떠돌이 성직자, 기적의 치료사, 진짜 및 가짜 예언자가 활동하는 넓은 공간이 시작되는 곳이 바로 여기다. 이들에 대한 자세한 이야기는 한 권의 책을 채우고도 남을 것이다.

"인간이여, 고결하고, 자비롭고 선량할지어다!"

남을 돕는 일에 손수 나설 수 없거나 나서려 하지 않는 타인의 머리 위에 손을 얹어 축복을 내려주거나 굳건한 기도를 통해 선행을 베푸는 모습을 보여줄 수 없는 모든 이들에게 자기 이미지가 가장 잘 드러나게 하는 다른 방법은 여러 가지가 있다. '좋은' 목적을 위한 자선 공연이나 기부금 마련을 위한 쇼, 이웃사랑 행사, 궐기일 및 텔레비전 쇼 같은 것이다. 지난 수십 년 동안 자선 분야는 크게 발전했다.

"스타들이 나와서 사람들의 이목을 끕니다. 그러면 우리는 거기에 모인 대중매체를 이용해서 사회의 잘못된 양태를 지적하고 그 과정에서 우리가 의도한 도움을 주기도 하는 거죠."

'주목에 기초한 자선Attention based charity'에 대해 독일의 거대 언론출판 그룹 부르다Burda의 필립 벨테Philipp Welte 이사의 다소 순박한 설명이다.[18] 미녀와 부자들을 멋진 쇼에 초대해 광고 효과가 나도록 하면서 기록적인 기부 액수를 발표하면, 멋진 사진 자체가 뉴스가 되고 거기에 동참한 모든 사람들은 이미지 관리를 한 셈이다. 모델, 배우, 유명인사들

---

18. Markus Rohwetter, "Das Geschäft mit dem Guten", ⟨Die Zeit⟩ 2006. 12. 20.

은 스폰서 이름이 적힌 판 앞에 서서 잡지사 기자가 터뜨리는 플래시 세례 속에 몸을 빙글 돌리며 포즈를 취한다. 그러면 얼마 안 가서 반들반들한 표지의 잡지에 기사거리로 오른다. 여기서 말하는 좋은 목적이란 사실은 자기 홍보에 지나지 않는다. 어떤 재앙이 나고 어떤 원조기구가 나서든 상관없이, 그들 유명인사와 스폰서들은 이득을 보는 쪽에 속한다. 그리고 그런 행사를 조직한 에이전시는 늘 새로운 깜짝쇼 아이디어를 만들어내야 한다. 그래야 A급 유명인사도 나오고 그것에 걸맞은 기부금 모금 결과도 만들어낼 수 있다.

이따금 발의자와 행사 주빈급 인사 사이의 분위기가 험악해질 때도 있다. 예를 들어보자. 텔레비전 요리 프로그램에 나오는 음식의 대가 팀 맬처Tim Mälzer는 뒤셀도르프의 투자은행장 부인이자 "자선의 여왕"인 우테-헨리에테 오호펜Ute-Henriettel Ohoven이 '어려운 환경의 아이들에 대한 교육'이라는 유네스코 자선행사를 위해 꾸민 호화 쇼에서 경매를 통해 5만 유로가 넘는 돈을 주고 고급 시계 하나를 구입한 후 분노로 끓어올랐다. 행사 후 그는 쇼로 벌어들인 총 6만 7,800유로에 달하는 수익금 중 얼마의 돈이 자선 목적에 돌아가는지 유네스코 측에 문의했더니 1만 1,000유로였다. 공격이 최선의 방어라고 오호펜 여사는 파티 관리인에게 법적 대응을 하려고 했다. 하지만 책임을 맡은 파티 관리인은 순수입을 토대로 파티 비용을 정산했다고 대답했다. 기부된 돈 중에서 파티 비용을 먼저 공제해야 했으며 그렇게 하기로 합의가 돼 있었다는 것이다. 좋은 일을 한다는 의도로 나선 맬처는 결국 자신도 모르게 그저 멋진 파티에 돈을 댄 셈이다.

자선 쇼는 어려움을 겪고 있는 이들에 초점을 맞춘다. 하지만 아쉬움에 처한 다른 이들도 돕는다. 배우 랄프 묄러Ralf Möller처럼 사실상 호화 쇼, 개막 잔치 및 그와 유사한 행사 참여에 기대서만 지명도를 유지하는 유명 인물들이 있다. 예를 들면 2006년에 올해의 보디빌더에 올랐던 그는 사회적으로 열악한 환경에 있는 청소년들에게 삶에 대해 긍정적이고 사회성 있는 태도를 전해주기 위해 결성된 '멋진 사람들Starke Typen'이라는 단체의 현수막에 얼굴이 실리기도 했다. 여기에는 당시 독일 가족부 장관 우어줄라 폰 데어 라이엔Ursula von der Leyen이 후원했다. 할리우드 스타 묄러에게는 자신의 좋은 이미지를 심어줄 호기였다. 영화 〈글레디에이터〉에서 주인공 역의 러셀 크로 곁에 서 있는 힘세고 선량한 '하겐Hagen'이라는 역할이 20세기에도 그대로 재현된 것이다. 하지만 이 와중에 그는 돈도 벌어야 했다. 그래서 심한 폭력적 내용 때문에 독일에서 청소년 유해등급 판정을 받은 컴퓨터 게임 〈포스탈Postal〉의 영화화 작업에 동참했다. 묄러의 사회 참여 활동에 비해 내용적으로 걸맞지 않은 역할이었다.

비교적 소규모의 사회 참여단체도 자선 행사를 통해 긴급히 필요한 재정적 지원을 확보할 수 있다. 자선 비즈니스를 비판하는 이들은 그런 비판 때문에 비판에 처한다. 자선사업의 광고 효과를 과소평가한다는 것이다. 여기서 기괴한 모순이 뚜렷이 드러난다. 가난한 자, 병든 자 또는 굶주린 자를 '이기심을 버리고 돕자'는 호소가 과잉 소비와 사치를 수반하기도 하는 것이다. 행사 비용은 대개 후원 계약을 통해 조달되고 동참한 기업에게는 현금 가치가 있는 이익이 주어진다. 유명인사 바로 뒤에 떡하니 자리 잡고 있는 기업들의 로고가 온갖 번쩍번쩍하는 잡지에 실리는 것이다. 샴페인대충 손님 한 명당 한 병, 멋진 식사, 미용 상품들은 그들 스타의 이름과 동맹관계를 맺어 상표로 만들어진다. 이들 회사는 후원 제공을 통해 기부와는 다른 상당한 세제상의 혜택을 얻는다. 멋진 부수 효과다. 관련 비용은 전액 무제한 운영비로 공제되며 따라서 세금 부담은 그만큼 줄어든다. 독일의 대표적 주간신문 〈디 차이트Die Zeit〉는 이렇게 결론을 내린다.

"파티에 나오는 술 네 병 중 한 병은 국세청이 내는 것이다. 이로써 국가는 유명인사가 참여하는 각종 파티의 최대 후원자임이 분명해졌다."

몇몇 사람들은 '자선'이라는 꼬리표로 자신을 치장하며 특권적 존재에 선행이라는 고상함까지도 더해 범죄적 수단도 가리지 않는다. 이런 혐의를 받은 사람으로 2009년 말 프랑크푸르트 소재 대기업 경영자의 아내인 오데테 마니에마 크렘핀 공주Prinzessin Odette Maniema Krempin가 있다. 그녀는 자기 말로 옛 콩고 귀족 출신이다. 콩고 민주공화국옛 자이레 명예영사인 그녀는 자선활동에 나서는 으리으리한 부인네 무리에 신참으로 들어왔으며, 독일 언론은 자세한 인물평과 가정사를 소개하는 등 그녀의 활동에 대해 찬사를 보냈다. 그것은 그녀가 자기 나라 콩고의 부카부Bukavu 마을에 자선활동을 해 그곳 주민들에게서 받았던 것과 같았다. 온갖 번쩍거리는 장신구로 멋지게 치장한 자선사업가 여성을 맞이하기 위해 마을 사람들은 모두 '오데테' 티셔츠를 입고 춤을 추었다. 그녀는 자신에 대한 르포 영상을 찍기 위해 방송 촬영팀과 함께 마인 강변의 금융 대도시 프랑크푸르트에서 이곳으로 날아왔다. 중무장한 군인들이 그녀의 신변 보호를 위해 나섰다. 자선활동에 대한 연설 또한 자신의 활동과 마찬가지로 장황했다. 그녀의 마음에 특별히 자리를 잡고 있었던 것은 아이들, 병자, 고릴라였다. 자신이 설립한 '독일-아프리카 청소년 협회'를 위한 어느 기부 쇼에서 그녀는 8만 유로를 모았다. 아울러 크렘핀은 콩고 카미투가 지방에서 병원 한 곳도 운영하고 있었다. 유네스코 대사인 그녀는 "저는 현실적이에요. 해결책을 찾고 있죠. 제 시간을 환상으로 허비하고 싶지는 않아요"라고 전했다. "비전 없는 꿈은 무가치해요."[19]

그러나 2009년 말 그녀의 자선활동가 역할 자체가 사기꾼의 환상으로 드러났다. 한 비판적인 텔레비전 보도를 통해 그녀가 유네스코 대사도 아니고—그녀가 제시할 수 있는 것이라고는 조악하게 위조된 인증서뿐이었다—고향에서 병원을 운영하지도 않는다는 사실을 밝혀냈기 때문이다. 병원은 캅 아나무르Cap Anamur라는 원조기관의 프로젝트다. 기부 쇼에서 그녀는 스폰서 명단 게시판에 가짜 기관명을 적어 광고했으며, 자선단체 검증 기관인 독일 사회복지 문제 중앙회는 크렘핀의 단체를 전혀 모르고 있었다. 독일 검찰은 기부 사기 혐의로 즉각 조사에 들어갔으며 오데테 공주의 자선 경력은 이로써 종지부가 찍혔다.

이타성은 이기주의의 버전 2.0일 뿐인가?

그러면 도대체 이타적 행위란 없을까? 자선활동가의 탈을 쓰고 자기 이익을 챙기는 사기꾼은 왜 이렇게 성행할까? 광고 실습생이라면 누구나 근무 첫날부터 벌써 "선을 행하고 그것에 대해 떠들어라"는 이 분야의 오래된 지혜를 우쭐대며 떠들어대다 사기꾼 자선활동기는 이

_____**19.** 〈Frankfurter Rundschau〉 2009. 7. 13.

째야 좋을지 모르겠다 싶으면 그것의 변이형, 즉 마치 선을 행한 듯 행동하고 그것에 대해 떠들라는 지혜를 가슴에 새긴다.[20]

그럼에도 불구하고 다수의 사람들에게 착하고 이타적인 행위는 당연한 일이며 고귀한 문화적 성과로 간주된다. 하지만 진화생물학자에게는 이 말이 수용되지 않는다. 이타성은 번식 기회를 차지하려는 경쟁에서 아무런 이익도 가져다주지 않기 때문이다. 진정한 이타성이란 이들의 눈에는 지극히 드문 인간적 특성으로 보인다. 그렇기 때문에 영장류 연구가 크리스토프 뵈슈Christophe Boesch를 중심으로 한 연구 그룹의 관찰은 진화생물학의 세계관에 늘 되풀이해서 불안을 야기한다. 아프리카 타이 국립공원에서 이루어지는 그의 연구가 직간접적 반대급부가 없는 이타성이 영장류에게도 이미 존재함을 시사하기 때문이다. 예컨대 침팬지가 그렇다는 것이다. 이들은 최대 80마리까지 무리를 지어 산다. 이들 관찰 집단에서 침팬지 수컷들은 고아가 된 새끼들을 받아들일 수 있음을 보여주었다. 물론 그들 사이에는 아무런 혈연관계가 존재하지 않는다.[21]

그러나 자연과학자의 세계에는 순수한 이타성이 들어설 자리가 없으므로 일반적으로 도움을 주려는 태도와 자기 이익 사이에 일종의 고용 관계가 있다고 본다. 인류학자 폴커 좀머Volker Sommer는 이 이타적 행태를 예를 들면 고통과 쾌락이라는 눈앞의 비용-효용-지표를 정신적으로 덮어 가리는 데 도움이 되는 여러 정신적 메커니즘의 하나라고 요약

_____20. Georg-Volkmar Graf Zedtwitz-Arnim, *Tue Gutes und rede darüber - Public Relation für die Wirtschaft*, Berlin, Frankfurt/M., Wien, 1961.

_____21. Boesch C., Bolé C., Eckhardt N., Boesch H., "Altruism in Forest Chimpanzees: The Case of Adoption", *PLoS ONE* 5(1), 2010.

한다. 달리 말하면 인간의 양심, 선악 감정, 도덕은 혈연관계에 국한되지 않은 거대 공동체 내에서의 삶을 어느 정도 보장하기 위한 일종의 진화의 속임수라는 것이다. 이타적 행위를 통해 개체는 평균 이상의 명예를 얻게 되고 그 명예는 그룹 또는 사회 내에서의 이익을 가져다준다. 이 원리는 물론 장애물에 상당히 취약하다.

희대의 금융 사기꾼 매도프는 이것을 자신만의 방식으로 이용했다. 그 역시 아내와 함께 통 큰 기부자로 나섰다. 한동안 매도프 가족 재단은 수백만 달러를 병원과 사회복지 기관에 흘려보냈다. 암 연구도 지원했다. 이러한 행위로 매도프의 명성은 더욱 높아졌으며 그에게 수많은 문을 열어주었다. 여러 공익재단은 지원에 대한 감사의 뜻으로 재단 기금을 그에게 맡겼다.

명성이 높아지면 상호 지원을 할 수 있는 안정적 파트너 관계를 구축할 가능성도 커진다. 오늘날 다시 큰 인기를 끌고 있는 사회적 네트워크가 그것과 똑같은 생각을 갖고 있다. 앞으로 나아갈 때 서로 돕고 그 과정에서 믿을 만한 파트너를 얻는다는 것이다. 그래서 한 파트너의 성공은 자신의 성공 가능성을 높이거나 심지어 가능하게까지 한다. 물론 그 전제는 사람들이 자선활동에 대해 같은 생각을 갖고 있으며 다른 이들이 그 자선행위에 대해서도 알게 되는 것이다. 심지어 자선행위로 이익을 얻지 못할 사람들에게도 자선을 베푼다. "이것은 절대로 특별하게 경탄할 만한 일이라고 할 수는 없습니다" 하고 좀머 교수는 설명한다. "그런 그룹의 구성원은 동일한 자원을 두고 자선을 행하는 사람과 경쟁하는 관계가 아니거든요."

그러므로 사회 구성원은 아주 복잡한 자선 시스템을 받아들이고 감수해야 하며, 끝에 가서 자신에게 이익이 돌아오지 않는다는 두려움을 당연히 늘 갖고 있거나 그런 잘못된 결론에 속아 넘어갈 수밖에 없다. 이에 해당하는 경험을 가공하는 과정에서 다수의 사람들이 자신이 '너무 사회적'이며 '너무 친절'하며 '너무 이타적'이어서 늘 이용당한다는 결론에 이른다. 이런 행태도 진화생물학자들은 "남들이 그들 자신의 이익을 위해 결과를 조작할 수 있음에 대한 대응전략"이라고 해석한다. 그래서 우리는 자신을 실제의 모습보다 늘 더 훌륭하고 남을 더 잘 돕는 존재로 그린다. 남들은 실제로 받은 것보다 더 여러 차례 자선 혜택을 받았다고 믿어야 한다. 이런 경향도 현실의 여러 조건 안에서 하나의 분야로 독립했다.

진화생물학자 리처드 알렉산더Richart Alexander의 주장은 한 걸음 더 나아간다. 우리의 자의식은 "남을 기만하고 속일 수 있을 정도로 우리의 사회적 행태를 예측불가능하게 만드는 데 쓰인다. 왜냐하면 우리의 자의식은 남들이 우리를 보듯 그렇게 우리 자신을 볼 수 있도록 돕기 때문이다. 그래서 남이 우리를 볼 때 우리가 원하는 방식으로 보게 할 수 있다"[22]는 것이다. 하지만 그렇다면 도덕은 역사에서 어떤 역할을 하는가? 그것은 이런 논리에서는 그저 사회적 비용계산의 결과로만 나타난다. 규칙을 따르는 것이 나에게 더 비싼가 아니면 그것을 어기거나 새로운 규칙을 확립하는 것이 더 비싼가? 스스로에게 늘 이런 문제를 제기하면 당연히 기운이 소모된다. 그렇기 때문에 좀머 교수의 견해에 따르면 인간은 우리 사회의 기본적 도덕규범을 내재화하는 경향이 있다.

_____22. Sommer, 179p.

"우리가 '거짓말을 해서는 안 된다' 혹은 '남을 죽이지 마라' 따위의 주요 규칙을 거의 자동적으로 따르며 스스로 그 정당성을 믿는 다면, '만약 위험성이 크지 않고 효용이 크다면 나는 거짓말을 할 것이고 사람까지 죽일 거야'라는 말을 하면서 대체로 이기주의 원칙의 '쌩얼'을 분명하게 드러냈을 때보다 훨씬 더 광범위한 사회적 보상을 받는다."

머리카락 쭈뼛 서게 만드는 최근의 사례는 계산된 선행이 얼마나 방해에 취약한지 잘 보여준다.

스위스 축구계를 속인 아랍 왕자

한마디로 믿을 수가 없다! 놀라운 소식 하나가 2009년 4월, 스위스 축구계를 감전시켰다. 아랍계 투자자가 취리히 메뚜기 클럽 Grasshopper Club Zürich에 대략 2억 2,000만 유로 이상의 지원을 고려하고 있 다는 것이다. 이렇게 되면 축구의 고장 스위스는 한방에 매년 챔피언 리 그 왕위 재패에 나서서 뛸 클럽 하나를 얻게 된다. 마침내 메뚜기 클럽은 아랍과 러시아의 투자자들이 이미 전설을 갖고 있는 저 거대한 영국 클 럽들과 견줄 수 있게 될 것이다. 기자들이 동석한 가운데 폴커 엑켈Volker Eckel은 두바이 국가 지주회사의 대리인 자격으로 메뚜기 스포츠클럽 사 장 에리히 포겔Erich Vogel과 계약을 체결했다. 스위스 축구계로서는 위대 한 날이 아닐 수 없었다. 엑켈은 이번 참여가—마치 결혼처럼—장기간 구상의 결과라며 거대 투자자가 메뚜기 클럽을 적대적으로 인수하는 것 을 두려워하는 회의론자를 안심시켰다.

법적 효력을 지니는 발표에 따르면 엑켈은 '1965년 10월 8일 모하메드 알 파이잘Mohammed Al Faisal로 태어났으며' 2008년에 스위스로 이민 와서 정착한 거부다. 그는 스위스 국민의 축구를 새로 출범시키려 할 뿐 아니라 경제적으로 중동 지역과의 연계도 제공한다. 거대한 두바이 국가지주회사의 스위스 대리 회사가 아마도 곧 설립될 것이다. 유명한 재산관리인에게는 회사 대표가 살 만한 저택을 물색하라는 업무가 맡겨져 성이나 저택을 보러 다녔다. 복사된 은행 서류를 보면 그는 7,000억 달러에 달하는 재산을 소유하고 있었다. 이로써 그는 빌 게이츠보다 열배 이상 부자다. 엑켈은 2주라는 기록적으로 짧은 시간에 무기한 체류 허가인 'C' 등급을 받았다. 그런 이민자라면 스위스는 대환영이다.

그의 흥미진진한 인생사는 사람을 깜짝 놀라게 할 만하지만 그래도 이 정도의 재산이 있다면 아무도 의문을 제기하지 않는다. 이라크의 과거 독재자 사담 후세인과 사우디의 한 공주 사이에 태어난 혼외 아들로서 그의 존재는 극비로 유지되어야만 했다고 엑켈은 말했다. 그는 어린 시절 사담의 아들 여럿과 놀았다고 기억했다. 이후 그들의 심복으로부터 위협을 받았다. 그는 독일로 옮겨졌고 신변 안전을 위해 '폴커 엑켈'이라는 이름으로 슈바벤 지역의 한 가정에 입양되어 기독교 식 교육을 받았다.[23] 그런데 이제 시대가 바뀌고 말았다는 것이다. 그래서 사우디아라비아에서 정치적으로 비교적 큰 역할을 한다는 희망도 가질 수 있다고 했다. 의심을 하는 자에게 엑켈은 까칠한 태도를 취하며 스위스에

---

23. 그곳에서 그는 돼지고기 먹는 법도 배웠다. 이 뚱뚱하기 그지없는 왕자는 리셉션 때 돼지고기를 전혀 거리낌 없이 입 안으로 퍼 넣었다.

서 공증받은 문건 하나를 보여주었다. 거기에는 스위스의 유력한 전국지 〈타게스 안차이거Tages-Anzeiger〉 2009년 10월 2일자에 나타난 대로 그가 "지금까지의 지배자인 압둘라 알 사우드가 사망하는 시점부터 사우디아라비아의 국가 수반의 직을 넘겨받을 준비가 돼 있다"고 써 있었다. 게다가 그는 "모든 사우디 정당의 무제한적이고 무조건적 지원"을 누리고 있다는 것이다.

그러다가 오리엔트, 즉 동방에서 온 이 자선사업가의 꿈이 뺑 터지고 만다. 대중용 가판신문 〈블릭Blick〉이 "메뚜기 클럽 투자자 파산!"이라는 제목을 붙인 것이다. 엑켈은 한동안 더 계속 꿈을 꿀 수 있었다. 텔레비전 인터뷰에서 그는 메뚜기 구단 요인들이 수용하지 않은 것, 자신이 그 계약을 자신의 아랍식 이름으로 서명한 것을 후회했다. 협상은 일단 중지됐지만 미래의 투자 가능성은 그래도 유지된다는 말이었다. 그러나 슈바벤 출신의 샤이히베두인 족 지도자—옮긴이 엑켈은 아랍 쪽과 아무런 관계도 없음이 사실로 알려졌다. 그는 여러 차례의 범죄 전과가 있는특히 55회의 신용카드 불법 사용 신분 사칭 사기꾼이며 게다가 개인 파산 중에 있었다. 그의 인정받고 싶은 욕구는 이미 어린 시절부터 창의적인 방법으로 드러났다. 1980년대 중반, 그는 열두 살 된 아이를 살해했다고 자백했다. 그래서 한 해 동안 구치소에 들어가 살면서 조사를 받다 DNA 분석을 통해 무죄라는 것이 입증돼 풀려났다. 부동산을 구입하면서는 의사라고 거짓말을 했으며 공범의 도움으로 은행 서류를 위조하기도 했다. 이때 문맹이라는 설이 있는 엑켈은 위르겐 슈나이더Jürgen Schneider처럼 일처리가 깔끔하지 못했다. 재산과 관련한 이야기는 한마디로 황당할 정도였다.

이미 2008년에 그는 예의 그 사우디 동화로 FC 쾰른을 속였다. 주머니가 텅 빈 FC 쾰른 측에 그는 팀의 분데스리가 순위를 마침내 눈물의 골짜기에서 빠져나오도록 끌어올리기 위해 5,000만 유로를 투자하겠다고 약속했다. 감독인 크리스토프 다움Christoph Daum은 이 '투자자'를 만나 자신의 스포츠 비전을 설명했다. 그러나 쾰른에서는 적시에 고기 타는 냄새를 맡았고 그래서 엑켈은 취리히로 길을 떠났다.

2009년 겨울, 엑켈은 결국 사기, 문서 위조 등의 혐의로 법정에 섰다. 그는 호화 리무진을 타고 망사 스타킹을 신은 여자 운전기사와 함께 법원 앞까지 왔다. 법원은 '양호하다고 나온 사회성 진단'을 믿어주어 이미 전과 기록이 있던 그에게 2년형에 대한 집행유예와 사회봉사 250시간이라는 가벼운 형량을 선고했다. 그는 가을부터 간호 관련 직업교육을 받기 시작했다고 한다. 하지만 2009년 11월, 그의 개인비서 자비네Sabine M.는 자신의 고용주가 '북독일 어느 곳에서' 치명적인 자동차 사고로 사망했다고 알려왔다. 그러면서 그 이상은 말할 수 없다고 했다. '너무 정신이 없는 데다' 현재 그의 아이를 임신한 지 3개월째라는 것이다. 경찰은 엑켈과 관련된 그 어떤 사고도 확인할 수 없었으며, 북독일 전역에서 문제가 되는 시점에 눈도 내리지 않았다고 했다. 그래도 어쨌든 이후 사람들은 그에 대해 아무런 소식도 듣지 못했다. 루트빅스부르크Ludwigsburg에서 있을 거라던 장례식은 열리지 않았다.

탐욕: 예술 후원자라는 명예

오리엔트, 즉 해 뜨는 아침의 나라 출신의 이 위대한 기부자는 '미국에 사는 부자 삼촌'의 현대판이다. 여기서 말하는 '미국 삼촌'은 19세기 말에 꿈같은 구원의 인물로서 (테레제 홈베르트의 사례에서처럼)

경제적 궁핍에 시달리던 유럽인들에게는 환상 같은 존재였다.[24]

　　　　　　펀드 매니저 알베르토 빌라르Alberto Vilar 사건에서 그는 자선사업가로서의 자신의 역할을 성공한 투자 사업가의 삶 속에서 독립시켰다. 본디 쿠바의 대토지를 소유한 집안 출신인 그는 재산 관리를 통해 거부를 쌓았다. 빌라르는 한때 80억 달러를 관리했지만 자신이 사람들의 기억 속에 위대한 후원자로 남기를 원했다. 오케스트라, 대학, 오페라 하우스 등 전 지구 차원에서여기에는 바이로이트 축제와 잘츠부르크 축제 및 바덴바덴 축제판도 포함된다 그는 엄청난 금액의 기부를 약속했고, 약정 금액은 총 3억 달러에 달했다. 1차 기부금을 낸 다음 빌라르는 기부자라고 명시적으로 칭송해 줄 것을 요구했다. 잘츠부르크 축제 측은 프로그램 자료 한 면 전체에 그의 컬러 사진을 인쇄했다. 런던 로열 오페라 하우스 측에 대해서는 자기 이름을 건물 전면에 새기게 했고 로비도 그의 이름을 따서 짓게 했다. 또 뉴욕 메트로폴리탄 오페라 하우스는 구내 레스토랑을 '빌라르 레스토랑'으로 바꾸었다. 뉴욕 오페라 하우스와의 수차례에 걸친 협상에서 빌라르는 늘 기괴한 요구를 내걸었다. 그가 특별히 원한 것은 자신의 이름을 엘리베이터 내부 또는 자막이 나오는 화면상에서 보는 것이었다. 마지막으로 그는 초연 후 가수들과 함께 무대에 올라 박수를 받겠다고 주장했다.

―――――――**24.** "신분을 사칭하는 대다수 사기꾼들은 남을 등쳐먹는 활동과 더불어 유별난 자선 사업적 노력을 보여준다. 이들은 팁을 후하게 준다거나 없는 사람들에게 잘 베풀고 (주지 않고는 못 견디는 증상), 예술가들에게 혜택을 주며 자선 축제를 기획하고 교회에 헌금을 하며, 병원 등 각종 지원단체 등에 돈을 기부(더 정확히는 기부하겠다고 약속)한다." 스위스 취리히 지방 검찰청 검사이자 신분 사칭 사기꾼 전문가인 게오르크 프란츠 폰 클레릭은 이미 1920년대에 이런 관찰을 했다. (Georg Franz von Cleric, "Der Hochstapler", *Schweizerische Zeitschrift für Straftat*, 1926, 35p.)

오페라 하우스 측은 빌라르의 조건을 대체로 수용했지만 결국 얻은 것은 전혀 없었다.

　　2000년 3월, 북미 증권거래소 나스닥 시장의 거품이 꺼지자 빌라르의 회사 아메린도Amerindo는 요동을 치기 시작했다. 하지만 이 통 큰 투자자는 계속 미국, 유럽을 돌며 오페라 하우스 총감독에게 거금을 약속하고 다녔다. 반면 그의 신용카드는 이미 거래가 정지돼 있었다. 빌라르의 펀드에 맡긴 돈을 빼내려 한 투자자들은, 기부 약정을 받은 문화기관들이 기부금 입금 기다리듯 하릴없이 그의 답변을 기다렸다. 2005년 빌라르는 유가증권 사기 혐의로 기소되었다. 그의 정체 자체가 붕괴되었다. 여권을 보면 이름은 알베르토Alberto가 아니라 알버트Albert다. 또 쿠바 출신이 아니라 뉴저지 태생이었다. 2010년 2월, 빌라르는 뉴욕에서 투자자의 돈을 횡령한 죄로 9년형을 언도받았다.

　　마지막으로 베를린의 한 사례를 살펴보자. 금융계와 연예사업 분야 출신의 자선활동가는 겉으로 드러나는 온갖 치장과 생색에도 불구하고 큰 존경을 받는다. 억만장자가 직업 활동을 마감할 무렵 재산 일부를 공익 재단에 넘기면, 오랫동안 실제로 행해진 투명하지 못한 사업행태에도 불구하고 큰 박수를 받는다. 다른 한편으로 평생 사회복지 분야에 종사하며 선행을 실천하면서도 남의 눈에 띄지 않을 자세가 되어 있지 않은 사람들은 사회로부터 의혹의 눈길을 받는다. 사회복지 활동가 하랄트 엘러트Harald Ehlert는 1980년대 후반부터 공익단체 트레버힐페 베를린Treberhilfe Berlin을 설립·운영하면서 큰 성공을 거두었다. 2009년에는 28개소의 긴급 숙소에서 거의 4,000명이 도움을 받았다. 이중에는 남편에게 두들겨 맞은 여성들도 있었고, 마약중독자와 오갈 데 없는 노숙자들도 있었다. 국가 기관이 책임을 내려놓고 가난한 자와 고통받는 자의 지원 및 관리 업무를 1일 요율을 정해 민간기업의 손에 쥐어주었다는 사실이 엘러트의 사업모델에 도움이 되었다. 그의 취약계층 돌보기 사업은 경영에서 분명 대성공을 거두었다. 기업 경영자에게 기대하는 것과 똑같이 말이다. 그러자 엘러트는 유명 디자이너가 만든 선글라스, 실크 목도리에 업무용으로 마제라티 승용차를 타고 다니며 자신을 연출했으며 재계의 보스들과 '눈높이'를 맞추려 했다. 하지만 대중은 그렇게 봐주지 않았다. 결국 트레버힐페 재단은 공익 재단 지위를 상실했으며 새로운 경영자를 맞이했다.

백색의 가운을 동경하는 사기꾼들

기부자가 되어 뭔가를 남에게 준다는 것은 멋진 일이다. 그러나 최고 수준의 사회적 명예를 거둬들이는 존재는 여전히 의사들이다. 진료비든 의료행위 목록의 단순화든 기타 건강과 관련한 사소한 다툼이든 '백의白衣의 하느님' 신화는 전혀 요동하지 않는다. 대학에서의 오랜 공부와 주당 60~70시간에 달하는 전공의 과정 속에서 환자에게 헌신하고, 야간 근무와 왕진 과정을 마친 의사는 우리 시대의 이타성을 대표하는 하나의 아이콘이다. 병든 이를 치료하고 고통과 장애를 덜어주며 위급 상황에 처한 사람의 곁에 있어주는 것보다 더 아름다운 직업이 어디 있겠는가? 의사의 직업선택의 정직성에 의문을 제기하려는 생각은 아무도 하지 않을 것이다. 이 경우 선이란 희게 빛나는 의사의 가운만큼이나 분명하다.

'돌팔이 의사'는 순전히 경제적 부의 축적보다는 오히려 사회의 인정을 중시하는 고전적 사기꾼이 가장 선호하는 직업임이 분명하다. 자아도취적 동기를 완벽하게 채워주는 직업은 극소수에 불과하기 때문이다. 사기꾼은 환자들이 의사에게 바치는 존경과 신뢰에 기생충처럼 끼어들어 즐긴다. 이기주의 사회에서 열정적인 의사는 자기 이익을 생각하지 않고 이웃을 도와줄 자세가 되어 있는 몇 안 되는 사람에 속하는 것으로 보인다. 카를 마이Karl May 또한 일찌감치 그렇게 생각했다. 위니투Winnetou와 올드 셰터핸드Old Shatterhand라는 소설 속 인물을 창조한 카를 마이는 서부극 이야기 작가로서의 이력을 쌓기 전, 22세의 나이에 안과 의사 하일리히Dr. Heilig라고 거짓말을 하고 다녔으며, 가진 것 한 푼 없었지만 재단사에게 그런 신분에 걸맞는 옷을 짓게 했다. 나중에 이 사건 및 다른 세 건의 범행으로 그는 4년 하고도 한 달의 징역형을 선고받았다.

신분 사칭 사기꾼에게는 군의관 지위가 더 안전해 보인다. 전통적으로 환자가 호소하는 그렇고 그런 통증에 대해 군대 내에서는 대수롭지 않은 듯 말을 하고, 의사는 스스로 수사관의 역할도 떠맡아 환자 중에서 '뺑질이'로 추정되는 녀석을 찾아내기도 한다. 이 분야에서는 캐나다의 퍼디넌드 왈도 디마라Ferdinand Waldo Demara가 유명인사 중 한 사람이다. 그는 의료분야 '이력'에서 수술 업무와 관련한 상당 수준의 전문성까지 획득했다. 그는 여러 역할을 시도한 끝에 마침내 한국전쟁 중에 캐나다 해군 구축함에서 일하게 되었다. 그는 조셉 사이어 박사Dr. Joseph Cyr라는 이름으로 수많은 외과적 수술을 들키지 않고 성공적으로 집도했다. 수술 직전에 속독 기술을 이용해 종합 안내서를 보며 관련 지식을 익혔다. 그의 이야기는 1961년 〈위대한 사기꾼The Great Imposter〉이라는 제목으로 영화화되었다. 버나드 슈워츠Bernard Schwarz라는 본명으로 2차 세계대전 중에 미국 해군으로 복무한 할리우드 스타 토니 커티스Tony Curtis가 이 사기꾼 역을 맡았으며, 독일에서는 영화 제목도 똑같이 붙여졌다.

독일연방군 최초의 심리학과장Chef psychologe도 사기꾼으로 밝혀졌다. 전쟁 시 및 전후 시기에 이 사기꾼에게는 자격을 향상시킬 기회가 많이 제공되었다. 각종 서류가 분실되는 경우가 빈번했으며 이력 또한 검증이 불가능했던 것이다. 그래서 빈 출신의 의대생 로베르트 슈나이더Robert Schneider는 허위로 의사면허증을 얻어 여러 병원에서 근무하다 빈에서 법원감정의 노릇까지 했다. 하지만 슈나이더는 출세 가도에서 좌절을 겪어야만 했다. 자신의 불안정한 사기꾼 본성으로 인해 심리학자의 이력과 더불어 다른 활동도 시작했기 때문이다. 예컨대 그는 '공학 석사 카를 브란트슈태터Karl Brandstätter'라는 이름으로 직원을 뽑는다는 광고를 냈다. 약 90명의 지원자들에게 채용 조건으로 심리 평가서 제출을 요구했으며, 이를 위해 '슈나이더 박사Dr. Schneider', 즉 자기 자신을 찾아가라고 알려주었다. 결국 탄로가 나서 판결을 받았으며 형을 살고 난 다음 북독일 소도시 고슬라Goslar에서 '소아과의사 겸 심리상담사'로 개업했다. 이것으로도 부족했던 슈나이더는 독일 군대의 무공수훈자라고 떠벌렸으며—그렇게 찬란한 자격을 갖추고—1956년 5월에는 당시 조직구축 상태에 있던 연방군으로부터 심리상담 과장으로 초빙받는다. 그곳 사람들은 그의 정체가 다시 한 번 탄로난 이후에도 여전히 그에 대해 훌륭하다는 의견을 갖고 있었다. 그래서 연방군에서는 이렇게들 말했다.

"그가 심리학적 지식과 재능을 갖추었다는 가장 좋은 증거는 그가 자기 주변을 여러 해 동안 속였다는 점이다. (……) 슈나이더 박사가 작성한 자료는 우수하고 활용 가능한 것이었으며 아직도 여전히 병무청 징병접수처 업무의 기초 자료로 쓰이고 있다."

돌팔이 의사가 다년간 의사노릇을 하는 경우는 드물지 않다. 하지만 발각될 가능성은 시간이 갈수록 더 줄어든다. 때로 사기꾼이 과도한 조바심 때문에 제 꾀에 넘어가기도 한다. 의사라는 만족감으로는 충분치 않아 더 높은 데까지 올라가려 하고, 동료들에게 교육 과정을 제공하고, 전문가로 의회에 등장하거나 스스로를 획기적인 연구자 또는 기적의 치료사로 연출할 때다. 미국에서는 아주 지독한 한 사기꾼이 정체가 여러 번 탄로나 판결을 받았음에도 늘 다른 주로 가서 자리를 잡는 일이 있었다. 그는 결국 30년 가까이 다양한 의사의 지위를 가졌다.

클라우스Klaus D. 역시 의사로서 그야말로 그림 같은 급격한 출세의 길을 걸었다. 1982년 그는 바이에른의 한 병원에서 일반의 노릇을 시작했다. 의사로서의 인생길에 오르는 것은 그리 어렵지 않았다. 클라우스의 사칭 행각이 2년 뒤에 발각되었을 때 독일 병원협회의 안드레아스 프리플러Andreas Priefler가 밝혔다시피 "병원에서 의사 일자리를 얻는 데에는 기본적으로 의사면허증과 신원 확인으로 충분하기 때문"이다. 클라우스는 1983년부터 1994년까지 바이에른 지방의 한 요양지에서 의원을 개업해 의료보험 환자를 진료하는 의사로 활동했으며, 1995년에는 27만 마르크에 의원직을 넘기고 한 재활병원의 과장이 되었다. 2년 뒤 그는 아름다운 테거른 호수Tegernsee 옆에 비보험 환자만 받는 의원을 열었다. 부차적으로 그는 한 유명 의사의 암 전문병원에서도 일했다. 그러나 2001년 3월 5일, 경찰이 그의 의원을 급습해 흰색 가운을 입은 그를 체포했다.

　　무슨 일이 있었던 것일까? 의사라는 그는 실제로 이발사였으며 고등학교도 졸업하지 못했으니 하물며 대학 공부는 말할 것도 없었다. 박사 호칭과 의사면허는 문서를 위조해 얻은 것이며 이후 거의 20년을 의사로 행세하며 의료 행위를 한 것이다. 순박한 환자 수천 명만이 그에게 속은 게 아니라 바이에른 주 정부의 장관 두 사람과 다수의 의사들도 맹목적으로 그를 신뢰했다. 재판에서 트라운슈타인Traunstein 지방법원의 형사2부 판사들은 특히 피고가 환자들에게 자신이 개발한 신비의 달걀흰자 제제製劑를 주사한 사건에 대해 관심을 보인다. 이 돌팔이 의사는 가성假性 크루프에 걸린 아이도 자신의 '주사 요법'으로 처치했다. 어린 환자들이 고통스러운 나머지 몸을 뒤트는데도 말이다. 성인 환자 한 사람은 주사 후 호흡 곤란과 빈맥 증상을 호소했다. 자칭 의사의 치료를 목격한 이는 "그는 이게 현존하는 최고의 칵테일이라고 말했어요"라고 회상했다. 실제로 이 돌팔이 의사는 염증과 알레르기를 신속히 가라앉히는 코르티손을 다른 약제와 섞어서 사용했다. 이는 골격계에 부작용을 일부 일으키기 때문에 신체에 손상을 입히는 약품이다. 법원도 41건의 치료 사례에서 이것이 입증되었다고 판단했고 119건의 호칭 오용도 확인했다. 범행을 자백한 이발사는 3년형을 선고받았다.

기적의 치료사의 사회적 능력

　　흰색 가운을 입은 사기꾼들은 마치 흙이 불에 타면 흔적이 남듯 한때의 동료들과 언론 매체에 요란한 반향을 남긴다. 이들 동료 의사들은 사기꾼에게 속았다는 사실 때문에 사람들로부터 본디의 능력에 대해 의혹을 받게 된다. 누군가가 수년 동안 들통나지 않은 채 돌팔이 의사 노릇을 했다면 언론 매체는 대번에 의사들 전체에 대해 의혹의 눈길을 보내는 법이다. 특히 환자들에게 인기가 있었던 사기꾼 의사들은, 결국 의사로서의 출세에는 견실한 의료 지식과 능력보다 사회적 능력이 훨씬 더 중요한 게 아닌가 하는 질문을 제기한다.

프랑크 아바그날네Frank Abagnale. 그는 조종사, 대학교수, 변호사, 의사 등 찬란한 가짜 이력을 자랑하는 사기꾼이다. 그의 이야기는 스티븐 스필버그 감독, 레오나르도 디카프리오 주연의 영화로도 제작되었다Catch me If you can. 아바그날네 자신도 비중이 크지 않은 역할을 맡아 이 영화에 특별 출연한 바 있다. 그는 영아 하나를 질식시켜 죽일 뻔한 적이 있다. 1년가량 돌팔이 소아과 전문의로 활동하면서 '블루 베이비Blue Baby, 젖먹이에게 나타나는 치명적인 산소결핍 현상'라는 표현이 뭔지 몰랐던 것이다.

중등학교밖에 졸업하지 않았으면서도 1990년대에 다년간 의사로 활동한 오스트리아의 노르베르트 라슬Norbert Rahsl의 부당 의료 행위는 매우 위험한 사태를 초래했다. 라슬은 홀라브룬Hollabrunn 지방에서 동시에 3개의 의원을 운영했다. 그곳에서 수많은 환자들에게 자신만의 아주 독특한 형태의 '동종요법'과 '질병 종류와 수술 전후를 가리지 않은 만병통치의 침술'을 제공했다. 한 여성의 경우 심각한 암 질환을 "일시적인 감기"라면서 치료할 수 있다고 떠들기도 했다.

그럼에도 불구하고 수많은 사기꾼 사례는 의사라는 직업에서 사회적 능력이 얼마나 중요한지 잘 보여준다. 환자들은 관심을 가지고 상담해주며 자기 이야기를 지긋이 들어주는 사람을 갈구한다. 종합병원 의사나 동네 주치의에게는 이런 것이 부족하기 십상이다. 사기꾼은 이런 공백을 메워줌으로써 거기에 속아 넘어간 환자에게 사랑받는다. 여기서 이 그룹은 샤머니즘, 안수기도 내지는 엉터리 속임수로 이어지기도 한다. 환자 중에서 기존 제도권 의학에서 벗어난 대체요법에 관심을 가지는 이들은 사기꾼들이 반복적으로 손쉽게 이용해먹는 대상이다. 의심하거나 절망에 빠진 환자들과 그 가족들은 영적 수단을 찾는다. 만성 질환자나 암환자들은 자신의 세속에서의 존속을 가능케 할 모든 가능성을 다 써보려 한다. 이처럼 기존 의학이 한계에 봉착할 때면 언제나 자칭 기적의 치료사들에게 기회의 문이 열린다.

　　1차 세계대전 이후 학문과 의학에도 위기의 시기가 왔다. 문명화를 비판하고 전쟁 체험을 성찰적으로 극복해가는 과정에서 인간은 자연과 영성을 통한 혁신을 동경하게 되었다. 1920년대 독일에서는 빌헬름 황제 시대의 인생혁신 운동을 다시 입에 올리며 검증되지 않은 민간요법과 자연 치료술이 융성했다. 기적의 치료사와 돌팔이 치료사들은 이 기회를 이용했다. 그들 중 유독 빛나는 인물로 마르틴 올페Martin Olpe가 있다. 박사, 교수, 추밀고문에 칸타쿠체네Cantacuzene의 영주로서 그는 여러 가지 이력을 쌓았다. 그는 환자와 의사들에게 자신의 '흡입 치료법'을 천식에 대한 혁명적인 치료법으로 제시하는 데 성공했다. 이를 위해 함께 나서 싸울 사람들과 투자자들을 확보했다. 이들은 보건 분야에서 지대한 공적을 눈앞에 둔 것 같았다. 올페는 이 치료법 사용의 허가를 위해 광고로 투자자와 의사를 물색했다. 한때 독일에서는 28개의 외래 진료소에서 올페의 흡입 치료법을 적용하기도 했다.

　　전에는 천식을 치료할 때 호흡을 안정시키기 위해 모르핀을 종종 투여했다. 그러다 부작용으로 의존성이 나타났다. 이 문제를 피하기 위해 의학계가 새로운 치료 방법을 찾던 중 올페가 가세한 것이다. 그가 사용한 방법의 혁신성은 사용된 약제에 있었다. 효능이 높은 천연 해조류를 사용한 것이다. 환자들은 처치를 받은 후 놀랍도록 회복감과 힘이 솟구치는 것을 느꼈다. 올페는 실제로 예전부터 쓰던 요오드칼리를 사용했으며 감지할 만한 치료 효과는 모르핀과 코카인을 추가로 투여할 때에만 볼 수 있었고, 이로 인해 환자에게는 다시 의존성이 나타났다. 결과적으로 환자들은 올페의 고가의 치료법에 중독되었을 뿐이었다. 올페에게는 엄청나게 수지맞는 사업이었다. 너무 수익성이 좋았던 탓에 이 사업은 올페가 사기 혐의로 재판에서 유죄 판결을 받은 후에도 계속되었다. 그 사이 상표는 멋지게 시장에 진입했고, 과거에 사용 허가를 얻은 사람들은 올페의 치료 방법을 계속 이어갔다. 그러나 이번에는 마약류를 추가 투여하지 않았다. 올페는 잠적해 있더니 사회복지 지원금에 의존해 살던 뮌헨의 어느 귀족에게 입적되었다. 그래서 그는 칸타쿠체네 영주 Fürst Cantacuzene가 되었고 의학의 저편에서 새로운 사기꾼 이력을 시작했다.

특권 중독증

　허세는 중독된다. 남의 인정을 갈구하는 허세꾼은 의사에게 신뢰를 보내며 고마워하는 환자와 만날 때마다 황홀한 절정감을 맛보기 때문이다. 환자와의 잦은 접촉이 이들 자아도취자의 자아를 먹여 키우는 것이다. 한스-페터 Hans-Peter B.라는 사기꾼은 1990년대에 독일 중서부 피어젠 Viersen에서 의사라고 떠벌리며 암환자를 치료했다. 그전에 그와 편지를 교류하던 의사들은 그를 '동료'라 불렀으며 그렇게 해서 자신이 의사라는 것을 입증받았다. 이후 그는 스스로 '가난한 자에게 도움을 베푸는

음지의 의사'라고 믿었다. 의사로서 사람들을 치료하고 그들에게 선을
행한다는 목표를 정하자 더 이상 가만히 있을 수가 없었다. 더욱 적극적
으로 진료했지만 2001년, 갈수록 더 많은 환자가 그를 두려워한 나머지
등을 돌렸다. 그래도 그는 포기하지 않았다. 계속 자신에게 진료를 받도
록 환자들을 설득했다. 이러한 과도한 열정이 불행으로 다가왔다. 환자
들이 그를 불신해 결국 고소하기에 이른 것이다.

　　　고귀한 직업에 부여되는 명성은 전 사회 계층을 상대로 강
력한 흡인력을 행사한다. 하필이면 실형을 선고받은 마약상 한 사람이
2007년 말, 라인 강 하류 레스Rees 시 소재 중독환자 전문병원의 치료팀
장 자리에 오르게 되었다. 물론 그는 아무런 관련 교육도 받지 않았다. 당
시 55세의 이 사기꾼은 심리학과를 졸업했으며 심리치료사에 철학박사
라고까지 허풍을 쳤다. 병원 경영진으로 채용된 그는 직원 교육에 나서
기도 했다. 그의 이력은 글자 그대로 밑바닥에서부터 시작했다. 한때는
마약중독자였다. 그러다 어느 병원에서 보조직원으로 일했다. 청소를 하
던 그는 의사 및 치료사의 옛 구직서류가 담긴 상자를 발견했다. 이 자료
로 그는 몇 년 후 찬란한 이력을 창조해냈다. 사용된 도구는 아주 간단했
다. 가위, 풀, 수정액과 복사기가 전부다. 그는 그 마술 상자 속에서 뮌헨
대학루트비히 막시밀리안 대학 심리학과 졸업장, 바이에른 주 노동부의 면허증
과 여러 고용주들이 발행한 증명서 그리고 〈인생 잔치〉라는 제목의 에어
랑엔 대학프리드리히 알렉산더 대학 철학과 박사학위 논문을 골라냈다. 하지만
평범한 교통 위반 한 건으로 그가 쌓은 거짓의 성은 붕괴됐다. 면허증을
위조하는 일을 깜박한 것이다.

　　　대다수 사기꾼 의사가 1순위에 두는 것은 사회적 특권이며 경

제적 동기는 그다음이다. 그러나 때로는 담당 의사라는 구실로 피해자에게 접근하는 악질적인 사기꾼, 도둑놈, 성범죄자들도 있다. 초저가 여행에 나선 은퇴 생활자에게 말도 안 되는 비싼 값에 기적의 치료제를 파는 사람도 있고, 거액을 받고 환자들을 전문 병원에 소개하는 사람들도 있다. 노인네를 대상으로 한 판매 행사에서 토마스Thomas P.는 얼마 전까지만 해도 한번은 말끔한 스포츠 전문의로, 한번은 약사로, 또 노련한 물리치료사로 등장했다. 그는 노인네들에게 '글루소콘 스페셜'이라는 영양보충제를 터무니없는 가격에 팔았다. 이 비타민 제제가 기적의 치료약이라고 떠벌리면서 류머티즘, 만성관절염, 고혈압, 불면증과 근육 뭉친 데에도 효험이 있다고 했다. 그러나 실제로는 아무런 약효가 없었다. 그는 열 명이 일하는 콜센터를 일시적으로 운영하면서 자신이 만든 약을 사람들에게 떠안겼다. 그는 초저가 여행 주선업체에서 돈을 주고 노인네들의 연락처를 샀다. 물론 그 일은 수지맞는 사업이었다. 토마스는 한 병에 11.23유로를 주고 사서 글루소콘 스페셜이라고 이름을 붙인 다음 최고 750유로까지 받고 팔았다.

　　　'대학교수 볼프강 박사Prof. Dr. Wolfgang B.'는 아주 특별한 서비스를 제공했다. 대가를 자처한 그는 뮌헨의 여러 병원을 들락거리며 응급처치를 행했다. 그는 폭넓은 대인관계를 유지했으며 견실한 의학 지식도 갖고 있어서 동료들의 주목을 받았다. 또한 환자를 해당분야 최고 수준의 전문가에게 소개해주고 대가로 엄청난 금액을 챙기기도 했다. 마침내 그는 스위스 테신Tessin 지방 출신의 한 부부로 하여금 자신의 의학적 '유전공학 연구'에 수백만 유로를 내도록 꼬드기는 데 성공했다. 설비용 전기 기술을 배운 그는 재판에서 법적인 책임 능력이 없다고 진술한 반면,

공범인 여성은 자신이 주범이 아니라고 버텨야만 했다.[25]

2009년 여름에 다시 그런 일이 일어났다. 에어랑엔 대학병원 혈관외과에서 시행된 196건의 수술에서 집도를 보조한 젊은 의사가 사기꾼으로 밝혀진 것이다<small>몇몇 매체에서는 그가 직접 수술집도를 했다고 주장했지만 이는 사실이 아니다</small>. 크리스티안 에레트<small>Christian Ehret</small>는 의사자격은커녕 고등학교도 졸업하지 못했다. 의료인 건강 연구소장 베른하르트 모일렌<small>Bernhard Mäulen</small>은 고도로 전문화된 분야에서 사기꾼들이 어떻게 되풀이해 그렇게 오랫동안 살아남는지를 이렇게 설명했다.

"동료가 숙련도나 전문지식의 부족을 알아차리면 우리는 오히려 '그래, 저 친구도 다 알지는 못 하는구나'라고 생각합니다. 말하자면 그런 부족을 전혀 낯설지 않은 국소적 약점이라고 여기는 것입니다. 뭔가 결점이 있다 싶은 사람이라고 해서 의문을 제기한다면 의학 및 다른 모든 고등직업은 존립하기 어려울 것입니다. (……) 큰 병원을 경영하는 의사로서 제가 품고 있는 모토는 '우리가 원하는 직원을 늘 얻을 수는 없다. 오히려 구할 수 있는 사람을 써야 한다'는 것입니다."

_____ **25.** 신분을 사칭하는 많은 사기꾼에게 의사라는 직업은 여러 개의 가짜 정체, 직업 및 호칭 중의 하나일 뿐이다. 예컨대 경찰은 1930년대에 '의학박사 폰 운트 추 슈톨베르크 후작(Dr. med Fürst von und zu Stolberg)'이라는 인물을 국제적으로 수배한 적이 있다. 그는 이탈리아 주재 독일 영사관에 여권 위조범이라는 것이 드러나 1938년 9월 이래 도주 상태에 있었다. 그는 유대계 이민자에게 어떤 나라 비자든 다 만들어주겠다고 제의했으며 매우 통 큰 사람인 듯한 태도를 보였고, 여러 수행원과 함께 뉴욕 번호판이 달린 대형 뷰익(Buick)을 타고 다녔다. 그는 자신의 가짜 이름을 독일의 볼프-하인히리 슈톨베르크-슈톨베르크 후작(Wolf-Heinrich Fürst zu Stolberg-Stolberg)에게서 취한 것이 틀림없었다 (*Internationale öffentliche Sicherheit. Publikationsorgan der internationalen kriminalpolizeilichen Kommission*, Wien, 1939, 3, 7p.)

크리스티안 에레트의 경우 전문적 이해와 실질적 능력을 두루 갖추고 있었다. 비록 고교 졸업자격 증서를 위조한 덕분이기는 하지만 의과대학에서 여러 학기 공부를 했었고 말테저 긴급구조단에서 스무 차례 의사로 투입된 경험이 있었다. 그의 행위를 목격한 이는 그에 대해 "손놀림이 정교하다"고 묘사했으며, 그는 그들에게 "믿을 만하다는 인상"을 심어주었다. 그 밖에도 사기꾼들은 대개 팀을 이루어 활동한다. 말하자면 주변 전문가들의 지식의 덕을 보는 것이다. 돌팔이 에레트는 나중에 "하나도 엉터리로 하지 않기 위해서 저는 모든 손놀림을 이중 삼중으로 점검했습니다. 그 어떤 책임도 제게 돌아오게 하고 싶지는 않았거든요. 바로 몇 주 전에 함께 강의실에 앉아 있던 학생들을 복도에서 마주치는 것도 고역이었죠. 그렇게 마주칠 때면 가운의 옷깃을 세워 아무도 내 이름표를 보지 못하게 했습니다. 내가 벌써 의사라는 것을 알지 못하게 하려고 말이죠"라는 말도 했다. 14개월의 인턴 기간이 지나면서 게임이 끝났다.

"회진 중에 제 삐삐가 울렸습니다. 과 주임의사였습니다. 그의 방에 가니 뭔가 오류가 있다고 말하더군요. 그는 의사회의 문서 한 장을 손에 들고서 자기는 더 정확한 사정은 전혀 모르지만 일단 제게 업무정지가 내려졌다고 말했습니다."[26]

한때의 동료가 익명으로 그를 경찰에 신고한 것이 분명했다.

그 가짜 의사는 지금 감옥에서 고교 졸업자격 및 의과대학 공부에 도전하려 한다. 언젠가 진짜 의사가 되려고 말이다.

_____26. *Süddeutsche Zeitung Magazin*, 49, 2009.

아이덴티티 시대의 필수품, 거짓말

    사기의 고전인 돌팔이 의사 건을 다루었으니 이제 결산을 할 때다. 직업 세계, 연애, 아니면 사회생활 등에서의 사기와 위장. 이 자아 도취 및 우쭐대려는 욕구는 우리 내부의 어떤 능력과 일맥상통하는 것 같다. 우리는 반갑든 싫든 남을 속이고 자신도 속이는 능력을 인간 본성의 한 구성 요소로 간주해야만 한다. 그것은 예를 들면 두려움을 극복하는 데에 매우 유용한 효과를 지닌 도구다. 그러므로 진화생물학자의 해석을 따라도 된다. 그러나 이런 '재능'은 온갖 형태의 자아 곡예술이 점점 더 고도화되는 데 필요한 비옥한 토양이 된다.

    자아 간의 경쟁관계가 갈수록 심화되는 일상의 삶에서 날마다 애를 써서 자신을 만들어내고 자기주장을 하는 데에는 많은 에너지와 창의력이 소모된다. 얼마 전까지만 해도 우리의 인생행로는 흔히 출신 같은 외적인 요인을 통해서 규정되었다. 하지만 이제는 그렇지 않다. 오히려 삶의 많은 현상들을 이제 우리가 직접 건드릴 수 있다는 사실은 아름답기 그지없다. 자신에 대한 열정은 통제하기 어려우며 언제든지 현실 감각의 상실을 야기할 수 있다고 사회학자 장-클로드 카우프만Jean-Claude Kaufmann은 진단한다.

    "왜냐하면 자기 인식과 타자 인식의 불일치에 화가 나서, 이따금 제 이야기 속에 자신을 가두고는 좀 더 절제하도록 유도해주는 신호를 자아가 외면하려 하기 때문이다."

    그러나 딜레마는 위조되지 않은 진짜 인간 본성과 '소원해지는' 데에 있지 않다. 그런 환상은 숱하게 (정치적 및 학문적) 유토피아의 중심 사상이 되기도 했다. 더 큰 문제를 야기할 수 있는 것은 오히려 개인의 에너지가 무의미하게 빠져나간다는 점과 더불어 집단이 치르게 될 비용이다. 자아도취성 인격장애 및 우울증 증가와 더불어 우리는 무엇보다도 모든 권력을 다 가져서 승자의 일원이 되려 하며, 그것을 위해 뭐든 할 준비가 된 사람들의 공격 때문에 정신없이 바빠질 것이다. 괴물 같은 엄청난 요구사항을 지닌 개량종 자아는 이제 어떤 모욕도 참지 않는다. 승자 그룹의 일원이 되지 못한다는 모욕감도 마찬가지로 견디지 못한다.

카우프만은 자신의 책《자아 창안Die Erfindung des Ich》에서 "인간이 본성적으로 악하다는 말은 아니다. 그러나 아이덴티티의 시대에 인간은 덫과 아주 비슷한 그 무엇에 사로잡혀 있다"고 했다. 모든 사람이 추구하는 화폐는 '관심'이라고도 불린다. 저 위에 자리를 꿰차고 있는 사람만이 우리의 승자 문화에서 완전한 관심과 주목의 대상이 된다. 오로지 그것 때문에라도 신분 상승과 출세는 중요하다. 그래야 존재한다는 사실을 느끼는 것이다. 이와 반대로 치욕을 맛본 패배자는 온갖 수단을 다 동원해서라도 제 자존감을 재확립하려 하며, 아직 남의 이목을 끌 수 있는 곳에서 그들의 관심을 취하는 것이다.

사회 지도층을 대상으로 한 여러 세미나에서 왜 위로 올라가려 하느냐는 질문에 대답하는 사람은 거의 없다. 기껏해야 "더 잘나가고 싶으니까"라거나 "돈이 더 필요해서"라는 정도로 대답한다. 대다수는 자기실현을 그 동기로 꼽는다. 사람들은 강한 자의 말에 귀 기울인다. 현대에는 두 개의 간선도로가 그쪽으로 나 있다. 하나는 과학과거에는 그것이 종교였다이라는 길이고 다른 하나는 정치과거에는 귀족과 군대였다라는 길을 통해서

다. 20세기와 현재에는 두 영역이 서로 밀접하게 엮여 있다. 사기꾼과 거
짓 출세한 자, 온갖 종류의 선동가와 몽상가가 설치기에 이상적인 활동
영역이다.

Chapter 04

과학 및 정치 분야의
몽상가들

정치가와 과학자의 공생관계

지금까지 수많은 과학적 연구에 의지해 사기의 바탕을 조명해 보았다. 그러나 과학을 믿을 만한 진리의 보증으로 볼 수 있을까? 정치에서 그러하듯 결국 과학적 논쟁이나 이론을 둘러싼 다툼, 다양한 진리 모델은 늘 존재한다. 이때 이들 아이디어 다툼을 더 치열하게 만드는 것은 새롭고 더 나은 세상을 창조한다는 꿈, 아니면 적어도 거기에 한마디라도 거든다는 꿈이다. 그런 꿈은 강력한 동맹군에 힘입어 실현 가능하게 보일 수 있다. 또 우선은 웃음거리가 될 수도 있는 비전예컨대 외계 생명체와 접촉하기, 맥주 뚜껑에다 소득세 신고하기 등과 그것의 성공적인 실현 사이의 불일치가 클수록 돌아오는 명성은 더 큰 법이다.

그런 까닭에 연구 및 과학의 역사에는 자기중심적인 과학자,

연금술사 및 허풍쟁이들의 말도 안 되는 실험과 정신나간 비전이 드물지 않다. 그러나 투자자와 정계 후원자가 없다면 비전이란 사람 눈에 띄지도 않고 무의미하며, 기술 진보와 경제 혁신 없이는 군주의 살림도 빈한해 보이는 법이다.

야심 가득한 정치가와 과학자는 그런 이유로 공생관계에 들어간다. 과학자는 그런 방식으로 자금을 확보하고 정치가는 '획기적 연구'와 '미래의 기술'을 장려함으로써 빛이 나는 것이다. 분명한 것은, 이런 영역 또한 사기성 농후한 인물들에 대해 강력한 흡인력을 발휘한다는 점이다. 폐쇄적 정치 환경과 외부와 차단된 독재자의 비밀 실험실에서만 권력과 과학의 동맹관계가 번성하는 것은 아니다. 다원주의 사회에서도 인기 영합적 정치, 자금의 분배 및 연구조정 같은 것은 존재한다. 그러나 우리는 우선 2차 세계대전 후의 아르헨티나에 눈길을 주려 한다. 그곳에서 재미있는 이야기 하나가 전개되어 오늘날까지 영향을 미치고 있기 때문이다.

저 하늘의 달은 아무나 따나

당시 아르헨티나의 일인자 후안 페론Juan Perón의 일정표는 언제나 가득 차 있었다. 하지만 페드로 마티에스 교수Prof. Dr. Pedro Matthies가 그를 면담할 때면 다른 사람들은 뒤로 물러나 기다려야 했다. 교수는 본디 쿠르트 탱크Kurt Tank라는 이름의 소유자로, 독일 '제3제국'에서 빌리 메서슈미트Willy Messerschmidt와 더불어 항공기 설계를 주도하는 자리에까지 오른 인물이다. 전쟁 전에 그는 독일 포케불프Focke-Wulf 항공사의 Fw200 '콘도르Condor'를 개발했다. 루프트한자는 이 비행기를 노선 여객기로, 군대에서는 장거리 폭격기로, 또 히틀러는 몸소 '총통 전용기'로 이용했다. 탕크는 그 외에도 전쟁에 투입될 다양한 전투기를 설계했는데, 이들 비행기의 성능은 오늘날까지도 군대 및 비행기 마니아들의 뜨거운 감흥을 불러일으키고 있다. 탕크가 창조한 것 중 정수는 제트추진 폭격기로, 1945년 초여름에 처녀비행을 위해 이륙하기로 돼 있었다. 그러나 그 사이 나치 독일이 패망하고 말았다. 연합군은 그에게 직무활동 금지조치를 내렸고, 이로 인해 탕크는 전쟁 후 공장건물을 설계하며 빈둥거리다가 1947년 아르헨티나로 이민을 떠났다. 그곳은 나치 고위관료와 기술자 다수를 두 팔 벌려 맞아준 것이다. 탕크는 제트 전투기 개발이라는 미완성 프로젝트를 마침내 실현하겠다는 계획을 가지고 그곳으로 갔다. 예상은 적중했다. 페론 대통령은 아르헨티나를 대국으로 만들겠다는 자신의 비전에 날개를 달아줄 사람을 환영했다.

　　페론이 부통령으로 있던 아르헨티나 군사정권은 1945년 3월 말 베를린-로마-도쿄의 추축국에 대해 급히 선전포고를 했고, 그리하여 반히틀러 연합군으로서 승전국의 일원이 될 수 있었다. 페론 장군의 히틀러에 대한 동경은 비밀이 아니었다. 1943년 아르헨티나 총참모부 비망록에는 이렇게 적혀 있었다.

　　"우리는 군비를 갖추고 또 갖춰 투쟁할 것이다. (……) 히틀러의 투쟁을 우리는 모범으로 삼아야만 할 것이다."[1]

　　아르헨티나가 남미에서 가장 강력한 국가가 되어야 한다는 것이었다. 2차 대전에서 쓰던 무기가 넘쳐난 덕에 페론은 이미 미래에 대비한 무기를 엄청나게 확보할 수 있었다. 하지만 성에 차지 않았다. 그래서 탕크는 다른 독일 및 아르헨티나 기술자와 함께 코르도바Córdoba에 있는 군용 항공기 제작공장에서 제트전투기 '풀키 II'를 설계했다. 이 프로젝트는 결과적으로 실패로 판명됐다. 대량생산에 들어가기 전에 페론이 실각한 탓이다. 하지만 탕크에게는 아르헨티나 사람 '다니엘 뒤젠트립다니엘 제트추진'으로 보낸 8년의 시간이 인생 최전성기였음이 분명하다. 업무상 약속으로 650킬로미터 떨어진 부에노스아이레스에 가야할 때면 그는 개인용 풀키 프로토타입을 타고 초음속으로 날아갔으며 다시 초음속으로 비행해 집에 도착한 다음 저녁 식사를 했다.

아르헨티나의 수소폭탄

페론은 독일 제국 출신의 이 충직한 신하를 매우 귀히 여겼다. 그가 1948년 늦여름 오스트리아 출신의 물리학자이자 자칭 핵전문가 로날트 리히터Ronald Richter을 만나게 해주자 페론은 황홀할 지경이었다. 리히터라는 인물은 그전에 영국 핵에너지 관리국에서 퇴짜를 맞은 터였다. 전 세계가 독일 연구원들을 구하고 있었지만 리히터는 영국 측의 눈에는 너무 의심스런 인물이었다. 그러다 영국에 체재하는 동안 탕크를 만나게 되었다. 두 사람은 같은 꿈을 갖고 있었다. 바로 핵추진 항공기였다. 덕분에 리히터는 페론에게 다가가는 문이 열렸다. 페론은 그의 꿈을 진심으로 환호하며 받아주었다. 그 물리학자가 자그마치 핵융합 제어를 제안했

—————1. Klaus Hoffmann, *Glitzerndes Geheimnis, Gauner, Gaukler, Gelehrtes und Großmachtpolitiker*, Leipzig/Jena/Berlin, 1988, 251p.

기 때문이다. 이는 핵 기술의 군사적 이용에도 근접할 수 있다는 희망을 싹트게 했다. 미국의 핵무기 개발 및 원폭 투하가 일본 히로시마와 나가사키 두 도시에 가한 소름끼치는 영향은 전 세계에 충격을 안겨주었다. 수많은 나라들이 이제 똑같이 핵무장을 원했다. 그러나 미국의 개발 프로그램은 이미 수십 억 달러의 돈을 삼켰으며, 따라서 아르헨티나에게는 그림의 떡과 같았다. 그때 리히터 같은 인물이 적시에 나타나 자신의 '열핵 융합반응'이 미국 기술을 능가할 뿐만 아니라 더 나아가 훨씬 더 저렴하다고 떠든 것이다.

　　　　페론 대통령은 자신만만한 모습으로 나타난 이 과학자를 맹목적으로 신뢰했으며, 추종자들이 내뱉는 경고의 외침을 듣지 않고 외면했다. 페론은 "독일 제국에서 온 과학자가 아니면 누가 그런 비전을 실현할 수 있겠는가"라며 리히터를 믿었다. 그는 핵보유국 아르헨티나라는 꿈을 이루려 했다. 나치 정권의 폭력정책 및 말살정책에 공범으로 연루되었던 리히터의 동년배들이 패전한 독일 땅에서 자기네 인생 역정을 미화한 다음 계속 이력을 이어간 반면, 리히터는 고향에서 멀리 떨어진 아르헨티나 땅에서 큰일에 내몰리고 있었다.

　　　　1949년, 페론은 자신의 피후견인에게 안데스의 멋진 호수 내에 위치한 우에물Huemul 섬을 넘겨주었다. 엄청난 비용을 들여 지은 실험실이 그곳에 있었다. 아르헨티나 남쪽에 위치한 이 '스위스 땅'은 연구를 하면서 거주하는 곳이 되었다. 이곳은 특히 많은 사람들이 찾는 관광지였지만 극비 연구 프로젝트로 인해 접근금지 지역으로 선포되었다. 리히터는 다양한 나치 인물들과 어울리며 독재자의 총애를 받는 특별한 위치를 마음껏 누렸다. 페론이 현지에서 자신을 합법적으로 대리할 유일한 존재라고 임명하고 전권을 리히터에게 내준 이후, 리히터는 인근에 위치한 호화 요양지 바릴로체Bariloche에서 아내와 함께 작은 왕국의 왕과 왕비 같은 삶을, 그것도 아주 제대로 영위했다고 한다. 하지만 얼마 안 가 동료들 사이에서는 그가 아주 별난 존재라는 인식이 확산되었다. 그는 늘 자신이 쫓기고 있으며 염탐당한다고 믿었다. 심지어 탱크까지 의심했다. 그는 자기 실험 절차의 많은 세부적 사항에 대해 최측근에게도 알리지 않았다.

1951년 2월, 마침내 그런 행태도 막바지에 이르렀다. 리히터는 제 주인에게 결정적 실험이 성공했다고 연락했다. 페론은 신속히 전 세계에 우에물의 핵 연구소에서 열핵반응 제어에 성공했다는 것과 그렇게 생성된 에너지를 곧 전 국민이 활용하게 된다고 알렸다.

"날마다 우유 배달하듯 병에 담아 각 가정으로 배달해줄 것입니다."[2]

이 소식에 전 세계 각국, 특히 미국의 핵 전문가들이 귀를 기울였다. 미국은 제어되지 않는 핵융합 폭탄수소폭탄에 매달려 심혈을 다하고 있었으며 1952년 11월에야 비로소 최초 실험을 행했다. 페론은 리히터의 핵융합 프로젝트에 대한 미국 측의 의혹의 시선을 위협하면서 무시해버렸다. 얼마 후 범미주 정상회의Pan-american Conference가 준비될 무렵, 페론은 그 회의에서 아르헨티나가 남미의 맹주임을 강조하려고 자국 아르헨티나가 이제 핵보유국 그룹으로 도약하기 위해 서두르고 있음을 알렸다. 리히터도 거들었다.

---

2. www.erinnerungswerkstatt-norderstedt.de/artikel/290_eß.htm

"아르헨티나는 이미 오래전부터 수소폭탄의 비밀을 알고 있었습니다. 그러나 대통령께서는 제게 폭탄을 만들라는 요청을 지금까지 하지 않으셨습니다."

실험실 점화가 가능한가 하는 문제에 대해 리히터는 "수소폭탄이 터질 때는 에너지가 아무런 방해를 받지 않고 방출되지만, 그 에너지를 즉시 제어하는 데"에 성공했기 때문에 바릴로체 주민들은 아무것도 보거나 들을 수 없었던 것이라고 설명했다. 놀란 기자들이 어떤 물질로 시작했는지 물어오자 리히터는 아주 한껏 뻐겨댔다.

"우리는 값이 비싼 우라늄 235는 절대로 쓰지 않습니다. 우라늄 없이도 핵에너지를 생산할 수 있습니다!"

진지한 표정의 전문가들은 이 새로운 사건뿐만이 아니라 리히터의 지적 능력에 대해서도 의혹의 눈길을 보냈다. 그러나 모스크바의 소련 군부에서는 부에노스아이레스에서 날아온 이 소식으로 인해 어쨌든 불안을 감추지 못했다. 그래서 한때 리히터를 고용했던 소련 핵폭탄 개발에 매달려 일하고 있는 물리학자 만프레드 폰 아르데네Manfred von Ardenne를 모스크바로 불러들였다. 리히터는 대학에서 물리학을 공부했고 1935년에는 박사학위를 취득했다. 이후 그는 다름슈타트 공과대학 항공기 제조학과에서 일했다. 1943년에는 베를린 소재 아르데네의 핵물리 연구소로 왔다. 그곳에서 리히터는 핵연구 분야의 전문성은 전혀 키우지 않았다. 오히려 아르데네는 3개월 만에 그를 다시 내보냈다. 그에게 환상과 과학적 현실이 늘 뒤죽박죽 섞여 있었던 탓이다. 그래서 아르데네는 소련 장성들에게 그 모든 일을 심각하게 받아들이지 말 것을 권했다.

아르헨티나에서도 몇몇 소수의 학자들은 리히터가 대중으로부터 각광받으려는 사기꾼임을 알았을 것이다. 그러다 1951년 8월, 그는 갑자기 자신의 반응로를 불과 8개월 사용 끝에 해체하게 하고는 같은 곳에 그것보다 더 큰 '프로세스 데이터 반응로'를 건설하게 했다. 리히터가 일종의 선수를 친 것일까? 어쨌든 그렇게 해석할 여지는 있다. 새 반응로가 건설 중인 시점에 그가 페론과 대화를 나누면서 영국 또는 미국과 협력할 것을 제안한 것이다. 페론은 리히터에게 그 협상을 주도하라며 전권을 부여했다. 하지만 미국 총영사와의 대화는 성과 없이 끝났다. 이제 행운은 리히터를 버렸다. 본디 페론의 핵 천재를 지원하기 위해 설립된 국가 핵에너지 위원회의 직원들은 리히터의 주장에 의심이 들었다. 결국 현장에서 진행된 실험을 통해, 그 장치를 사용해서 '리히터 박사가 주장하고 있는 어떤 현상을 일으키기'는 가능하지 않다는 인식에 이르렀다.[3] 이와 달리 리히터 박사는 '원자력 천재'라는 모습과 자신을 동일시한 나머지 위원회를 방문한 날 자기 노트에 이런 글을 남긴다.

"나에게 제기된 질문은 당혹스러울 정도로 멍청한 것이어서 진중한 척하느라 애를 썼다."

리히터는 조금씩 안정적 기반을 잃어갔다. 이 사실을 그는 스스로 천재라고 혹은 적어도 그것과 비슷한 존재임을 강력히 연출함으로써 보완했다. 페론 대통령에게 올릴 조사보고서에서 조사위원회 위원장은 우쭐해서는, 리히터가 "원자력 연구에 기본 바탕이 되는 물리학과 관련해 놀라울 정도로 큰 지식 공백을 보인다"고 기록했다. 페론 장군도 조

─────── **3.** Report by Dr. José Antonio Balseiro Huemul Island 1952 Buenos Aires, National Atomic Energy Commission, Buenos Aires, 1988.

금씩 정신을 차렸다. 사기꾼에게 털려버린 것이다. 이제 작은 목소리로 1951년 3월의 언론발표는 성급했다고 말한다. 아르헨티나의 권력자는 전 세계 여론 앞에서 철저히 망신을 당했다. 게다가 리히터가 실패한 실험에는 3억 달러나 들었다. 리히터는 정체가 밝혀진 후에도 기자들에게 천재 물리학자인 척하며 몇몇 공식을 쪽지에 그려 보여주기도 했다. 그게 수소폭탄의 비밀이라며 말이다.

"이건 내 손에서 나온 적이 한 번도 없었소. 여러분들한테만 독점적으로 제공하는 것이오."

그것은 진작부터 알려진 공식으로 1964년 한 (진짜) 핵물리학자의 책에 소개된 내용이었다. 한때 미국의 맨해튼 프로젝트에 참여했으며 "수소폭탄의 아버지"라 알려진 에드워드 텔러Edward Teller는 리히터의 행위에 대해 〈물리학 오늘Physics Today, 2003.8〉이라는 학술지에 다음과 같은 촌평을 한 바 있다.

"리히터의 아이디어를 한 줄 읽다보면 그가 천재라고 생각하지 않을 수 없다. 그리고 그 다음 줄을 읽으면 그가 정신이 나간 사람임을 알 수 있다."

냉전 시대를 벌써 멀리 지나왔고 리히터가 대중을 상대로 한 뻥이 우리 눈에 아무리 말이 안 되는 듯 보일지라도, 그는 오늘날까지도 계속 우리에게 영향을 미치고 있다. 수많은 리히터가 미국, 영국, 소련 같은 여러 나라에서 핵융합 제어를 실현하기 위해 뜨거운 노력을 쏟아 붓고 있기 때문이다. 하지만 당시와 마찬가지로 이 실험은 60년이 지난 오늘날에도 여전히 순수 기초연구이다. 이 에너지의 상업적 이용은 아직도 계속 꿈일 뿐이다. 또 다수 연구자의 견해에 따르면 그것은 앞으로도 무한정 그럴 것이다. 예컨대 물리학자 줄리안 헌트Julian Hunt가 말하듯 "개발은 매우 더디게 진행된다. 또 이 실험이 성공에 이르는 데에는 앞으로 50년이 더 걸릴지도 모른다. 설사 그런 때가 되더라도 융합 반응로가 경제적으로 수익성이 있는지는 분명치 않다. 어떤 경우가 되었든 향후 50년 동안 아무런 실용적인 해법도 보지 못할 것이다."[4] 그런데 물리학자 출신의 앙겔라 메르켈Angela Merkel이 독일 정부 수반 자리에 오르면서 거의 무제한 획득 가능한 에너지라는 이 비전은 최고의 조건을 갖추게 된다. 프랑스 남부 핵연구 센터 카다라슈Cadarache에 건설되는 국제적 대형 프로젝트 국제 열핵융합 실험로ITER와 더불어실제 추정비용은 150억 유로이며 유럽연합 지분은 66억 유로임 독일 막스-플랑크 연구소Max-Planck-Institut 그라이프스발트Greifswald 실험실에서는 2014년부터 약 3억 8,000만 유로가 드는 또 다른 고가의 실험이 시작되는 것이다.

소련에 등장한 기적의 곡물

리히터는 뻥으로 기술 분야에서 한껏 자신을 과시했으며 한동안 천재 교수 행세를 할 수 있었다. 그는 과학평가 시스템에 대한 통제가 제대로 이뤄지지 않았다는 점을 악용했다. 정치적 보호와 독재 체제가 사기꾼에게 이상적인 배양토를 제공한다는 것이 그의 사례에서 명확히 드러났다. 평가 시스템에서 권력과 과학의 결합은 밀접하고 배타적이기 때문이다. 소수의 의사결정권자만이 자원을 분배하며 그렇게 함으로써 연구 과정을 지배한다. 이런 그림에 부합하는 것으로 항구적인 계획

———— 4. 〈Deutschlandfunk〉 2010. 4. 28.

수치 속이기, 사회주의 이념의 거품화 및 독재 정치구조를 지닌 현실사
회주의 체제가 있다. 모두 사기꾼의 낙원이다.

그런 사기꾼 중 하나가 '종자 혁명가' 트로핌 루센코Trofim
Lyssenko다. 우크라이나에서 농사꾼의 아들로 태어난 그는 농대를 졸업한
뒤 스탈린 시대에 농업전문가로 소련의 고위직에까지 올랐다. 루센코
의 경이적인 '발명품'에는 하나의 줄기에 다수의 이삭이 달리는 밀 품종
이 있었다. 이 품종으로 큰 힘 들이지 않고 수확을 여러 배 늘릴 수 있다
고 했다. 소련의 농업 전문 학술지는 이 기적의 밀을 보여주었지만 밀은
신문지상을 벗어나면 전혀 자라지 못했다. 이제 루센코의 방법과 결과
에 대한 몇몇 의혹이 있었지만 사태를 되돌릴 수는 없었다. 그가 물러날
경우에는 국가지도부와 사회주의 전체가 욕을 얻어먹을 판이었다. 사회
주의 국가 발명가들의 수많은 '천재적' 아이디어는 체제상의 제약에 따
른 결함을 가려보자는 연구자 및 당 간부의 공통된 희망에 기초해 있었
다. 회고해보면 수많은 특허에 경악하지 않을 수 없다. 호기심을 자극하
는 별난 사례 하나는 동베를린의 독일학술원이 특허 출원한 '남방 과일
과 동일한 특성을 지닌 과육 유사물'이다. 이 특허를 낸 동독 화학자
는 사료용 무를 유사 파인애플로 변환하는 데 성공했으며 이로써 사회주
의의 우월성을 보여주는 또 다른 증거를 제공했다.

도덕이 사라진 실험실

간절히 바라마지 않는 권력과의 동맹에 이르거나 최고 연구자

로 (과학의) 역사에 남으려다보면 우수한 실력을 갖춘 과학자도 자기 성과, 자료 및 통계 조작이라는 유혹 앞에서 무방비 상태가 된다. 의사결정은 아마 독재 체제나 군부독재보다 좀 더 복잡하게 진행되겠지만 여기에도 핵심은 자원, 예산, 가격 및 출세다. 현대의 과학적 연구의 주역들이 필요로 하는 화폐는 대중의 주목이다. 학술 전문지 및 대중 매체가 주목하게 되면 그 보상으로 국가나 외부에서 자금이 지원되므로, 논문 발표로 그런 사회적 주목을 받아야 한다.

선진국에서 대략 100년 전부터 존재해온 현대적 과학기업은 세상이 놀랄 만한 뚜렷한 연구 성과를 올려야 하고, 가능한 한 우수 학술지에 계속 논문을 내야 한다는 학자들의 중압감을 이용해 실제로 이들로 하여금 사기를 치도록 부추긴다. 빠듯해지는 연구비, 이익과 결부된 외부 자금, 연구 성과의 사회적 유행 등을 먼저 차지하거나 행하기 위한 싸움은 과학자에게 엄청난 압박으로 작용한다. 이렇게 함으로써 자신의 명성을 구축하며 경제계에 자금 지원을 요청할 때에도 수월하게 된다.

젊은 연구자들이 이런 원리에 무비판적으로 따르는 것은 절대 아니다. 그들은 과학자의 경력 거래소라 할 이른바 SCI Science Citation Index, 즉 과학 인용색인에 대해 철저히 비판적인 입장이며, 박사 과정 지도교수가 벌이는 그림자 게임을 훤히 들여다보지만 대학 규정에 따라 마지못해 그 게임에 참여하는 것으로 보인다. 그런 참여가 실용주의의 지지로 보일 수도 있다. 말하자면 이 색인의 1위 자리가 쌓여 있으면 외부 자금이 지원되는 연구과제가 확보된다. 그러니까 1차 성공이 보장되는 것이다. 연구를 하겠다는 사람은 이제 이 규칙에서 절대 벗어나지 못한다. 그러니까 좋은 목적에도 쓰이는 것이다. 처음에는 반골 기질의, 세상을 개선하려는, 모든 것에 대해 다 질문을 해대는 젊은 학자조차도 결국 이 게임 규칙에 따라 움직이기 시작한다. 출세라는 목적을 위해 연구가 길들여지는 것이다. 그리고 필요에 따라서는 조작도 이루어진다.

그래서 비교적 최근 한 유명한 진화심리학자와—하필이면—도덕연구가가 놀랄 만한 결과를 만들어내기 위해 수많은 실험에 조작을 가했다는 혐의를 받았다. 하버드 대학 하우저 교수의 연구실에서 원숭이 실험에 동참한 신예 연구원 중 몇 명이 혐의를 공개하기로 결정했다. 젊은 과학자들에게는 그 게임에 많은 것이 걸려 있었다. 강력하게 추궁하지 않으면 출세는 제대로 시도해보기도 전에 물 건너간 것이 될지도 모른다. 또 그 혐의가 설령 입증된다 하더라도 그들에게는 밀고자와 제 둥지를 더럽힌 자라는 오명이 붙어 다닐지 모른다. 수많은 동료들이 물의의 주인공이자 연구원들의 우상인 그 교수 덕에 잘나가고 있었기 때문이다.

한국에서도 이런 일이 있었다. 줄기세포 연구 전문가 황우석 박사가 2004년 최초로 인간의 배아를 복제해서 줄기세포를 얻었다는 놀라운 발표가 거짓이라고 밝혀진 후에도 그의 출세 가도는 끝나지 않았다.

데이터 위조와 과학에 대한 수다

종종 학계에서 자체 통제하겠다고 맹세를 하지만 출판물이 홍수처럼 쏟아지는 것을 감안할 때 이는 속도 중심의 연구기업에서는 거의 보장될 수 없다. 남의 글이나 글의 얼개를 표절하고 복제하고 베껴 쓰는 일은 인터넷 시대에 그리 어렵잖게 할 수 있기 때문이다. 전문가들은 '소소한 표절', '동료 표절', '시간부족 표절' 및 '연쇄 표절'을 구분한다. 표절 연구 자체가 이미 하나의 학문분과로 자리 잡았다. 또 마지막으로

저 위대한 아인슈타인조차도 이따금 자기 데이터를 마사지했다는 사실을 알면 실제 의미를 적당히 구부리는 것에 대해 부담을 덜 느낄 것이다. 아인슈타인은 1914년 네덜란드 출신 동료 반더 요하네스 데 하스Wander Johannes de Haas와 함께 '암페어의 분자 흐름의 실험적 증명'을 진행했다. 두 사람은 완전히 다른 두 개의 측정치를 얻었다. 그중에서 자기네 이론에 전혀 부합하지 않은 하나를 감춰버렸다. 1915년 2월, 아인슈타인은 그 실험 결과를 독일 물리학회 강연에서까지 발표했다. 나중에 두 사람은 자신들의 이론이 옳지 않다는 것과 그들이 감춘 측정치가 훨씬 더 적합했을 수도 있음을 인식했다. 얼마나 고통스러운 일인가! 이후 먼저 발표된 그 학문적 성과에 대해 그저 '바로잡음'이 뒤따랐을 뿐이다.

아인슈타인의 경우에는 아마도 그저 별로 아름답지 못한 의외의 실수였던 것이 얀 헨드릭 쇤Jan Hendrik Schön이라는 한 스타 물리학자에게는 출세의 밑바탕이 되었다. 주도면밀한 사기와 천재 연구자로의 자기연출을 통해서 말이다. 이 청년 과학자는 신참에게 도움이 되는, 연구 기업의 현실적이면서도 아이러니한 지혜를 그대로 따르지 않았다. 말하자면 연구를 위조할 경우, 조심하는 차원에서 아무도 관심 갖지 않는 분야에서 하는 것이다. 1970년생인 쇤은 콘스탄츠 대학에서 박사학위를 취득한 1997년부터 꿈같은 출세의 고공비행을 시작했다. 잘생긴 외모와 깔끔한 태도 덕에 이 멋쟁이는 언론매체에서 선호하는 인터뷰 대상자로도 나섰다. 그는 나노 기술 분야에서 숨 쉴 겨를이 없을 정도의 속도로 탁월한 연구 성과를 발표했다. 최고의 해인 2001년에는 매주 한 건의 글로 각종 전문 학술지를 빛내 주었다. 그중에는 세계적으로 인정받는 〈네이처Nature〉와 〈사이언스Science〉도 들어 있다. 그래서 곧 여기에 누군가가 노벨상을 받으려고 워밍업을 하고 있다는 말들이 나돌았다. 가장 짧은 시간에—그사이 그는 미국 뉴저지 주 머레이 힐Murray Hill 소재 벨Bell 연구소의 연구그룹에서 일하고 있었다—그는 연구자에게 수여되는 중요한 상을 여러 개 받았다. 그가 어째서 불가능한 것을 가능케 할 수 있었는지에 대해 궁금해하는 사람은 아무도 없었다. 하지만 그 사람도 결국 먹고 마셔야 하는 인간이었다.

독일에서는 그에게 저명한 막스플랑크 연구소장 직위를 제공함으로써 그를 독일로 불러들일 수 있는지 심사숙고했다. 그런데 그전에 물리학도 두 사람이 선수를 쳤다. 2002년 두 사람은 '실험은 언제든 반복될 수 있어야 한다. 그래야 그 진리의 내용을 검증할 수 있다'는 중학생조차 알고 있는 것을 실험했다. 그러나 쇤의 실험은 아무리 시도해도 성공하지 않았다. 그때서야 비로소 유성처럼 날아가던 스타의 성과에 대해 비판적 조명이 이루어졌다. 결국 그는 놀라운 연구 성과를 대부분 조작했으며 따라서 모든 측정 자료도 원하는 결과에 맞게 만들어냈다는 사실이 밝혀졌다. 그것은 공저자들의 눈에도 띄지 않았다. 아니, 그들의 눈에 띄기를 원하지 않았으리라. 이로써 쇤의 동화 같은 출세 가도는 끝이 났다. 그는 처음에는 오해가 있다고 주장했지만 결국 잘못을 인정했다. 그러나 철회된 논문에 대한 후기에서 자신의 확신으로는 그 연구 결과가 진리에 부합한다며 고집스레 주장을 굽히지 않았다.

얀 헨드릭 쇤 등은 대중만이 아니라 자기 자신까지도 속였던 것일까? 어쨌든 자기기만 능력은 사기꾼에게는 최고의 카드 페이자 아킬레스건이기도 하다. 얼마 전에 있었던 또 다른 사례가 이를 잘 보여준다. 박사학위를 두 개나 가진 라이너 루돌프 프로치 폰 치텐 교수Prof. Dr.

Dr. Reiner Rudolf Protsch von Zieten는 1970년대부터 프랑크푸르트 대학 인류학 및 인간 유전학과 정교수이자 학과장으로 재직했다. 그의 평생에 걸친 사기행각은 65세가 되어 은퇴 교수로서의 안락한 삶을 즐길 수 있게 되면서 탄로났다. 일반적으로 수십 년 동안 교수로 있는 사람은 살아가는 데에 아무런 두려움이 없다. 그러나 프로치 폰 치텐 교수는 자신의 역할에 너무 푹 빠진 나머지 봉급도 많고 자리 보장도 확실한 교수직에 만족하려 하지 않았다. 남에게 인정받으려는 욕구로 인해 그는 어느 귀족 가문의 후예라고 이력서를 치장했을 뿐 아니라, 초기 인류의 두개골 파편에 대해서도 늘 추정연대를 심하게 앞으로 당겼다. 그렇게 함으로써 탁월한 연구자로서의 명성을 뒷받침하려 했다. 2001년에야 비로소 두 명의 동료 연구자가 그 놀라운 발견에 뭔가 이상한 점을 느끼게 되었다. 프로치 폰 치텐 교수의 '연구 작업'에서 입수한 두개골 파편으로 그들은 새로이 연대측정을 해보았고 그리하여 결국 교수의 사기행각이 밝혀졌다.

프로치 폰 치텐 교수는 학과에 대한 자신의 지배력을 시간의 흐름과 함께 너무나 내면화한 나머지 대학 시설물을 마치 제 사유재산처럼 여겼다. 엉터리로 연대를 매긴 두개골이 이미 그의 명성에 1차 흠집을 남겼음에도 그는 2004년 대학이 소장하고 있는 유명한 침팬지 두개골 수집품을 7만 달러에 미국에 팔려고 했다. 이런 짓은 정체를 탄로나게 해달라고 애걸하는 한 사기꾼의 구조 요청이라기보다 오히려 엄청난 자기기만의 결과이자 극도로 왜곡된 지각이다. 수집된 침팬지 두개골과 관련해 대학이 뭔가 낌새를 채면서 거품은 결국 터지고 말았다. 밝혀진 바에 따르면 박사학위가 두 개나 된다는 교수는 실은 고교 졸업도, 대학 인류학과도 졸업하지 않았다. 위조한 미국 박사학위 증서와 신뢰감을 불러일으키는 태도에 힘입어 당시 34세의 그는 단숨에 프랑크푸르트 대학 정교수 자리에 올랐다. 횡령, 문서 위조 및 훼손 혐의로 법정에서 재판을 받을 때에도 그는 위조된 서류를 제출했다. 그렇게 함으로써 자신이 수집된 두개골의 합법적 소유자임을 증명하려 한 것이다. 프로치 폰 치텐은 18개월의 집행유예를 선고받고 풀려났다.

미국의 과학 저술가 게리 토브즈Gary Taubes는 언젠가 농담으로 이렇게 제안한 적이 있었다.

"자네가 자네 학과를 그런 최악의 연구자로부터 지켜내려면 말이야, 3~4년마다 한 번씩 조작된 논문을 저명한 학술지에 발표하게 해야 한다네. 어떤 논문인가 하면 몇몇 주목할 만한 발견을 기술하는 논문이지. 예를 들면 값싸고 무한정 쓸 수 있는 에너지에 대한 그런 논문 말이야. 그러면 그 논문은 〈뉴욕 타임즈〉 1면 톱에서 다뤄질 것이고 두 달 안에 모든 가련한 연구자들이 그 테마로 몰려들 거야. 그것에 대해 논문을 발표하는 사람들에게 자네가 실험을 반복해보라고 압박을 가하는 거야. 그렇게 하면 자네는 그 연구자들을 몰아낼 수 있다네."[5]

보다 자세히 관찰할 경우 인문학 분야 종사자들도 고전적인 '주접떠는 학과'에서 다루는 것이 사실이라기보다는 망상이라는 대중의 평가 때문에 몸살을 앓고 있다. 그런 평가의 대표적 사례로 1996년 인문 과학과 사회과학을 공격해 학문 전쟁을 유발한 미국의 한 물리학자가 있었다. 앨런 소컬Alen Sokal은 〈한계 뛰어넘기: 양자 중력에 대한 변형적 해석 방법〉이라는 논문을 썼는데 여기에 저명한 미국 및 프랑스 사상가, 예

_____5. Seth Roberts와의 인터뷰, 〈Scientific Blogging〉 2008. 2. 7.

컨대 라투르Latour, 자크 라캉Jacques Lacan, 뤼스 이리가라이Luce Irigaray, 질 들뢰즈Gilles Deleuze 등의 인용을 잔뜩 집어넣었다. 이들의 텍스트는 오늘날까지 해당 학과의 표준 문헌에 속한다. 그 사이사이에 소컬은 아무런 의미도 없는 자신의 문장을 흩어놓았다. 텍스트의 바로 첫 부분에서 그는 심지어 "물리적 '실재'는 사회적 그것 못지않게 기본적으로 사회적 및 언어적 구성물이다"라고 주장했다. 그의 토로에 따르면, 그는 이렇게 함으로써 어떤 논거 또는 증명을 제공하지 못하면서 그런 과감한 명제를 단순히 주장하는 것은 편찬자를 애먹이려는 것이 아닌가를 테스트하려 했다. 그는 그 논문을 문화학 관련 학술지인 〈소셜 텍스트Social Text〉에 제출했다. 그 학술지는 소컬의 학문적 패러디를 별 고심 없이 출판했을 뿐 아니라 별책으로까지 출판함으로써 높이 평가했다. 출판 후 이 물리학자는ー다시 같은 잡지에ー후기로 자신이 그렇게 한 방 먹인 동기를 서술하려 했다. 아이러니하게도 그 학술지가 이번에는 그의 글이 학술지의 지적 수준에 부합하지 않는다고 이유를 대면서 게재를 거부했다. 후기는 다른 학술지에 실려 소컬의 공격이 여러 유력 신문 1면에 실리게 했으며 인문과학 제 학과의 심기를 불편하게 만들었다.

　　　　당연하다. 소컬은 도처에 널려 있는 자료를 이용해 극단적 상대주의와 더불어 학문적 개념의 남용증거 이론의 미결정성과 뒤죽박죽인 사고까지도 조리돌린 것이다. 영국의 일간지 〈가디언Gardian〉은 "현대 프랑스 철학은 한 무더기의 케케묵은 잡소리"라는 의혹이 입증된 것으로 보았다. 이에 따라 엘리트 좌파에 대한 공격이라는 말이 나돌았다. 이때 소컬이 자신을 이 세상의 심각한 문제와 불균형을 해결하는 데에 '의사擬似현학적 회의론擬眩論' 같은 것이 도움이 될 수 있으리라는 것을 절대로 이해하려 하지 않은 낡은 좌파라고 지칭했다는 사실은 아무런 소용이 없었다.

소컬의 공격에 대한 복수는 한참 지난 후에야 나타났다. 2006년 〈네이처Nature〉는 물리학에 전혀 무지한 사회과학자 해리 콜린스 Harry Collins가 저명한 물리학자들로 하여금 자신을 그들과 같은 물리학자의 한 사람인 것처럼 여기도록 만들었다는 기사를 실었다.[6] 이 실험의 목표는 수사로 가득한 뺑을 과시하는 것이기도 하지만 오히려 전공하지도 않았고 스스로 익힐 수도 없는 전문분야에서도 문외한이 국제적 전문가로서의 명성을 얻을 수 있음을 증명하는 일이었다. 오랫동안 전문 능력의 본질과 역할을 연구해온 콜린스는 이 테스트에서 중력과 천문학에 관련된 복잡한 주제에 대해 해당 분야에서 국제적으로 인정받는 전문가들이 출제한 일곱 개의 질문에 자세히 대답해야 했다. 그렇게 하기 이전에 콜린스는 미리 중력 연구자의 사회적 주변영역에 온몸을 담가 '전문 분야'에 접근했으며, 자신이 목표로 하는 집단의 언어와 서술 방식을 받아들였다. 그가 작성한 답변은 진짜 중력과 물리학자 한 사람의 답변과 함께 이 분야 연구자 아홉 명에게 보내졌다. 평가자들은 어떤 답변이 진짜 물리학자의 것이고 어떤 것이 가짜인지를 찾아내야 했다. 놀라운 결과가 나왔다. 아홉 명 중 일곱 명은 확실치 않으며 결정할 수 없다고 언급한 것이다. 두 사람은 콜린스가 진짜 물리학자라고 여겼다.

_____**6.** Jim Giles, "Sociological fools Physics Judges", *Nature 442*:8, 2006; Harry Collins, Robert Evans, *Rethinking Expertise*, Chicago, 2007.

가짜 졸업장, 가짜 학위

세계화, 위기 그리고 연줄을 잃어버리지는 않을까 하는 끝없이 이어지는 두려움은 자식에게 최고는 아니더라도 괜찮은 출세 기회를 제공하려는 노력에서도 표출된다. 이는 기발한 모습으로 나타난다. 영어가 모국어가 아님에도 불구하고 자식과 영어로 말하는 부모들이 있다. 자식을 두 개의 언어를 모국어처럼 구사하도록 키워 미래의 일자리 시장에서 결정적 우위를 확보해주기 위해서다. 세계 최고를 향해 노력하는 경제 강국 중국의 언어를 아이들에게 기본으로 갖추어주기 위해 중국인 보모를 집에 들이는 것이 미국에서 유행하고 있는데, 이런 경향은 곧 독일에도 들이닥칠 것이다. 그리 이름난 교육 도시라 할 수 없는 베를린에서조차도 여러 사립학교에서 이미 초등학교 1학년부터 중국어를 가르치고 있다.

특히 대학 교육이 대체로 개인의 학비 부담으로 이루어져야만 하는 나라에서는 부모들은 수입의 상당 부분을 자식의 대학 교육에 쏟아넣는다. 아들 혹은 딸 하나를 최고 명문 대학에 보내기 위해 전 가족이 궁핍한 생활을 하는 경우도 있다. 그래서 미국에서는 1년에 한 차례 '대학 시즌'이라는 게 있다. 좋은 뜻을 가진 수백만의 부모들이 아들 또는 딸과 함께 전국을 누비는 것이다. 여러 대학을 견학하면서 자식들로 하여금 입학시험에 합격하게 하기 위해서다. 이와 동시에 대학들도 돈 많고 재주도 남다른 입학 지원자들의 환심을 사려고 애를 쓴다. 성적 최우수자에게는 장학금을 흔들어 보인다. 그들을 최고 학생으로 만들기 위해서다. 그렇게 하면 그들이 다시 대학의 훌륭한 명성을 입증해준다고 한다. 모든 대학생들에게는 어느 대학을 다녔는지가 출세에 결정적이다. 그리고 그 꼬리표는 미국에서 대학을 다닌 모든 사람을, 심지어 사생활에서도 평생 따라다닌다. 그렇기 때문에 사람들은 첫 만남에서 벌써 특권을 보장할 출세의 주춧돌인지를 면밀히 살펴본다. 최고는 하버드, 예일, 스탠포드, 매사추세츠 공과대학MIT이다. 대학 이름은 독일의 그것보다 훨씬 더 강력하게 하나의 품질 표시로 작용하며 대학 순위는 모르는 사람이 없다.

수많은 청소년이 극도의 압박감을 받고 있으며 입학 면접을 위해 비싼 과외선생을 통해 대비를 하거나, 사회적 또는 문화적 활동의 적극성이 문제가 될 경우, 그러니까 입학에 결정적으로 중요한 문제일 경우 사기를 치기도 한다. 대학들은 가짜를 밝혀내기 위해 표본 조사로 대응한다. 매릴리 존스Marilee Jones는 저 유명한 MIT의 학장으로, 몰려드는 지원자가 전혀 낯설지 않은 지 여러 해 되었다. 그녀가 대학에서 일하기 시작한 초기에는 MIT는 입학 지원자의 40%를 받아들였다. 시간이 지나면서 이 비율은 12%로 떨어졌다. 입학 전쟁이 심해진 것이다. 존스는 기준을 마련해 지원자들이 공정하고 투명하게 선발될 수 있도록 했다. 그녀는 강연과 베스트셀러가 된 저서《스트레스는 더 적게, 성공은 더 크게 Less Stress, More Success》를 통해 입학문제 전문가로서 전국적으로 인기를 얻었다. 그녀는 책에서 지원 학생들에게 너무 긴장하지 말고 자신의 타고난 강점과 관심이 무엇인지 곰곰이 생각해보라고 격려했다. 표피적 성공보다 더 중요한 것은 누가 뭐라 하더라도 자신의 성실성을 유지하는 일이라는 것이다. 그래서 그녀는 앞에서 언급한 저서에서 "속임수의 유혹은 크지만 사람이란 자기가 세상에 내놓은 것은 늘 되돌려 받는 법"이라고 적시했다.

그리고 매릴리 존스가 그것을 되돌려 받는 데에는 물경 28년의 시간이 걸렸다. MIT에 지원했을 때인 1979년, 그녀는 3개 명문 칼리지의 졸업장을 갖고 있다고 말했다. 그러다 유니언 칼리지Union College와 렌슬래어 공과대학Rensselaer Polytechnic Institute 졸업장을 위조한 것이 밝혀져서 2007년 4월, 자리에서 물러났다. 그녀의 잘못은 MIT에 자리를 얻고 난 뒤에도 이력서에 세 번째인 올버니 메디컬 칼리지Albany Medical College 졸업 경력을 추가한 일이었다. 그 학교의 졸업 시점은 그녀가 이미 MIT에서 일하던 때였기 때문이다.

존스와 불과 몇 걸음 떨어지지 않은 곳에 탕준Tang Jun, 唐骏/唐骏이 있다. 재벌 그룹 신화두Xin Hua Du Industrial의 회장(연봉 1,000만 유로)이자 마이크로소프트 차이나Microsoft China 대표를 역임한 그도 똑같이 출세 관련 저서를 냈고 책은 베스트셀러에 등극했다. 책의 제목은《누구나 내 성공을 따라할 수 있다》였는데, 책이 성공의 물결을 일으키는 와중에 중국에서 최고의 연봉을 받는 경영자가 캘리포니아 공과대학과 일본의 나고야 대학에서 박사학위를 취득했다는 자신의 주장과는 달리, 위조 내지는 미국의 주소만 있는 소위 편지함 대학에서 돈을 주고 샀다는 뉴스가 터진 것이다. 탕준은 "모든 사람을 속일 수 있다면 그것 또한 능력의 징표요, 성공의 상징"이라는 지혜로운 말로 자신을 방어했다. 그의 뻥은 지금까지의 출세 가도에 아무런 지장을 주지 않았다. 오히려 탕준은 대단한 존경을 향유하고 있으며 자신의 뻔뻔스런 영특함 덕에 아직도 우상으로 빛을 발하고 있다. 이 스캔들이 알려진 직후에 행해진 설문조사에서 응답자의 81%가 탕준을 이미 용서했다는 결과가 나왔다.

가짜 학위

연구와 과학 분야에서는 어떻게 능력을 표현해야 할까? 대학 학위는 이 경우 하나의 보장책이 되는 듯 보이며, 여전히 많은 사람들이 그것을 취득하려고 애쓴다. 이는 대학을 오래전에 떠났거나 그 근처에도 가보지 못한 사람들의 경우에도 마찬가지다.

독일 중서부 베르기시 글라트바흐Bergisch Gladbach에 소재한 학술자문 연구소Institut für Wissenschaftsberatung는 "독일연방의회 의원 여섯 중 한 명은 박사학위를 갖고 있습니다"라고 떠들며 고객을 끌어 모았다. 대표는 현재 감옥에 들어가 있다. 이 회사 서류를 검토한 결과 각 대학 교수 100명 정도가 대가를 받고 이곳 법학, 경영학, 공학 분야의 학생들이 박사 타이틀을 받도록 거든 것으로 나타났다. 이 분야 박사학위는 연봉 상승의 자격증으로 통한다. 박사학위 하나에 대해 4,000유로 내지 2만 유로의 돈을 중개업체에 지불한 수험생은 시원찮은 성적과 자격 요건에도 불구하고 부패 교수들이 봐주고 넘어간 것이다. 그러나 뮌헨 대학의 경영학과 교수이자 법률가인 마누엘 타이젠Manuel Theisen은 음성적으로 '풀full 서비스'가 있었다고 믿고 있다. 무슨 말인고 하니 박사학위 지도교수를 소개해주는 일뿐 아니라 학위 논문까지도 써줬다는 것이다. 그는 독일 박사학위 전체의 3% 정도가 이렇게 부정 발급되었다고 추정한다.

다른 경우 전문 배우가 나서서 교수 역할을 맡아 활동한 사례도 있었다. 그의 도움으로 아카데무스Akademus라는 회사는 120만 유로가 넘는 돈을 사취했다. 베를린 출신의 이 배우는 재판에서 학위 장사와 관련해 "저는 그게 썩은 달걀인지 몰랐죠"라고 주장했다. 다른 피고 한 명이 자기로 하여금 사기를 치도록 유도했다는 것이다. "지도교수와 고객의 일정을 하나로 조정하는 게 늘 문제라고 그 사람이 말했거든요." 이 배우는 이따금 교수로 나서야 했다. 처음 그렇게 등장할 때에는 긴장이 되었다고 한다. 그가 아는 교수라고는 텔레비전에 나오는 사람뿐이었기 때문이다.

몇몇 학위 장사꾼들특히 종교로 위장막을 친 미국의 대학 수도회 또는 개신교 계통의 독립 교회들은 요란한 행사와 현란한 학위수여식을 개최하기도 한다. 거기서 아무런 가치도 없는 학위를 수여한다. 그들 자신 또는 공범들은 수여식에서 성직자의 공식 의례복을 제대로 갖춰 입고 기사단의 수장으로 또는 고전적인 대학학위 가운을 입고 등장한다.

국제 스파이 사업에서도 위장이란 첩보 요원에게는 일상이다. 하지만 여기에서도 스위스는 독자적인 길을 가고 있다. 스위스 테신Tessin에서 '정치학 박사Dr. rer. pol.' 티치아노 수다로Tiziano Sudaro가 최고의 업무에서 벼락 출세를 했기 때문이다. 그의 숨 가쁜 출세 이력은 위조 박사학위의 도움을 받아 스위스 테신 주립은행에서 시작했다. 그러다 국방부로 이어져 2005년에는 국방전략기획실장이 되었으며 마지막에는 스위스 연방 수사국으로 자리를 옮겼다. 큰 인물이 된 수다로는 자신의 이력 치장에 박사라는 타이틀만 사용한 게 아니었다. 그는 옥스퍼드에서 경영학 석사MBA를 하고 하버드에서 또 다른 석사학위를 했다고 떠벌렸다. 학위는 두 개, 세 개가 더 낫다는 구호에 따른 것이다. 그는 미군 지프에서 영감을 받아 제작된 광폭 지프 '허머Hummer'에 수색대대 최정예 공수요원 마크를 붙여 몰고 다녔다. 또 이지적인 분위기까지 내려고 제 사무실 벽에 옥스퍼드, 캠브리지 대학의 삼각형 페넌트와 레바논의 이슬람 시아파 정치군사조직인 히즈볼라 깃발을 걸어두었다. 자기 책상 위에는 'CIA'라고 찍힌 작은 지도를 놓아 두어 중요성을 과시했다. 한때 그와 함께 일했던 동료는, 수다로는 사춘기 아이가 아닌가 싶을 정도로 모든 비밀스러운 것에 대해 매혹되어 있었다고 말했다. 고위직을 믿고 맡기지 않을 이유가 없었다. 마지막으로 그는 스위스 연방수사국 제4부장을 맡아 테러리즘, 부패 및 조직범죄 분야의 내사 업무를 담당했다.

국방전략 기획실장(연봉은 대략 14만 6,000유로)으로 재직할 때 이미 수다로의 능력 부족은 눈에 띄었다. 회의에 참석하지 않는 일이 많았으며 개념 없는 파워포인트 강연은 혼란을 유발했다. 부하 직원들의 비판은 절대 용납하지 않았고, 기획을 정교하게 다듬어달라는 요청에도 공격적으로 대응하며 거부했다. 궁지에 몰린 사기꾼이 행하는 '두목질'의 전형적인 사례. 그 밖에도 오랜 기간 전략연구 분야에 종사하며 내놓은 그의 유일한 학문적 소산은 군사전문지 〈군사력 평론Military Power Revue〉에 기고한 논문 한 편이다. 하지만 이 글도 한 여성 부관이 작성한 것이었다. 수다로는 2010년 봄, 정체가 탄로 난 후 잠수에 들어갔다. 이 사건은 당국으로서는 너무 고통스러워 영장담당 판사는 아무런 심리도 하지 않은 채 그에게 문서위조 혐의에 대해 지극히 경미한 벌금형을 내리고 끝냈다.

카리스마와 사기의 상관관계

버락 오바마, 아돌프 히틀러, 오스카 라퐁텐Oskar Lafontaine이 공통적으로 지니고 있는 것은 무엇일까? 헬무트 슈미트Helmut Schmidt의 견해에 따르면 이들은 '카리스마'를 가지고 있다. 독일 총리를 역임한 슈미트는 2008년 9월, 독일 일요신문 〈빌트 암 존탁Bild am Sonntag〉 독자들에게 이렇게 설명했다.

"우리는 이제 미국에서 버락 오바마라는 젊은 사람이 카리스마 하나로 국가적 인물이 되는 것을 보고 있습니다. 여기서 잊지 말아야 할 점은 카리스마 그 자체로는 전혀 훌륭한 정치가를 만들어내지 못한다는 사실입니다. 나치의 아돌프 히틀러도 카리스마 넘치는 연설가였습니다. 오스카 라퐁텐도 마찬가지입니다."

물론 슈미트의 말을 들으면 화가 치민다. 극도로 다른 세 사람의 정치가를 도대체 어떻게 하나의 그릇에 담을 수 있단 말인가? 그러나 이런 불쾌함은 카리스마라는 현상에 잘 부합하는 면도 있다. 카리스마란 인간에게 저절로 주어지는 것인지, 만약 그렇다면 얼마나 주어지는지, 어느 정도의 카리스마가 학습되고 훈련될 수 있는지, 카리스마가 특정 주변 여건예컨대 위기 상황에서 얼마나 강력히 전개될 수 있는지에 대해 지금까지 명료하게 일치하는 연구가 존재하지 않기 때문이다. 수많은 사기꾼들이 이따금 가짜 타이틀을 고명처럼 제 이력에 얹어 치장할 때 이용하는 이 수수께끼 같은 현상, 최면 같은 설득력을 지닌 이 비밀스런 재주를 짧게 다루어보자.

사회학자 에드워드 쉴즈Edward Shils는 '은혜로운 선물'이라는 뜻의 그리스어 카리스마를 정의하면서, 카리스마가 있는 사람은 지지자들에게 '신성神性과 사물의 본질에 대한 깊은 연관성'을 유지하고 있는 강력하고 흡인력 있는 권위자로 나타난다고 주장한다.[7] 물론 이것이 카리스마가 있는 사람이 특별히 지혜로워야 한다는 뜻은 아니다. 독일 사회학의 아버지 막스 베버Max Weber는 그보다 조금 이른 시점에 카리스마의 작용은 도덕적 완벽성에서가 아니라 비일상성에서 오는 것임을 분명히 밝혔다. 뉴욕 대학의 리처드 세넷Richard Sennett 교수는 수많은 정치인을 형성해내고 사람을 마비시키는 카리스마를 한때 "정신적 스트립쇼"라 일컬었다. 어쨌거나 그런 카리스마에는 늘 뭔가 은밀하고 고풍스러운 것이 붙어 다닌다. 카리스마는 냉철한 머리에 다가가는 것이 아니라 권위와 단순화를 신뢰하기 때문이다. 카리스마가 있는 사람은 특히 자신의 출신과 동기를 멋지게 연출한다. 역사에서, 정치에서 모든 것은 늘 인물에게 집중되었다. 그 인물이 군주든 장군 또는 종교지도자든 카리스마가 있는 개별 인물들은 나라, 군대 또는 민중운동을 이끌었다.

　　오늘날의 정치인도 기본적으로 카리스마에 의존해 정치 활동을 한다. 물론 그 성공 정도는 매우 다르다. 이를 위해 정치가들은 예컨대 '소시민'을 동정하고 부정에 대해 분노하면서 당연히 다른 정치인, 경쟁자에게 책임을 지우는 식으로 자신의 이미지를 연출한다. 지난 여러 해 동안 이탈리아 총리를 역임한 실비오 베를루스코니Silvio Berlusconi를 본보기 삼아 다시 유행했던 인기 영합형 정치인 한 사람이 평범한 가정의 점심식사에 초대받고 언론 매체를 통해 대중에게 알려져 엄청난 관심을 불러일으킨다. 그런 다음 날 그는 법률 하나를 공포한다. 사회적 약자들에게 큰 타격을 가하는 법률이다.

　　"하지만 그것은 아무도 모르게 흘러가버린다. 온 세계가 계속

_____7. Svenja Flasspöhler, "Gnadengabe oder Inszenierung?—Versuche über Charisma", 〈Deutschlandfunk〉 2009. 7. 5.

전날 점심에 대해 떠들고 있기 때문이다."

정치인은 기본적으로 자신의 카리스마에 속아 넘어가는 첫 번째 인물이다. 그는 "대중의 눈을 속이려고 건물 전면을 멋지게 꾸밀 뿐 아니라 언제나 자신이 쓰고 있는 도덕의 가면이 진짜라고 믿는다." 그가 격분해 "복지국가에 무임승차 하는 사람들과 맞서겠다"고 선언할 때 그에게는 부도덕 의식이 전혀 없으며, 박수갈채를 보내는 사람들이 내일이면 벌써 스스로 그런 말에 의지해 있음을 아주 잘 알고 있다. 카리스마 있는 사람이 추종자를 통해 일단 권력을 장악하게 되면 본인도 힘들어진다. 이제 책임져야 하는 자리에 있기 때문에 구원을 약속하는 역할로 그칠 수는 없는 노릇이기 때문이다. 이런 경우 전체주의적 집권자가 좀 더 유리하다. 보통의 정치인은 국내 문제를 실질적으로 장악하자마자 곧 자신의 재선 여부를 두고 불안에 떨어야 한다. 선거가 끝나면 다시 선거가 목전에 있는 것이다.

카리스마. 이것은 타고난 재주인가, 아동기 성격형성의 결과인가, 아니면 혹독한 훈련의 결과인가? 적어도 정신분석의 해석 모형에 따르면 카리스마를 가진 사람에게서 그를 사기꾼 근처로 몰고 가는 비정상적 핵심요소 하나를 추론할 수 있다. 이에 따르면 카리스마적 인물을 추동하는 것은 남에게 인정받으려는 욕구와 남의 찬탄을 받으려는 욕구다. 이런 욕구는 뭐든 할 수 있을 것 같던 아동기 초기의 자아상을 극복하지 못한 데서 그 자양분을 끌어온다. 그런 아이는 상대의 반응과 인정을 제대로 받지 못했거나 현실에 적절히 적응하지 못한 탓에 그 상태로 머물러버린다. 이로 인해 결과적으로 평생 남의 찬탄을 갈구하게 되는 것이다. "그렇게 되면 자아도취적-카리스마적 지도자는 자신의 위대함을 뒷받침해주는 환호하는 대중을 끊임없이 갈구하여 스스로의 무력감을 물리친다"고 경제학자 요하네스 슈타이러Johannes Steyrer는 관련 연구를 정리한다. 카리스마적 인물과 사기꾼 간의 밀접한 관계에 대해서는 그런 연구의 저편에도 생생한 사례가 있다.

혁명은 놀이터

1918년 독일혁명과 제국 붕괴 후 오이겐 칸Eugen Kahn 같은 심리학자들은 반란을 일으키는 군중들의 행위 동기와 역동성에 대한 문제를 파고들었다. 그들이 궁금해한 것은, 어떻게 거대한 사회적 변혁이 저명한 정신이상자 그룹에 대해 정말 마술과 같은 흡인력을 행사하게 되며, 더 나아가 어떻게 정신이상자들이 격변과 혁명의 상황에서 심지어 지도적 역할까지 수행하는 데 성공하는가 하는 점이었다. 시대의 증언자이자 사태의 목격자로서 칸에게 깊은 인상을 남긴 것은 '지도자'의 그 강력한 감정적 암시성이었다. 낯선 느낌과 폭도 같다는 느낌, 아무도 말릴 수 없는 흥분상태와 맹목적 행동주의의 경향을 보이는, 혁명적 분위기로 충만한 군중 비슷하다는 느낌의 묘한 뒤섞임이었다.

칸은 뮌헨 인민공화국 및 다른 혁명에 가담했다가 체포된 사람들을 조사했다. 예를 들면 혼인사기 및 기만 행위를 한 요제프 크라이슬러Josef Kreisler 사건이다. 그는 당시 25세로 1919년 4월 말 바이에른의 붉은 남부군Roten Südarmee 사령관이었는데 체포되어 4년형을 선고받았다. 크라이슬러는 이미 사기 전과가 있었는데 프랑스 외인군단의 일원이 되었다가 얼마 안 가 거기서 도망친 다음 어느 정신병원으로 갔다. 그리고 1차 세계대전에 징집되었다. 얼마 뒤 그는 군대를 빠져나와 구혼 광고에

답을 보냈으며 훈장이 달린 상사 복장을 무단으로 착용했다. 이로 인해 다시 체포되었다. 1918년 독일의 11월 혁명으로 감옥에서 풀려나자마자 다시 대규모로 혼인사기를 벌여 크게 성공을 거두었다. 1919년 별 볼일 없는 존재였던 크라이슬러는 활동 무대를 바꿔 바이에른의 혁명군 붉은 남부군의 사령관이 되었다. 여기서도 그는 그냥 넘어갈 수 없는 일을 저지르고 말았다. 철로 폭파를 지시했고 여비서 하나를 고용했으며 자기 부대 본부를 약탈한 것이다. 그러다 혁명이 진압되기 전 때를 맞춰 달아나버렸다.

칸의 조사에서 크라이슬러 같은 지칠 줄 모르는 성격의 인물은 "윤리적 결함이 있는 정신이상자, 히스테리성 인격, 환상성 정신이상자 또는 조울증"으로 판정받았다. 그들 대다수는 우쭐대는 마음과 이기려는 욕구 때문에 혁명 활동에 가담했다. 이념에 정신이 팔려 있었으면서도 늘 남들의 이목을 끄는 일에 가장 큰 비중을 두었다. 허풍떨기, 맡은 일을 대수롭지 않게 여기기, 쉽게 흥분하기 등과 함께 그들은 높은 자존심과 자신에 대한 과대평가도 지니고 있는 것으로 확인되었다. 그들은 일을 처음 벌일 때는 호기를 부리며 낙관으로 의기양양한 경우가 많았지만 꾸준함이 부족했다고 한다. 혼자서 결정을 내리고 행동해야 하는 중요한 고비에서 나자빠지고 말았다. 이런 경우 그들의 공명심은 오로지 약점을 가리는 데 집중되었다. 칸은 이렇게 말했다.

"갑자기 한 정신이상자가 마치 연극에서나 볼 법한 감수성을 지닌 인물로, 한 수 가르치려는 듯 베드로의 모습을 지닌 형상으로, 모인 군중들에게 뻔뻔한 주장을 쏟아내는 사기꾼으로, 아니면 가장 거친 욕설을 내뱉는 광신자로 대중 앞에 나타날 때 그는 군중을 휘어잡는 남다름을 구사한다. 이때 남다름은 뻥에서 생겨난다. 이런 남다르다는 느낌 덕분에 대중에 대해 한 조각 이해의 흔적도 없이 그들은 성공할 수 있었음이 분명하다."

게다가 선동가들은 독일 혁명기인 1918~1919년에 성공할 수 있는 훌륭한 전제 조건을 갖추고 있었다. 곳곳에서 사람들은 전쟁 후의 피로감, 기아, 정신적 피폐 상태에 빠져 있었던 것이다. 사기꾼이라도 뭐든 약속해주고 암시만 해주면 감사의 마음이 쏟아져나오게 돼 있었다.

사상 최대의 사기꾼?

독일의 11월 혁명과 뮌헨 인민공화국의 혼란 속에서 아돌프 히틀러는 이름을 날렸다. 나중에 제국수상이 된 그는 카리스마와 사기의 밀접한 연관성을 보여주는 대표적 사례다. 인민공화국이 패퇴한 뒤 전쟁에서 돌아온 사람들은 급진 반 혁명 거리선동가와 노상 천막 연설가가 되었다. 뒤이어 히틀러가 계급을 아우르는 성공적 정치가로 부상한 것은 오로지 그가 오랫동안 철통같은 규칙으로 자신의 퍼포먼스에 매달려왔으며 한프슈탱글Hanfstaengl, 브루크만Bruckmann, 베히슈타인Bechstein이 그를 명실상부하게 사교계에서 통할 인물로 만들어준 덕분이다. 본디 화가가 되려 한 히틀러는 처음 이 그룹에서 어색하고 소시민적 인물로 받아들여졌으나, 점차 인민 친화적이며 반 공산주의 가두 정치의 진정한 대변자로 여겨졌다. 시민들은 경멸과 경탄이 뒤섞인 감정으로 그를 관찰했다. 처음에는 세련되지 못한 외모가 비웃음거리였다. 싸구려라 몸에도 잘 맞지 않은 옷, 열광적 태도, 굽실거린다고 할 정도로 과도한 공손함도 경멸의 대상이었다. 그러나 살롱에서 함께 어울리는 이들에게 히틀러는 즐겁게 놀 줄 아는 재미있는 인물이며, 다른 한편으로 이질적 존재가 누리는 보너스라는 평을 향유하기도 했다. 그는 이따금 엘자 브루크만Elsa Bruckmann과 헬레네 베히슈타인Helene Bechstein의 모성 본능을 자극하기도 했다. 두 여인은 히틀러에게 산업자본가와 군부 실력자, 대학의 학자와 귀족들을 만나도록 주선해 이들과의 관계를 정치적으로 이용하는 기회를 제공했다. 엘자 브루크만은 전심전력을 다해 그를 지원했다. 옷장도 크게 개선해주었고 승마용 채찍 등의 액세서리도 선물했다. 히틀러는 그 채찍을 나중에도 계속 자신의 위압적 성향의 상징물로 지니고 다녔다.

신분 상승을 추구한 정치가 히틀러는 1920년대까지만 해도 여전히 기괴한 모습을 하기는 했지만 빠른 학습 속도를 보였다. 그래서 당시 상황을 아는 어떤 이는 히틀러가 한프슈탱글의 집을 방문한 일에 대해 이렇게 증언했다.

"열린 문을 통해서 우리는 히틀러가 그 집 안주인에게 거의 굽실거리듯 공손히 인사하고 개 채찍, 우단으로 만든 모자, 트렌치코트를 내려놓고 마지막으로 리볼버 권총이 달린 혁대를 풀어 옷걸이에 거는 것을 보았어요. 참 별나게 보였어요."[8]

히틀러는 여전히 뒤죽박죽 스타일로 나타나 여러 가지 역할과 옷을 입어보았다. 이제 막 구입한 윤이 번쩍번쩍하는 가죽 장화는 프롤레타리아 대중 앞에 나설 때에는 어울리지 않았다. 특히 상위 계층 1만 명에게는 '갱단 모자', 트렌치코트에 리볼버 권총을 찬 그의 외모가 낯설어보였다. 아울러 그는 사진사 하인리히 호프만Heinrich Hoffmann과 함께 자

---

8. Rudolf Herz, *Hoffmann und Hitler*, München, 1994, 100p.

기 이미지를 이상적인 모습으로 그리는 일에 매달렸다. 처음에는 그 결과가 참담했다. 가죽 바지를 입은 순진하고 소박한 청년 아니면 족쇄 풀린 무솔리니의 복제판 같은 몸짓이 연출된 것이다.

그러나 몇 년 후 히틀러는 맹훈련을 통해 배울 수 있는 것은 다 배웠다. 각각의 주변 환경과 목표 집단에 맞게 사교적 표정을 자유자재로 할 줄 아는 수준이 된 것이다. 또한 '총통의 모습'이 무르익었으며 살롱 경험 역시 엘리트 계급에게 깊은 인상을 심어주기에 충분했다. 이는 상류 시민계급에게 지원을 얻기 위한 중요한 전제조건이었으며, 1933년 권력을 장악할 때에도 요긴하게 활용됐다. 위기 상황의 바이마르 공화국에서는 전쟁 패배와 11월 혁명 이후 국민을 통합할 강력하고 카리스마 넘치는 인물에 대한 동경이 널리 퍼져 있었는데, 이는 교양 있는 상류 시민계급 내에서도 마찬가지였다. 약해 빠진 독일 황제는 스스로 책임지겠다고 했지만 결과적으로 전쟁에서 패배한 뒤 망명을 떠나버린 상황이라 이러한 동경은 더욱 강화되었다. 거기에서는 비주류와 사회적 신분 상승을 이룬 사람, 낯선 사람의 말도 귀 기울여 듣는 개방적 태도 같은 것이 느껴졌다. 이런 곳이 바로 사기꾼, 예언자, 선동가들에게 기회의 땅이며, 히틀러도 마찬가지였다. 비판적 성향의 사람들이 보기에 히틀러는 당시에 이미 무척 의심스러운 사기꾼 같았다. 언론인 제바스치안 하프너Sebastian Haffner는 히틀러를 '정치인의 가면을 쓴 사기꾼'이라 불렀다. 토마스 만Thomas Mann 같은 지성인 역시 그를 거짓말로 아찔할 만큼 높은 자리에 올라가 사기꾼으로 여겼다.

실제로 히틀러의 일대기를 보면 고전적 사기꾼과 비슷한 면모가 있다. 벌써 청소년 시절부터 그는 환상적이고 장황한 설명이 수반되는 각종 기획, 백일몽에 가까운 비전 등으로 눈에 띄는 존재였다. 오스트리아 빈에서 예술가로서 살아가는 데 실패한 것자질 부족으로 미술대학 입학 허가를 받지 못했다을 감추었다. 예술가로서는 전혀 출세할 수 없었지만 그래도 꿋꿋이 사람들에게 자신을 암시하는 힘을 키워갔다. 이 과정에서 비록 표피적이며 정치적이기는 했지만 광범위한 상식과 훌륭한 기억력은 크게 도움이 되었다. 아주 오랫동안 악수를 하고 상대를 빤히 바라보는 행위를 통해 그는 누구와의 접촉에서든 애당초 거부하지 못할 정도로 강력하게 자신의 인상을 심어주었다. 연설도 처음에는 보통 시민처럼 소극적이고 어색하다 싶을 정도로 머뭇머뭇하며 시작했다가 점점 좋아졌다. 그러다 대중이 반응을 보이면 연설에 불이 붙어 마침내 모든 참가자들이 엄청난 일에 동참했다는 느낌을 받을 정도로 열변을 토했다. 그의 웅변가로서의 영향력은 이렇게 확보되었다.

이렇게 등장할 때의 연설 내용 자체는 부차적인 경우가 많다. 중요한 것은 그렇게 연출된 지도자 신화, (전쟁이 끝날 때까지) 계속 커가는 카리스마에 대중이 관심을 보이는 것이다. 대중—결코 '단순한 인민'에만 국한되지는 않는다—은 이런 몰아沒我의 체험을 좋아하며, 히틀러는 이런 점에서 1920년대와 1930년대의 저 모든 선동가와 대중웅변가의 종결자였다. 히틀러가 연설도 하지 않고 혼잣말도 내뱉지 않으면 그에게 푹 빠져 있는 주변 사람들, 즉 수행원, 경호원, 팬이 스타 숭배 분위기를 만들었다. 비판적 눈길이나 질문으로 귀찮은 일을 당하는 일이 없도록 하기 위해서였다.

사기꾼의 전형적인 특징은 개인의 삶을 의식적으로 지워버린다는 점이다. 오늘날까지 히틀러의 개인사, 본질적인 핵심에 대해서는 알려진 게 거의 없다. 히틀러는 거의 새로운 아이덴티티를 하나 만들어 내는 데 성공한 것이다. 예컨대 자서전《나의 투쟁》에 나오는 구절처럼 그는 자신의 모습을 대중이 원하는 스타일로 만듦으로써 당대뿐 아니라 후대에도 전설로 남는 길을 연 것이다.

역사의 아이러니 하나. 단치히^{그단스크} 자유시 시장을 지낸 헤르만 라우시닝^{Hermann Rauschning}은 히틀러와의 수많은 개인적 대화에서 그의 진면목을 인식했다고 주장했다. 라우시닝은 1935년 외국으로 망명한 후 거액의 선인세에 욕심이 동해서《히틀러와의 대화》라는 책을 썼다. 책에서 그는 히틀러를 편집증이 있는 게으름뱅이에다 사기꾼이라고 까발렸다. 책은 서유럽에서 베스트셀러가 되었지만 사실 라우시닝은 히틀러 근처에도 가보지 못한 사람이라 그의 정신세계를 은밀히 들여다보지 못했다. 그 이야기는 대다수 꾸며낸 것으로 라우시닝은 1933년부터 1939년 사이에 일어난 많은 사건들을 거꾸로 그 '대화 기록'에 집어넣은 것이다.

정치인은 자기 연출의 귀재

카리스마라는 주제의 경우 곧장 1933년에서 1999년으로 건너뛸 수 있다. 구동독 의회건물은 사민당 게르하르트 슈뢰더^{Gerhard Schröder} 총리의 임시 집무실로 사용됐다. 주위 모든 이에게서 카리스마 넘치는 인물이라는 소리를 듣는 총리는 설문조사에서 늘 사민당 내 선두를 지켰으며 성공의 물결을 타고 거침없이 말을 쏟아냈다. 정부를 운영하는 데 그는 가판용 대중지 〈빌트^{Bild}〉, 일요신문 〈빌트 암 존탁〉, 텔레비전만 있으면 됐다. 노동자 집안 출신으로 편모슬하에서 자랐으며 사민당 청년 사회주의자 그룹 의장과 니더작센 주 총리 등 기나긴 길을 거쳐 최고 권력에 이른 그는 총리 임명장을 받은 직후 굵직한 시가를 입에 물고 고가의 양복을 입은 '두목'의 모습을 연출했다.

슈뢰더의 카리스마가 언론의 연출에 얼마나 심하게 의존해 있는지는 그가 베를린 총리집무실에서 국빈을 영접하겠다고 할 때 확실히 드러난다. 몇몇 기자, 사진기자, 카메라 촬영팀이 접근 차단용 붉은 밧줄 뒤에 서서 자신들이 찍어야 할 그림을 초조하게 기다리고 있었다. 그런데 그런 장면을 연출할 기계가 뭔가에 걸려 꼼짝을 않았다. 대변인과 집무실 책임자도 없이 슈뢰더가 예정이라도 한 듯 또 모시러 오는 이도 없는 상태에서 현관에서 서성거렸다. 그 모습이 카메라 렌즈에 무방비로 노출된 것이다. 카메라맨들과의 눈싸움으로 이어졌다. 슈뢰더는 아픈 데를 찔린 듯 고통스럽게 바닥을 내려다봤다. 기다려야 한다는 것은 카리스마 있는 사람 누구에게든 고농도 독약이다.

슈뢰더의 후임인 기민당 앙겔라 메르켈Angela Merkel 총리를 관찰한 사람은 카리스마라는 것이 특별한 재능을 지닌 사람의 타고난 특성이 결코 아니며 혹독한 훈련과 각 상황에 맞는 연출 결과라고 판단하게 된다. 메르켈 총리는 전혀 그런 카리스마의 작용 없이 정치적 이력을 시작했다. 그렇다. 그녀의 뚜렷하지 않은 모습이 심지어 당내 출세의 전제조건이었다고 받아들여야 할 판이다. 오랜 기간 동안 그녀는 과소평가되었으며 최고위직을 두고 다투는 경쟁자로는 전혀 심각하게 고려되지 않았다. 많은 사람들은 그녀가 당 대표직을 맡고 있을 때조차도 위기 상황에서 임시로 당을 맡은 것으로 보았다. 오늘날 앙겔라 메르켈의 카리스마라고 말할 수 있는 것은 일부는 스스로 힘들게 애를 써서 만든 것이고 일부는 직책으로 인해 연출된 것이다. 거기에는 총리실의 모든 참모, 그리고 넓게 보면 독일인 모두가 동참한다.

전 프랑스 대통령 니콜라 사르코지Nicolas Sarkozy는 내무장관으로 있던 2006년, 유명한 여류 작가 야스미나 레자Yasmina Reza로부터 프랑스 전역을 누비는 선거 유세에 따라다녀도 되는지를 묻는 편지를 받았다. 카리스마 있는 인물로 통하는 사르코지는 감복해 이를 허용했다. 하지만 레자는 극도로 대중성이 강한 극작가였다.

"당신이 저를 갈가리 찢어놓아도 제게는 그것이 명성이 된다는 말입니다."

이제 레자는 사르코지의 휘하에 들어가 그와 함께 프랑스 전역을 누볐다. 사르코지가 있는 곳에는 어디든 그녀가 있었으며 무대 뒤에서도 마찬가지였다. 다른 이들과 마찬가지로 말이다. 선거전을 위해 사로코지의 얼굴을 메이크업해준 전문가에게 든 돈만 해도 〈프랑크푸르트 알게마이네 차이퉁FAZ〉 보도에 따르면 3만 4,000유로에 달했다. 그러나 레자의 기록은 사르코지의 시크한 마스크를 들어 올렸다. 그럼에도 불구하고 사르코지는 대통령이 되었다. 왜 그는 두 눈 멀쩡히 뜬 채 레자의 '함정 겸 허세' 안으로 달려들었을까? 영향력 추구에 푹 빠진 정치가의 끝도 없는 허영 때문이었을까? 아니면 무대 뒤를 들여다보는 시선 앞에서 일종의 '정신적 스트립쇼'를 함으로써 자신의 카리스마가 더 촉진된다는 생각, 즉 다 알고 있다는 쿨함 때문이었을까?

사업가의 딸로 모델 활동을 한 적이 있는 카를라 브뤼니Carla Bruni와의 관계를 연출할 때에도 사르코지는 똑같은 방식을 보여준다. 정식 혼인도 하지 않은 상태의 두 사람이 함께 아랍으로 여행을 떠난 것도 (예견된 것이지만) 많은 소란을 야기했으며, 정열의 사나이 사르코지는 또 다시 논란의 중심에 섰다. 그가 4장 초입에서 언급한 후안 페론과 유사한 점은 그 아르헨티나 대통령 역시 4반세기 이상 나이 차이가 나는 젊은 아내 에비타Evita가 내뿜는 위력을 이용할 줄 알았다는 점이다. 정치가는 항상 활기찬 모습을 보여줘야 하며 야스미나 레자가 표현했다시피 어떤 상황에서도 '오뉴월의 늘어진 개처럼 밋밋한 모습'은 피해야 한다.

러시아 총리 블라디미르 푸틴이라면 칼날 같은 혀를 지닌 여류 작가를 유세에 동반한다는 것은 생각조차 하지 않으리라. 러시아였다면 그녀는 오히려 문 앞에 나서기를 두려워할 것이 틀림없다. 살해된 여기자 안나 폴릿콥스카야Anna Politkowskaja 같은 운명은 겪지 않으려 할 테니 말이다. 본디 따분하고 눈에 띄지도 않는 푸틴을 뚜렷이 각인시킨 것은 비밀 정보기관 근무 경력이다. 아마도 그런 이유 때문에 그는 영상노출 강화를 통해 부족한 카리스마를 보완하는 것을 좋아하는지도 모른다. 사람들은 그가 웃통을 벗은 채 낚시하는 모습, 작살로 고래를 잡는 모습, 말을 타고 시베리아를 달리는 모습, 잠수함을 타고 바이칼 호 바닥으로 잠수하는 모습 또는 유도 선수로 상대를 넘겨버리는 모습 등을 보았다. 푸틴은 가수 패츠 도미노Fats Dominos 흉내를 내 자선 단체에서 마이크를 잡고 〈블루베리 힐〉이라는 노래를 부르기도 했다.

2010년 여름 러시아에서 산불이 났을 때 그는 다시 강력한 이미지의 인물로 출현할 필요가 있었다. 푸틴은 다시 대통령이 되고 싶었다. 언론은 그가 새로 개발된 수륙양용 비행기를 타고 "몸소 두 곳의 화재를 진화했다"며 환호했다. 이어서 러시아 텔레비전 시청자들은 아마도 생중계 되었을 전화 통화의 목격자가 되었다. 화재 현장에 있는 푸틴 총리와 크렘린에 있는 그의 상관 드미트리 메드베데프Dmitri Medwedew 대통령 간의 통화였다. 원기 넘치는 푸틴은 화재 현장에서 재난 지역에 대한 군대 투입을 '명령'하고, 전화선의 다른 한쪽 끝에 있는 대통령은 열심히 그 명령을 받드는 사람 같다는 인상을 줬다. 푸틴에게 대학에서 법학을 가르친 메드베데프, 양복을 입고 책상 앞에 앉아 있는 것을 가장 편안하게 느끼며, 그래서 자신을 의지 강한 행동파로 돋보이게 해주는 역할을 할 메드베데프가 필요했던 것이다. 하지만 그렇게 돈을 들이고 신중을 기해 형성한 푸틴의 카리스마도 스스로 범한 실수 앞에서 안전할 수는 없었다. 예를 들면 러시아 산불에 대한 보도가 나가면서 가진 것 없는 성난 마을 주민들이 총리에게 함부로 막말을 해대며 몰아붙이는 장면들도 전파를 탄 것이다. 환호 속에 이루어진 전방부대 방문과는 다른 모습이다.

크게 주목받지 못하는 정계 인사들은 젊을 때 언론 매체에 대해 의무적으로 훈련을 받고, 자신의 위광을 개선하기 위한 일련의 장치를 활용하기도 한다. 그럼에도 불구하고 사회의 힘 있는 자리에는 이런 가능성이 있는데도 카리스마라고는 전혀 없는 상태로 머물러 있는 사람들이 많이 있다. 이런 범주의 정치인들을 사회학자 막스 베버는 한때 '직위 카리스마'라고 파악했다. 그런 인물이 바로 자칭 '글로벌 플레이어' 귄터 외팅어Günther Oettinger다. 독일 바덴-뷔르템베르크Baden-Württemberg 주 총리를 역임한 그는 유럽연합 에너지 담당 집행위원직에 도전하면서 정치적 자기 연출이 힘든 작업이라는 것을 깊이 깨닫게 해주었다. 인터뷰에서 그는 독일 국민을 상대로 세계화에 따른 도전에 직면해 영어 지식을 제대로 갖춰야 한다고 강조했다. 공작기계를 다루는 기술자든 경영자든 누구나 영어를 이해하고 말할 줄 알아야 한다는 것이다. 외팅어 자신이 여기서 모범을 보여서 이렇게 말했다.

"나는 영어에서는 회화에 관한 한 매우 확실합니다."

그런 다음 외팅어의 영어 연설 기록이 세상의 빛을 보게 되었다. 외팅거는 2009년 9월, 국제 사회의 고위 청중들 앞에서 (원고를 그대로 읽는!) 연설을 했다. 그 소리를 옮겨 적으면 대체로 다음과 같다.

"위 헤프 애 으으으으음 인 제르매니, 피프티 페르첸트 오브 비즈니스 이즈 프쉬홀로기. 온 제 원 핸트 제 크라이시스 레빌트, 재트 제어 이즈 어 닛 포르 모르 고베른멘텔 레귤래션. 온 제 아서 핸트, 위 해프 투 파인드 애 웨이 오브 프레스으으으음 제 고베름멘탈We have a man in Germany, fifty percent of business is psychology. On the one hand the crisis revealed, that there is a need for more governmental regulation. On the other hand, we have to find a way of prism the governmental."[9]

외팅어 같은 인물에게 고마워할 줄도 알아야 한다. 자기 연출에 실패함으로써 사실의 이면에 있는 현실을 비춰줬으니 말이다.

거짓말을 할 기회

오늘날 정치인들은 무엇보다 자신이 결국은 관리자에 불과하다는 것 그리고 약속을 절대로 지킬 수 없다는 것을 속여야 한다. 왜냐하면 민주주의 사회에서는 이제 타협 없이는 되는 일이 없기 때문이다. 타

_____ 9. 〈Tagesspiegel〉 2010. 1. 27.

협은 협상을 전제로 한다. 협상은 민주적 과정의 중심 요소라고—적어도 카메라 앞에서는—아주 장엄하게 연출된다. 이로써 현대의 정치인들에게 뻥이란 자기주장을 할 때 없어서는 안 될 수단이다. 그들의 진정성은 고등학교 수업에서 다뤄지는 멋진 이론의 일부로만 남을 뿐이다.

한때 함부르크 시의회 의원을 역임했으며 현재 뒤셀도르프 대학 철학과 교수로 있는 지모네 디츠Simone Dietz 여사는 자신의 저서《거짓말 기술技術》에서 다음과 같은 수긍할 만한 결론에 이르렀다.

"정치인들이 거짓말하는 기술을 갖고 있지 않다면, 거짓말하는 것이 특정 상황에서 합법적이 아니라면, 국가의 정치적 행위 능력은 수많은 경우 정치적 대중에 대한 여러 가지 제약을 통해서만 유지될 수 있을 것이다."

그렇다. 디츠 교수는 거짓말을 심지어 드러내놓고 민주주의의 조건이라고 이해하고 있다. 그렇다고 이를 바탕으로 정치권의 모든 거짓말쟁이가 민주주의를 지키기 위해 거짓말을 한다고 해석하는 오류를 범해서는 안 된다. 정계에서는 거짓말이 항상 큰 출세를 위한 최선의 윤활제가 되기 때문이다. 1차적으로 내용을 중시하는 사람은 문제 있는 당내 동료또는 동지로 낙인 찍혀 오도 가도 못한 채 하급 위원회에서 머물러 있다. 바로 그런 이유로 영향력을 필요로 하는 외부 영입인사들은 이 바닥에서 특히 좋은 기회를 갖고 있다. 그래서 지난 한 세기 동안 외부 인사들이 선동 능력 덕분에, 또 변신술 및 위장술 덕분에 정치적 출세를 할 수 있었다. 예를 들면 녹색당 정치인 요슈카 피셔Joschka Fischer 같은 인물이다. 그의 일대기를 보면 청룡열차를 탄 것 같다. 그 중간 기착지로 프랑크푸르트 좌파 그룹의 선임 대표, 녹색당 대표, 외무장관 겸 부총리, 전력회사 RWE의 파이프라인 구축을 위한 로비스트 그리고 BMW와 지멘스의 고문, 그리고 마지막으로 하버드 대학 객원 교수직이 있었다.

뭔가를 형성할 여지가 갈수록 좁아지는 상황이 되면서 정치권에서는 말이 갖는 마법 같은 힘이 오래전부터 가장 중요한 도구가 되었다. 대표적인 예가 미국 대통령 버락 오바마다. 그를 지지하는 사람들조차도 그가 외교적으로 상대국의 반감을 유발하지 않는 대응조치 덕에 2009년 노벨 평화상을 받자 깜짝 놀랐다. 사실 그는 수상 시점에 대통령직에 오른 지 불과 몇 주밖에 되지 않은 상태였으며 그의 따뜻한 말이 아직은 어떤 결과도 만들어내지 못한 상황이었다. 또 잠시 후 갓 노벨상을 받은 그는 미국의 군비 지출을 신기록 수준으로 올렸다. 그런 짓은 냉철한 분석이나 논리적 논거를 바탕으로 행하는 것이 아니다. 오바마가 한 말이 뜻하지 않게 새로운 르네상스를 누리는 데 도움을 주었다. 열정적이고"Yes we can", 손쉽게 기억에 남는 그림"이제 새로운 다리를 놓을 시점입니다", 적절한 타이밍, 위치를 잘 잡은 텔레프롬프터Teleprompter로 대중을 사로잡았다. 특히 오바마는 자신의 재주를 인플레가 날 정도로 자주 이용했다. 임기 첫 해에 벌써 수많은 연설을 했으며 그중 다수가 이제 역사적인 연설로 통한다. 그의 연설은 세계적 언론 매체에서 다뤄졌다. 예를 들면 2009년 6월, 이슬람권 카이로 측에 대해 대서방 관계의 새로운 시작을 약속했을 때다. 오바마의 연설문 작성팀은 전임자의 수사학 전문가들보다 할 일이 훨씬 더 많았다.

일반적으로 정치인들이 자신의 연설문과 저서를 직접 집필하는 경우는 매우 드물다고 알려져 있다. 하지만 오바마의 베스트셀러 자서전《내 아버지로부터의 꿈》은 진짜라는 인상을 주었고 비판자들로 하여금 이 젊은 정치인의 탁월함을 확신하게 만들었다. 〈뉴욕 타임즈〉는 "미래의 대통령이 쓴 자서전 중 가장 감동적이고 가장 서정적이며 가장 솔직한 내용의 책"이라고 찬사를 쏟아냈다. 이 책이 지닌 양호한 품질은 오바마가 미국과 미국민에게 새로운 출발점을 제공해줄 카리스마 넘치는 구원자라는 이미지를 제공했다. 오바마가 대통령이 될 가능성이 크다는 것이 분명해지자 기자들은 그의 과거를 본격적으로 파헤치기 시작했다. 이 과정에서 자서전의 많은 세부적 내용들이 허구임이 드러났다. 직업 활동 중 '국제적 대기업 그룹에서 자문 활동'을 할 때 흑인으로서는 유일하게 자신만 사무실에서 비서를 데리고 일했다는 주장은 금융 관련 뉴스레터를 발행하는 소규모업체 근무 경력으로 밝혀졌다. 오바마는 거기서 해외 통신원의 글을 수정하는 일을 했을 뿐이었다.

오바마 대통령은 책에서 호메로스의 《오디세이》에 나오는 수사를 다수 차용한 가운데 자신을 백인의 확립된 질서와 세계 사이에서 이러지도 저러지도 못한 채 불이익을 받는 흑인으로 묘사한다. 이는 대학시절 친구였던 사람들의 기억과는 맞지 않았다. 그들은 '배리Barry'를 늘 아무 걱정 없이 편안히 세상을 살아가는 유형의 인간으로 여겼던 것이다. 결국 오바마가 대작 자서전을 직접 집필하지 않았다는 지적들이 점점 더 많아졌다. 하필이면 자기 정체성 찾기 과정의 여러 위기를 다룬 이 책을 자기 손으로 쓰지 않았다. 이 폭로는 실제 집필자로 추정되는 인물이 유명인, 즉 교육학 교수 빌 에이어스Bill Ayers이기 때문에 더더욱 입맛을 다시게 한다. 그는 베트남 전쟁에 반대하는 저항운동에서 전투적인 학생지도자로서 1970년대 초반 좌파 지하단체 '더 웨더맨The Weatherman'을 조직해 다수의 폭파 공격을 자행했다. 그중에는 북 베트남 공산군 지도자 호치민의 생일에 감행한 펜타곤 공격도 포함되어 있다. 에이어스는 10년 동안 도피생활을 하다 1980년 경찰에 자수했다. 그러나 그는 연방 수사국FBI의 불법 수사방식을 근거로 내세워 유죄판결을 받지 않았다. 에너지 업체 콘 에디슨Con Edison 회장인 아버지의 도움으로 에이어스는 다시 사회에 복귀할 수 있었다.

기자들, 그중에서도 특히 오바마 대통령 부부의 삶을 한 권의 책에 담아낸 크리스토퍼 앤더슨Christopher Andersen 기자는 버락 오바마와 에이어스가 시카고 하이드파크 지역에서 서로 친한 이웃으로 지냈다는 결과를 내놓았다. 엔더슨 기자의 추측에 따르면, 오바마는 집필을 진척시키지 못하는 상황이 4년 동안 계속되는 것에 괴로워하는 가운데 (출판사에서 이미 선인세를 받고도) 자서전의 시작 단계를 뛰어넘지 못하고 있어서 아마도 도움을 필요로 했던 것 같다. 이후 아내 미셸Michelle의 조언을 받아들여 노련한 작가인 이웃에게 집필을 의뢰했다는 것이다. 오바마는 에이어스의 관여를 부인했으며 에이어스 또한 자서전 집필 협력설을 '신화'라고 일축했다. 에이어스가 어느 기자에게 자신이 대통령 자서전의 원래 집필자임을 확인해주었으며 "이제 나는 인세를 받고 싶다"고 말했다는 것은 아직까지 소문으로 머물러 있다. 인세가 수백만 달러에 달했지만 이 금액이 재임기간이 흐를수록 약화되는 미국 제44대 대통령의 카리스마를 다시 원상회복시키기에는 크게 부족했다. 이제 남은 사실은 자서전 《내 아버지로부터의 꿈》이 전문가가 보기에, 오바마가 그전에 썼던 모든 글을 크게 뛰어넘는 수준의 품질을 지니고 있다는 기이한 일이다.

희망, 용기, 낙관이라는 메시지로 가장 비판적 인물조차 일시적으로 사로잡았던 빛나는 인물 오바마. 그가 이제는 점점 더 늘어나는 적대적 반대파와 맞서 있다. 그 반대파 중 가장 유명한 인물은 텔레비전 예언가인 글렌 벡Glenn Beck이다. 그 역시 카리스마 넘치는 선동가로 자신의 종말론을 이용해 찬란한 돈벌이를 하고 있으며, 미국의 보수 우파 방송 〈폭스 뉴스Fox News〉에서 수년 째 워싱턴의 '검은 막시스트'를 주의해야 한다고 경고하고 있다. 그들이 미국을 파멸시키려 한다는 것이다. 그러다 2010년 8월 마침내 때가 되었다. 글렌 벡은 추종자들에게 신이 몸소 자신에게 말씀을 남겨주셨다고 전했다. "뭔가 큰일이 진행 중이며 그 자신은 영적 지도자의 소임을 부여받았다"는 것이다.

벡은 신, 곧 최고의 판관을 몸소 만났음을 내세우며 유구한 전통의 사기꾼 술수를 활용한다. 이제 구세주의 성혼만 있으면 된다. 공포물 작가 스티븐 킹Stephen King은 알코올 중독자였던 이 선동가를 한때 "사탄의 아우로 정신장애가 있는 사람"이라 불렀다. 한편 벡은 보수적 중산층의 두려움과 혐오감을 감지하는 데는 도사였다. 그는 자신의 생각을 늘 다음과 같은 말로 시작했다.

"나는 두렵습니다. 여러분도 필경 두려울 것입니다."

텔레비전 설교가와 미심쩍은 예언가는 미국 역사에서 늘 있어왔다. 하지만 연간 매출을 3,200만 달러나 올리는 벡은 〈타임Time〉이 표현한 대로 '두려움을 팔아먹는 기업가' 중 지금까지 가장 성공한 사람이다.

왕자와 거지는 한 끗 차이

시민계급 출신의 정치인들은 각고의 노력으로 카리스마를 만들어낸다. 그래봐야 임기 동안만 유지할 수 있지만 귀족 계급에서는 카리스마가 거의 상속된다고 할 수도 있겠다. 적어도 몇몇 귀족의 자기이해와 유명인사의 뒷이야기를 다루는 잡지들이 그렇게 보고 있다. 귀족 가문의 일원이 용감한 군 지휘관으로서, 지역 영주로서, 예술가의 후원자로서 또는 대지주로서 이름을 날리는 한, 고귀한 혈통은 높은 명성과 특권적 대우를 보장해주었다. 왕정이 끝나고 공화제가 선언된 뒤, 그러니까 독일 귀족이 권력을 상실하는 역사적 상황이 도래하자 가짜 백작에 가짜 남작 등 가짜 귀족이 넘쳐났다. 호엔촐레른Hohenzollern 왕실의 빌헬름Wilhelm 왕자를 사칭한 해리 도멜라Harry Domela도 그중의 한 사례다. 그는 당시 가장 인기 있는 이야기의 주인공이었다. 감옥에 있는 동안 그는 왕자 행세를 하며 돌아다닌 이야기를 책으로 써냈는데, 이 책은 바이마르 공화국 당시 베스트셀러가 됐다. 아마도 1920년대의 귀족 사칭자들은 예민한 후각으로 당대 사람들의 동경과 희망을 채워주었는지도 모른다.

적어도 어느 시대, 어느 사회든 나름대로 그 시기에 부하는 사기꾼을 만들어내는 것은 맞는 듯하다. 이미 1871년, 독일 제국 성립 후부터 진짜 귀족의 귀의처가 된 것은 외교 분야였다. 이 분야에서는 아직도 귀족들이 중요성을 인정받을 수 있었다. 그러나 그리 중요하지는 않다는 것이 곧 드러났다. 이 그룹에 속하는 적지 않은 수의 사람들에게 유일하게 끔찍한 존재는 조용히 등장한 바이마르 공화국이었다. 그러니 그들 다수가 히틀러와 그의 권력욕에 동정적일 수 있었다는 것은 전혀 놀랄 일이 아니다. 오만한 계급은 가고 총통 내지는 사기꾼이 등장한다. 그러다 20세기의 독일연방공화국에 와서 귀족들이 반 히틀러 저항의 온상이었다고 나서는 것은 전혀 다른 이야기다.

　　오랜 기간 귀족들의 명성은 바닥에 떨어져 있었다. 그래서 귀족 행세를 하는 가짜들도 드물어졌다. 중산층의 자기인식이 증가하면서 귀족은 시간이 갈수록 조롱의 대상이 되었다. 예를 들면 1950~1960년대에는 〈보비 백작 시리즈〉라는 우스개예를 들면 사교 모임에서 나이 지긋한 귀족들이 어린 시절 이야기를 나눈다. 한 사람이 "나는 뮌헨에서 태어나 빈에서 학교를 다녔지"라고 하자 보비 백작은 안타까운 듯 이렇게 말한다. "통학 거리가 장난이 아니었구먼!"가 나와 큰 인기를 끌었다. 1970년대 들어서는 이름에 장신구처럼 따라붙는 귀족 호칭을 일상적 교류에서는 자기 이름에서 떼어내는 것이 진보적 표현이었다. 그래서 예를 들면 졸름즈-호엔졸름스-리히 왕자Prinz zu Solms-Hohensolms-Lich는 그냥 헤르만 오토 졸름스Hermann Otto Solms로 등장했다. 귀족들이 견딜 수 있는 수치羞恥의 하한선이 점점 더 내려간다는 것을 필자는 학생 때 피부로 체험할 수 있었다. 니더작센 출신의 진짜 남작이었던 우리 동급생의 아버지는 선거 유세 기간에 기민당CDU 로고가 찍힌 풍선과 볼펜을 학생들에게 나눠주려고 학교 운동장을 서성이는 것을 수치스럽게 생각하지 않았던 것이다.

　　대중들은 귀족들도 이제는 어차피 실질적으로 더 이상 특기할 만한 무엇을 가지고 있지 않다고 인식했다. 결혼식, 출산 및 집안 잔치가 있을 때 시시껄렁한 매체에 실리는 것 빼고는 말이다. 하지만 독일 제국의 마지막 황제 빌헬름 2세의 증손자로 하노버 가문의 왕자인 에른스트 아우구스트Ernst August가 좋지 못한 명성을 얻은 후부터는 그런 데에서

조차도 과거의 영광은 빛이 바랬다. 그레이스 켈리Grace Kelly의 딸이자 모나코 왕국의 공주인 캐롤라인 그리말디Caroline Grimaldi와 결혼해 그녀의 세 번째 남편이 된 아우구스트 왕자는 법원에서는 이미 유명인사였다. "주먹질 왕자"라 불린 이 벨펜Welfen 가문의 후예는 폭행 사건으로 다수의 재판에 계류돼 있었다. 2000년 하노버 세계박람회에서 터키 정자亭子에 오줌을 갈긴 일로 언론으로부터 '오줌싸개 왕자'라 불린 그는 케냐 연안 휴양지 라무Lamu 섬에 있는 한 디스코텍 주인을 두들겨 팼다. 주인이 음악과 레이저쇼로 이 귀족 부부의 안락을 방해했다는 것이 이유였다. 힐데스하임Hildesheim 지방법원은 오랜 법률적 실랑이 끝에 그에게 벌금 20만 유로를 선고했다.

귀족들이 아직 강력하게 뒷받침받고 있다는 영국에서조차 수많은 고귀한 혈통이 스스로 귀족임을 거추장스럽게 여긴다. 예컨대 데번셔Devonshire의 12대 공작 페레그린 앤드류 몰리 캐번디시Peregrine Andrew Morley Cavendish는 자기 계급의 생명력에 대해 다음과 같이 언급했다.

"대못 박은 관이 땅속으로 내려가고 있다. 귀족은 없다. 이름에 귀족 호칭만 붙어 있을 뿐이다."

그 자신도 이름에 붙은 호칭을 반납할 생각을 하고 있다. 그러나, 유산에 대해서는 포기할 생각이 없다.

귀족의 귀환

독일에서는 그사이 '귀족'이라는 모델이 드라큘라 백작처럼 관에서 깨어났다. 2009년 2월, 카를-테오도르 추 굿텐베르크 남작Karl-Theodor zu Guttenberg이 베를린 정치권이라는 무대에 홀연히 나타나 공석이던 연방 경제부장관을 맡았다이어서 그는 국방장관이 되었다. 이 깜짝 인사는 많은 혼란을 초래했다. 몇몇 여기자들은 이 젊은 장관을 '뭔가 섹시한 데가 있다'고 느낀 반면 남성 동료 한 사람은 그를 놀리려고 온라인 백과사전 위키피디아Wikipedia에다 어차피 여러 개 주렁주렁 달린 이 귀족의 이름Karl Theodor Maria Nikolaus Johann Jacob Philipp Franz Joseph Sylvester Freiherr von und zu Guttenberg에 가짜 이름 하나를 슬쩍 끼워 넣기도 했다. 이 이름은 곧 모든 언론 매체에서 수용되었다그러나 귀족에게는 이름 하나가 더 붙든 말든 중요치 않았다. 벌써 장관은 첫 번째 사건, 즉 '빌헬름 사건'을 겪은 것이다. 이제 수도 없이 많은 고교 졸업생들이 굿텐베르크 열풍 속에서 머리를 올백으로 빗어 넘긴 다음헤어스타일 전문가들의 견해에 따르면 이런 머리 모양은 '힘과 탁월함'을 과시한다, 흰색 와이셔츠를 입고 양복저고리 왼쪽 가슴 주머니에는 행커치프를 꽂아 성공과 탁월함의 빛을 발산하는 스타일을 모방한다.

인기 있는 롤모델인 굿텐베르크는 진짜 귀족이기는 하지만 그 외에 영국의 데이비드 캐머런 총리도 그렇지만 그곳에서는 그걸 두고 그렇게 요란하게 떠들지 않는다 그것만으로는 성에 차지 않았다. 그래서 남작의 머리 모양만큼이나 날렵하게 곧 출세도 뒤따랐다. 디 벨트Die Welt 신문사에서 여러 주 동안 진행된 실습을 그는 "프리랜스 언론활동"이라고 묘사했고, 변호사 사무실에서 행한 다른 실습은 "프랑크푸르트와 뉴욕에서 잠시 직장생활"한 것이 되었다. 굿텐베르크가 경제 위기의 한복판에서 신임 경제장관으로서 자신의 전문성을 내보일 필요성을 느껴 텔레비전에 나와 "정계에 입문하기 전 자유 시장경제 체제하에서 일했다"고 주장차자, 북독인 방송NDR의 텔레비전 매거진 〈차프Zapp〉는 그것에 대해 보다 정확히 알아보았다.[10] 언어적으로 잘 다음어진 굿텐베르크는 자신은 가족 기업에서 근무

했으며 그곳에서 책임을 다했다고 말했다. 물론 진실에 부합하는 말이기는 하지만 언어적으로는 단순한 과장과 사기 사이의 가느다란 끈 위에서 춤을 춘 것이다. 나중에 조사한 바에 따르면 그는 뮌헨 굿텐베르크 유한회사의 경영을 책임진 사원이었을 뿐이다. 그 회사는 굿텐베르크 가족의 재산을 관리하는 일을 주 업무로 했다. 프랑크푸르트 알게마이네 차이퉁FAZ과 독일 최대의 기업 데이터뱅크 관리 기관인 크레딧레포름Creditreform 협회에 따르면, 이 회사의 2000년 매출은 2만 5,000유로 정도였다.

　　굿텐베르크가 1989년에 행해진 뢴Rhön 병원 주식회사의 증시 상장에 관여했다는 것도 당시 그의 나이 열여덟 살로 군 입대를 준비하던 시점임을 감안하면 별로 신뢰가 가지 않았다. 그러나 이런 의혹은 멋쟁이 신임장관에 대한 환호 속에 묻혀버렸다. 서류에 따르면 굿텐베르크가 1996년부터 2002년까지 그 회사 감사위원회에 있었던 것은 아마 맞을 것이다. 가족 소유의 그 지주회사에 일부 지분을 갖고 있기 때문이다. 여기서 재미난 점은, 신문 보도에 따르면 뢴 병원 주식회사가 바이로이트 '의료관리 및 보건학 교수좌' 설립자들의 소유라는 사실이다. 이 교수좌는 2000년에 설립되었으며 법률-경제학부 소속으로 돼 있다. 그러니까 국방장관이 다녔고 박사학위를 딴 학부인 것이다. 굿텐베르크는 최종 2차 국가시험을 치르지 않아 완전한 법대 졸업생이 아니라는 결점을 박

──────── 10. 카를-테오도르 추 구텐베르크(Karl-Theodor zu Gutenberg) 관련 기사의 일부: "경제적 토대의 일부를 나는 정계 입문 이전에 이미 확보할 수 있었다. 가족 기업 내에서 내가 진 책임을 통해서 말이다." (《Tagesthemen》 2009. 2. 9.), "(…)또 정계에 들어오기 전에 나는 경제계에 종사했다. 거기에서 일을 했고 거기서 내 자신의 가족 기업을 책임지고 있었다." (《heute journal》 2009. 2. 9.)

사학위 취득으로 지워버렸다. 475쪽의 학위 논문에서 그는 '헌법과 헌법
계약. 미국과 유럽연합에서의 헌법 발달 단계'라는 주제를 다루었다. 그
러나 2011년 2월, 법대 교수 한 사람이 그 학위논문의 일부가 직접 집필
되지 않았음을 확인했다. 논문 전체의 3분의 2에서 인용 표시가 되지 않
은 남의 글이 연속적으로 발견된 것이다. 그 논문은 국방장관에게 '구글
베르크 박사Dr. Googleberg'라는 별칭을 가져다주었을 뿐 아니라 심각한 스
캔들까지 떠안겼다. 새로 문제가 되는 내용들이 계속 나오자 압박이 강
화되었고 결국 굿텐베르크는 바이로이트 대학에 박사학위 철회를 요청
하기에 이르렀다. 그러나 한숨 돌리려는 그 시도는 실패로 돌아갔다. 박
사학위 취소로 굿텐베르크는 자기 지도교수의 후임자에게만 '사기꾼' 취
급을 받은 게 아니었다. 연방의회에서 녹색당의 위르겐 트리틴Jürgen Tritin
의원은 독일연방군이 "펠릭스 크룰Felix Krull 같은 인간의 지휘를 받아서
는 안 된다"고 요구한 것이다. 의회에서의 격렬한 토론에서 트리틴은 토
마스 만의 유명한 소설《사기꾼 펠릭스 크룰의 고백》의 여러 구절을 장
관에게 내밀었다.

　　　굿텐베르크, 그리고 연방정부는 계속 증가하는 여론의 분노에
도 불구하고 이 표절사건을 그냥 넘어가려 했다. 앙겔라 메르켈 총리는
내각에서 함께 일하는 그 동료 장관을 앞에 두고 '박사' 타이틀이 있든
없든 그를 놓치지 않겠다는 뜻을 분명히 했다. 총리인 자신이 그를 학자
로서 내각에 불러들인 게 아니기에 그렇다는 것이었다.

　　　이 문제를 덮은 채 그냥 의회 의사일정으로 넘어가는 것은 다
수의 학자, 언론 및 여러 확대재생산 매체들이 원치 않는다는 점, 그리고
그때까지 장관을 뒤에서 받쳐주었던 일련의 인사들이 이런 여건 때문에

점점 더 줄어들고 있음이 드러나자 굿텐베르크는 장관직에서 물러났다.

굿텐베르크 남작의 정계 이력이 그것으로 끝난 것인지 아니면 어느 날 다시 최고위직을 차지할지와는 상관없이, 그는 이미 오래전에 역할 모델로서, 그렇지 않아도 우리의 일상 속에서 갈수록 더 많이 접하게 되는 (장래의) 사기꾼과 현혹꾼의 위대한 격려자가 되었다. 정부, 그리고 (설문에 신뢰를 부여하는 한) 그 설문에 응한 다수 유권자들이 몇 주 동안 고민 끝에 내놓은, 그러니까 심각한 학문적 사기가 있어도 정치적 최고위직을 맡는 것은 가능하리라는 발상만으로도 독일 사회의 사기 경향은 엄청나게 팽배했다. 비록 유명 범법자가 결국에는 법망을 벗어나지 못한다 해도 말이다. 또 끝없는 자기 연출에 경도된 이들은 '구글베르크 박사 사건'에서 하나는 확실히 배운다. 구글로 검색하지 말고 그냥 뻥을 치는 게 더 낫다!

귀족들의 귀환 조짐은 이미 수년 전 뒤셀도르프에서 나타났다. 베를레부르크Berleburg의 젊은 후작 외르크 알렉산더Jörg Alexander. 그는 그곳 사교계의 귀염둥이다. 처음에 그는 학생 단체가 임대한 집의 방 한 칸에 들어가 살았다. 얼마 안 가 도시의 부유한 그룹과의 접촉이 성사된다. 곧 호화로운 거처 두 곳을 소유하게 되며 자동차 판매상에게 가서 대형 리무진 한 대를 시승하고 보석상에 가서는 후작 가문의 인장용 반지를 주문한다. 어느 곳에서든 사람들은 노르트라인-베스트팔렌 주도州都 뒤셀도르프에 유명한 신참이 새로 온 것을 기뻐한다. 도시의 돈 많은 부인네 중 한 사람은 이 후작을 특히 각별히 여겼다. 부인은 그를 데리고 함께 집에 갔다. 후작은 인심이 후해 값비싼 별 다섯 개짜리 호텔에서 파티를 연다. 그런데 그 사람의 과거에 뭔가 맞지 않는 게 있다. 이 장면에서 또 경찰이 등장한다. 후작의 본명은 외르크Jört D.로 이미 베를린에서 별별 다양한 인생 역정을 겪은 사람이었다. 덕분에 경찰도 그를 알고 있었다. 학교를 중퇴한 21세의 그는 니더작센 주 메펜Meppen 출신으로 경찰 행세도 했고 의사 행세도 했으며—갓 사춘기를 넘긴 나이에 벌써—문서 위조죄로 집행유예를 선고받은 적도 있었다. 그러나 곱상하게 생긴 외르크는 포기하지 않고 곧장 정치가로서의 삶이 어떤 느낌인지를 맛보았다. 2005년 초 그는 당시 사민당SPD 연방의회 의원 라인홀트 로베Reinhold Robbe의 사무실에서 실습생으로 있었다. 그러나 로베 의원은 불과 며칠 후 그를 내보냈다. 연방의회 보안국에서 이 실습생의 전력이 의심스럽다는 통보를 받았기 때문이다.

외르크에게는 뒤로 물러서야 할 이유가 없었다. 그는 정계에서 자신의 능력을 입증해 보이려 했다. 이제 두꺼운 낯짝이 있어야 한다. 그래서 그는 연방의회에서 몇 주 동안 아무런 제지를 받지 않고 들락날락했다. 의회 건물에서 일하는 한 직원은 "그 젊은이가 여러 사무실에서 커피와 담배로 시간을 보냈다"고 진술했다. 자신에 찬 모습으로 의원 사무실과 연방의회의 몇몇 야간 행사에 모습을 드러내면서 그는 단체 및 유명인사와 접촉하는 것이 그리 어렵지 않음을 느끼게 된다. 한번은 당시 연방의회 의장인 사민당의 볼프강 티어제Wolfgang Thierse의 실습생인 척했고, 한번은 이전에 내무장관을 역임한 기민당 루돌프 자이터스Rudolf Seiters의 조카라고 주장하기도 했다. 그는 이 과정에서 고귀한 혈통 출신이라고 뻥을 치는 것도 이미 시험해보았다. 바덴-뷔르템베르크 주 지그마링엔Sigmaringen의 외르크-빌헬름-에른스트-프리드리히 폰 호엔촐레른 왕자Prinz Jörg-Wilhelm-Ernst-Friedrich von Hohenzollern zu Sigmaringen라고 자신을 소개한 것이다. 연방의회 출입증이 가짜라는 것이 수위에게 들통 나는 바람에 그는 결국 의회 출입을 금지당했다.

이제 집행유예 기간 동안 그를 감독하고 돌봐주는 사람들까지도 짜증을 냈다. 외르크가 집행유예형의 조건을 단 하나도 지키지 않았기 때문이다. 이제 그는 뒤셀도르프로 장소를 옮길 때가 되었다. "나는 새로운 이름, 새로운 삶을 생각했다." 후작을 현실과 이어주는 마지막 끈은 새로운 성에 붙은 외르크라는 이름 하나뿐이었다. 라인 강변의 뒤셀도르프에서는 자신의 새 이름에 대해 아무도 이의를 달 것 같지 않았다. 호화 자동차를 임대하고 신분에 걸맞은 연미복을 갖춰 입은 다음 그는 곧장 여러 은행을 방문했다. 물론 자신은 '자인-비트겐슈타인Sayn-Wittgenstein 후작'이며 조카—그러니까 실제로는 자기 자신—가 은행을 방문할 것이라고 미리 통보한 뒤였다.

다른 경우 그는 전화로 해당 은행 뮌헨 본점의 이사 비서실 직원이라면서 은행 직원에게 "귀한 고객의 자제가 방문한다"고 미리 알려주기도 했다. 그러면서 그 자제가 강도를 만나 신분증도 없고 긴급히 계좌를 하나 열어야 한다고 말하는 것이다. 노련한 담당 직원은 예외적 상황이라고 생각하고 소위 귀족이라는 그 젊은 친구의 희망사항을 다 들어준다. 거기에는 골드 신용카드와 전자결제 카드 발급도 포함돼 있다. 젊은이는 은행 직원들에게 진지하게 자신을 '후작 각하'로 부르게 했다. 온갖 신용카드로 무장한 외르크 후작은 쇼핑 투어에 나선다. 자기 몸뚱이뿐 아니라 시내의 거처도 신분에 걸맞게 꾸며야 했다. 그가 뒤셀도르프에 중간 기착해서 생긴 손해만 10만 유로에 달했다. 이어진 재판에서 그는 총 387건의 범행 혐의로 기소되었다. 피곤할 정도로 긴 이 범죄 목록을 죄인은 전체 기억 속에서 퍼레이드 하듯 풀어놓았으며 몇 가지 이야기로 눈물을 짜내기도 했다. "피고에게 범행 하나가 더 있고 없고는 정말 전혀 중요치 않을 것이다"라며 외르크 쾨비우스Jörg Koewius 판사는 심리가 시작될 때 건조하게 언급하더니 범인 외르크에게 경미한 2년형을 언도하고 그 집행을 유예했다. 이제 귀족 타이틀이 없어도 정계에서 출세하는 데 장애가 되는 것은 없다.

같은 시기에 버킹검 경Lord Buckingham이라는 인물이 국제적 주목을 끌었다. 조사에 따르면 크리스토퍼 에드워드 버킹검Christopher Edward Buckingham은 22년 전 새로운 정체를 갖게 되었다. 그는 자신이 이집트에 주재한 바 있으며 1982년 개인 전용기 추락 사고로 작고한 한 영국 외교관의 아들이었다고 주장했다. 이와 반대로 당국도 나름대로 근거에 의거해서, 그가—프레드릭 포사이스Frederick Forsyth의 공포 소설《자칼Jackal》에 나오는 청부 살인자처럼—1962년 12월 24일 태어나 8개월 만에 세상을 떠난 사내아이의 이름을 갖고 있다고 보았다. 여권을 갱신하는 과정에서 발각된 이 혐의자는 그 사건에 대해 입을 다물었으며 이로써 자신의 진짜 정체에 대한 의혹에 불을 지폈다.

이제 사람들은 버킹검 경이—《자칼》에서와 마찬가지로—청부 살인자이거나 서구에 눌러앉은 옛 동독 스파이가 아닐까 추측했다. 후자의 추측은 이 '거짓말 경'께서 독어를 너무 유창하게 하는 데다 주소지가 스위스와의 국경 근처인 라인 강 상류의 호엔텡엔Hohentengen이었기 때문이다. 하지만 왜 남의 눈에 절대로 띄지 않으려는 사람이 귀족 타이틀로 자신을 꾸민단 말인가? 역설적이게도 하필이면 '버킹검 경'이라는 호칭은 어느 정도 합법적으로 획득한 것이었다. 영국에서는 토지만 일정 규모만큼 가진 사람이면 자신을 '경卿. Lord'이라고 일컬을 수 있다. 그래서 버킹검은 1990년 들어서 비로소 '경'이 되었다. 추측컨대 자신의 권위를 더 세우려고 그랬던 것 같다. 그는 여러 해 동안 아내 조디 도Jody Doe 그리고 둘 사이에서 태어난 아이들까지 속였다. 결혼하고 열두 해 지난 뒤 노스햄프턴Northhampton에 살던 부부는 서로 갈라섰다. 하지만 버킹검 경이 이사 간 곳은 불과 몇 거리 떨어진 곳이었다. 아이들 가까운 곳에 머물기 위해서였다. 그 외에도 그는 정보통신 보안 전문가로 일했으며 돈도 잘 벌었다.

그는 자신의 새로운 정체를 창조할 때 살라미 전략을 활용했다. 사소하고 비교적 덜 중요한 서류 한 장에 좀 더 중요한 신원 증명서 등을 갖다 붙이는 식이었다. 우선 그는 크리스토퍼 버킹검의 출생증명서 사본을 신청했다. 그 외에는 일회용 이름이라고는 전혀 사용하지 않았다. 그런 다음 사회보험 번호 신청이 뒤따랐고 마침내 신분증까지 신청하기에 이르렀다. "저는 시스템이 일치하지 않는다고 믿었던 거죠. 그냥 신청서 빈칸을 다 채운 다음 우편으로 보냈습니다." 크리스토퍼 버킹검이 되는 이 모든 과정에 총 8개월이 걸렸다. 진짜 크리스토퍼가 살았던 기간과 똑같다.

최근까지 취리히에서 일했고 그곳에서 새로운 인생 동반자를 얻은 버킹검이 사진 한 장을 공개한 것이 결국 정체가 드러나는 단서가 되었다. 가족 한 사람이 사진을 보고 그를 알아본 것이다. 버킹검의 본명은 찰즈 앨버트 스토포드Charlge Albert Stopford로 미국 플로리다 주 오를랜도Orlando 출신이다. 감리교 목사의 아홉 남매 중 맏이였는데 아버지는 한 여성 교인 때문에 아내와 아이들을 놔둔 채 떠나버렸다. 당시 그는 16세로 자신이 영국에서 교환학생으로 왔으며 아버지는 미 항공우주국에서 전문가로 일하고 있다고 떠들고 다녔다. 또 군부대 내 카지노에서 장교들과 어울리려고 군사 기지에도 몰래 잠입했다. 중등학교를 마친 뒤 실제로 그는 해군에서 복무했다. 그러나 군대에서는 불명예제대를 하고 말았다. 어느 버거킹 매장 매니저의 자동차를 폭파해버린 것이다. 이 일로 그는 1년형에 집행유예를 선고받았다. 이후 그는 일을 찾아 디즈니월드에 가서 임시직으로 일하면서 영국식 말투를 사용했다고 한다. 그러다 집행유예 조건을 무시하고는 1983년 초 화면에서 사라졌다. 가족에게는 세계 각국의 우편엽서를 보냈다.

그러던 어느 날 자기 존재를 알리는 최후의 신호로서 개인 신분증에서 디즈니월드 직원 신분증에 이르기까지 자신의 옛 정체를 알려주는 모든 서류가 소포에 담겨 가족에게 도착했다. 이 옛 정체를 다시 마주한 것은 본명이 스토포드인 버킹검이 9개월의 금고형을 살고난 뒤인 2006년 7월이었다. 왜냐하면 그가 스위스에서 미국으로 추방되었기 때문이다. 그러나 한 해도 채 지나기 전에 그는 미국 당국이 자신의 이름으로 발행한 신분증 한 장으로, 입국이 금지되었음에도 불구하고 다시 스위스 취리히로 돌아왔다. 출생 일자가 변조된 신분증이었던 것이다. 어느 기자 앞에서 그는 자신이 버킹검 외에 다른 정체, 예를 들면 러시아 왕가의 친척인 알렉시 로마노프Alexi Romanow라는 이름도 갖고 있다고 털어놓았다.

베르겐에서 온 사람

유럽에서와는 달리 무한한 가능성의 땅 미국에서는 옛 귀족들이 벌이는 별난 짓거리가 그리 큰 역할을 하지 못한다. 그곳에서는 일단 스스로 신흥 귀족가문을 창시해야 하기 때문이다. 국제 상류사회에 속하는 인물들은 석유 재벌, 산업계와 언론계 재벌, 팝스타 또는 배우들이 남긴 유산 또는 여러 차례 대물림한 상속 재산으로 먹고산다. 유명인사들은 무대에서 늘 되풀이해서 '내가 해냈지'라는 연극을 스스로 연출한다. 하지만 그들끼리만 지내던 것도 벌써 오래전의 일이다. 갈수록 더 많은 구경꾼이 직접 무대에 오르려 하는 것이다!

다음의 경우에도 사기꾼 바이러스가 바이에른 출신의 한 젊은 남성에게 전염되었다. 그는 미국에서 가장 유명하고 전통 있는 자본 귀족의 일원이 되겠다는 소망을 가졌다. 그의 이름은 크리스티안 카를 게어하르츠라이터Christian Karl Gerhartsreiter. 그는 가짜 록펠러 가문의 한 사람으로 역사에 기록되었다. 게어하르츠라이터는 오버바이에른Oberbayern 지방 베르겐Bergen 출신으로 1970년대에 교환학생으로 미국에 간 뒤 고향으로 돌아오지 않았다. 그는 위스콘신 주에서 미국 여성과 혼인했다. 합법적 미국 체재를 보장해줄 그린카드를 받기 위해서였다. 카드를 받은 직후 그는 사라졌다. 홀로 남은 신부의 여동생은 형부의 몸가짐이나 태도가 돈 많은 사람인 것 같았으며 바이에른 주의 산업재벌가의 자제라고 과시했다고 기억한다.

당시 스물한 살이던 그는 그 시기에 자신의 가짜 정체로 장난을 치기 시작했다. 1982년 이후 크리스토퍼 치치스터Christopher Chichester라는 이름의 인물이 로스앤젤레스 외곽 부자 동네 산마리노San Marino에 출몰했다. 최근에야 비로소, 그러니까 거의 30년이 지나서야 경찰은 치치스터라는 인물이 게어하르츠라이터의 또 다른 변신임을 밝혀냈다. 치치스터는 지역 경찰관 한 사람에게 당시, 자신은 영국의 한 귀족과 친척 관계라고 말했다. 그는 친구들에게 부모가 납치되었으며 긴급히 거금의 몸값을 마련하지 않으면 안 된다는 이야기를 했다. 이후 수년간 그는 미 항공우주국 소속 전문가, 미 국방부 장교 또는 월가의 증권 중개인이라고 떠벌리며 돌아다녔다.

1980년대 중반 게어하르츠라이터는 코네티컷Conneticut 주 그린위치Greenwich에 있는 인디언만Indian Harbor의 세련된 요트클럽에 나타나 그곳에서 증권 거래인 일자리를 찾았다. 1987년에는 뉴욕으로 이사했다. 거기서는 클라크 록펠러Clark Rockefeller라는 새로운 정체를 만들어냈다. 석유산업 초창기에 거대한 부를 쌓아올린 저 유명한 기업 왕국의 후손이라는 것이다. 그는 샌드라 보스Sandra Boss라는 돈 많은 젊은 부인을 만나 그녀에게 운전면허도 없고 사회보험 카드도 없어서 자신이 누군지 증명할 도리가 없다고 말했다. 두 사람은 농촌에 있는 한 퀘이커 교회에서 결혼했다. 거기서는 아무도 증명서를 요구하지 않았던 것이다. 부부는 몇 년 뒤 뉴욕과 보스턴 상류 사회의 일원이 되었다.

가짜 록펠러는 진짜처럼 파티를 벌였고 자선단체에 돈을 기부했으며 이탈리아제 스포츠카와 마크 로트코Mark Rothko의 그림을 수집했다. 그는 전용기를 타고 여행했으며 딸 레이Reigh가 다니는 학교에 천문관측실을 기부하기도 했다. 또 헨리 키신저, 브리트니 스피어스, 스티븐 호킹을 친구라고 했다. 이런 호사에 드는 돈은 아내의 주머니에서 나왔다. 하버드 대학을 졸업한 그녀는 기업 컨설팅 전문 업체 매킨지McKinsey에서 출세를 했다. 결혼이 파경에 이르자 양육권은 어머니에게로 갔다. 법원에서의 조정을 통해 게어하르츠라이터는 80만 달러를 받았다. 하지만 자아도취자는 이 수치를 견딜 수 없었다. 그래서 이제 딸에게 달라붙었다. 어쩌면 더 많은 돈을 짜내려 했기 때문일지도 모른다. 그는 딸에 대한 접견권을 이용해서 첫 방문 때에 일곱 살 난 제 딸을 납치해버렸다. 6일 뒤 그는 볼티모어Baltimore에서 연방수사국FBI에 체포되었고 그것으로 사기 행각도 결국 탄로났다. 게어하르츠라이터는 아동 유괴 혐의로 4년에서 최장 5년까지의 형을 선고받았으며 그의 변호사는 정신 능력이 온전치 못하다는 쪽으로 변론을 했다.

온전치 못한 정신능력 때문일까 아니면 그냥 자신의 '인생 설계'에 대한 열정 때문일까? 정체가 발각된 뒤 뻥을 인정한 과거의 다수 사기꾼과 달리 게어하르츠라이터는 재판 후에도 자신이 바라는 정체를 그대로 고수했다. 그는 옥중에서 여러 차례 인터뷰를 했으며 그럴 때마다 클라크 록펠러Clark Rockerfeller로 살던 어린 시절의 기억을 음미했다. 아마도 게어하르츠라이터는 그 거짓말이 더 나쁜 뭔가를 속이는 데에, 거짓말과 기만보다 훨씬 더 나쁜 것을 감추는 데에 도움이 되었기 때문에 계속 장난질을 하면서 필생의 거짓말에 충직하지 않을 수 없었을 것이다. 왜냐하면 수년 전 자신의 사기 행각을 알아차리게 된 어느 부부를 살해했다는 위중한 혐의를 받고 있기 때문이다.

1985년 게어하르츠라이터는 크리스토퍼 치치스터라는 이름으로 한동안 캘리포니아 산마리노에서 린다Linda와 조나단 소허스Jonathan Sohus 부부 소유의 집을 빌려 살고 있었다. 그런데 그해 이 부부가 흔적 없이 사라져버렸고, 그 직후 치치스터 역시 뉴잉글랜드로 이사가 그곳에서 이제 크리스토퍼 크로Christopher Crowe라는 이름으로 소허스의 자동차를 팔려고 내놓은 것이다. 그로부터 9년 뒤, 산마리노의 집을 인수한 새 주인은 수영장을 만들려고 땅 파기 공사를 시작했다. 그러다 일꾼들이 게어 하르츠라이터의 과거 집주인의 시신을 발견했다. 그리고 이제 집주인의 참혹한 죽음이 있은 지 26년 뒤 로스앤젤레스 검찰은 게어하르츠라이터 에 대해 조나단 소허스 살해 혐의로 재판을 준비하고 있다.

뻥쟁이의 사회적응 가능성

역사를 보면 위기와 변혁의 시대 그리고 전환기는 사기꾼이 성장하는 데에 이상적인 배양토임이 드러난다. 19세기의 터보 자본주 의에서든 다사다난했던 황금의 20년대든 1945년 5월 8일 자정독일의 무조 건 철수가 개시된 시점—옮긴이이든 아니면 위기로 요동친 세계화된 현대 세계에 서든 상관없다. 사기꾼은 자신이 소망하는 정체로 늘 시대정신을 구현하 며, 매번 사람들이 찬탄하는 사회적 유형과 이상적 직업을 복제해낸다. 위기 현상의 하나인 대량 사기. 현재에도 우리는 이런 현상이 더 강화되 어 우리 눈앞에 있음을 본다. 전에는 배우와 예술가에게만 해당되던 것 이 오늘날에는 하나의 표준이 되어 광범위한 대중의 현실적 삶 속으로 흘러 들어갔다. 자신을 창조하고 다양한 정체와 인생 설계도를 점검하고 제대로 연출된 자신을 시장에 내놓는다. 이 과정에서 힘에 부친 이들은 자신이 사용하지 않은 여러 선택지와 인생 설계도 중에서 적어도 하나를 택해 마치 성공한 듯 겉으로 내세우고 실제로 그렇게 흉내내고 싶다는 유혹이 자라나게 된다.

고전적인 백발해로나 단절 없는 꾸준한 직업 활동 이야기가 아직도 사회의 주도적 모델이었을 때에는 대다수 사람들이 처한 일상적 환경이 사기꾼이 설칠 만한 아무런 빌미를 제공하지 않았다. 아마 사람들이 살짝 속았을 수는 있다. 예컨대 남의 돈을 빌려 새 차를 사고는 안 그런 척하는 것이다. 하지만 뻥에도 엄격한 한도가 정해져 있었다. 평생 한 마을에서 가족과 함께 사는 사람, 평생 한 공장에서 일하는 사람, 한 사람과 결혼해서 평생 같이 살거나 어릴 때 같이 학교에 다닌 친구들과 함께 늙어가는 사람, 그들에게는 집 지하실에 시체가 하나 있을 수는 있어도 새로운 것을 '창안'하는 일은 없었다. 정신이 나간 경우를 제외하고는 자기 정체를 바꾸지 않는 것이다.

당시의 신분 사칭 사기꾼이란 갑자기 자신을 덮친 권위적 존재, 예컨대 귀족, 군부 그리고 사회를 지탱하는 인물들을 어느 정도는 재미있게 웃음거리로 만든 사람들이었다. 옛 이야기에 나오는, 프로이센의 프리드리히 1세를 거짓말로 속였다는 '연금술사' 카이타누Caetano 백작이나, 100여 년 전 제국의 관료주의를 조롱거리로 만들었으며 그 퍼포먼스로 빌헬름 2세까지도 웃게 만들었다는, 주로 쾨페닉Köpenick 대위라고 불리는 프리드리히 빌헬름 포이크트Friedrich Wilhelm Voigt가 그런 인물이다.

이후 신분을 사칭하는 사기는 숨 막히는 출세 가도를 달렸다. 체계적인 뻥은 오래전부터 직업 세계의 자격 요건 목록과 일상생활의 규약 속에 자리를 잡았다. 그럴 듯한 신분으로 꾸미는 짓거리가 물론 중등학교 교과과정이나 대학 또는 경영대학원의 수업 계획에 '사기꾼 연구'라는 공식 교과목 혹은 그 비슷한 것으로 들어가 있지는 않다. 그러나 수면 아래에서는 뻥이 사회적 전염병이라고 말할 수 있을 정도로 너무 급격히 확산돼 있다. 그러나 절정에 이르려면 아직 멀었다.

마지막으로 살펴본 사례인 가짜 록펠러는 특별히 공격적인 형태를 드러낸 경우로, 속을 들여다보는 것도 허용치 않으며—물론 아직 추정이기는 하지만—치명적인 부도덕성에도 움츠려들지 않는다. 이런 뺑치는 재주를 키워주는 훈련 캠프처럼 기능하는 사회라면 그런 일들이 사실 그리 놀랄 일은 아니다. 마찬가지로, 얼마 안 가서 뺑에 대한 저항력이 사라진다 해도 그래서 그 사회의 대항이 불쌍할 정도가 되거나 '해독제'조차 제공할 수 없는 상황이 된다 해도 그게 뭐 그리 대수겠는가!

그러니—우리가 처음에 제기한 문제를 다시 한번 살펴보는 차원에서—뺑에 예리해진 눈길로 거울을 들여다볼 필요가 있다. 우리는 누구를 보고 있는 것일까? 우리는 과연 진실하며 진짜일까?

290

참고문헌

1장

Robert Heindl: *Der Berufsverbrecher,* Berlin 1927

Francois-Marie Banier: *Balthazar, Sohn aus gutem Hause,* Göttingen 2009 Serge Tisseron: *Die verbotene Tür. Familiengeheimnisse und wie man mit ihnen umgeht,* München 1998

Karl Lenz: "Keine Beziehung ohne großes Theater. Zur Theatralität im Beziehungsaufbau". In: Herbert Willems (Hg.): *Theatralisierung der Gesellschaft, Band 1: Soziologische Theorie und Zeitdiagnose,* Wiesbaden 2009. S. 239ff.

Adam Soboczynski: *Die schonende Abwehr verliebter Frauen,* Berlin 2008 Michael Lukas Möller: *Wie die Liebe anfängt. Die ersten drei Minuten,* Reinbek 2002

Désirée Nick: *Gibt es ein Leben nach vierzig?,* Bergisch Gladbach 2005 Iványi, Nathalie: "Außerordentliches Verstehen - Verstehen des außerordentlichen. Heiratsanträge der Sendung Traumhochzeit". In: Iványi, Nathalie, Reichertz, Jo: *Liebe (wie) im Fernsehen. Eine wissenssoziologische Analyse.* Opladen 2002, S. 59 ff.

Iványi, Nathalie: *Die Wirklichkeit der gesellschaftlichen Konstruktion. Ein institutionalisierungstheo retischer Medienwirkungsansatz.* Konstanz 2003

Gunter Schmidt: *Das neue Der Die Das. Über die Modernisierung des Sexuellen*. Gießen 2004

Detlef Klöckner: *Phasen der Leidenschaft*, Stuttgart 2007

Werner Mang: *Verlogene Schönheit. Vom falschen Glanz und eitlen Wahn*, München 2009

Catherine Hakim: "Erotic capital". In: *European Sociological Review*, 26, 2010, S. 499 ff.

Manfred Prisching: *Das Selbst. Die Maske. Der Bluff. Über die Inszenierung der eigenen Person*, Wien/Graz/Klagenfurt 2009

John Naish: Genug. *Wie Sie der Welt des Überflusses entkommen*, Bergisch Gladbach, 2008

Brigitte Biermann: *Frauen vor Gericht*, Berlin 2001

Alexander Hagelueken u.a. (Hg.): *Die großen Spekulanten*, München 2009

Cristina M. Gomes, Christophe Boesch Max Planck Institute for Evolutionary Anthropology, Leipzig, Germany PLoS one, April 2009

Regina Swoboda: *Die Raffinesse einer Frau. Werden Sie Männerflüsterin*, München 2009

Patrick Graber: *Dead woman tell no tales*, Los Angeles 2007

Erich Wulffen: *Die Psychologie des Hochstaplers*, Leipzig 1923

Reinhard Mehring: *Carl Schmitt - Aufstieg und Fall*, München 2009

Marianne Padowetz: *Der Heiratsschwindel*, Wien 1954

Gisela Friedrichsen: "Der Mann ist ein Ereignis. Frauen säumen den Weg des Hochstaplers Gert Postel. Eine von ihnen spricht". In: *Der Spiegel* 25/1998

Detlev Haag: *Betrügerische Hochstapelei und Schwindel* (Diss.), Freiburg 1977

Curt Riess: *Prozesse, die die Welt bewegten*, Düsseldorf 1992

Willi Wottreng: *Verbrechen in der Grossstadt*, Zürich 2009

2장
- - -

Amir Weitmann: *Madoff. Der Jahrhundertbetrüger*, Zürich 2010

Stephan Porombka: *Felix Krulls Erben*, Berlin 2001

Alexander Hagelueken u.a. (Hg.): *Die großen Spekulanten*, München 2009 Manfred F. R. Kets de Vries: *Führer, Narren und Hochstapler*, Stuttgart 1998

Claudio Besozzi: *Wohin mit der Beute? Eine biografische Untersuchung zur Inszenierung illegalen Unternehmertums*, Bern 2009

Peter Norden: *Pitt - die 26 Leben eines genialen Hochstaplers*, Hamburg 1979 (frühere Ausgabe: *Pitt. Die 26 Leben des Robert Richard Seeger*, München 1951)

Jörg Friedrich: *Die kalte Amnestie. NS-Täter in der Bundesrepublik,* Frankfurt 1985

Georg Franz von Cleric: "Der Hochstapler". In: *Schweizerische Zeitschrift für Strafrecht,* 1926, S. 16 ff.

Hilary Spurling: *La Grande Thérèse. Die Geschichte eines Jahrhundertsschwindels,* Berlin 2006

Maximilian Harden: *Köpfe,* Bd. 3, Berlin 1913

Willi Wottreng: *Verbrechen in der Grosstadt,* Zürich 2009

Josef Grünberger: *Humaner Strafvollzug,* New York 2007

Detlev Haag: *Betrügerische Hochstapelei und Schwindel* (Diss.), Freiburg 1977

Paul Babiak, Robert D. Hare: *Menschenschinder oder Manager. Psychopathen bei der Arbeit,* München 2007

Gerhard Dammann: *Narzissten, Egomanen, Psychopathen in der Führungsetage,* Bern 2007

Marjaana Lindeman: "Ingroup bias, self-enhancement and group identification". In: *European Journal of Social Psychology,* 27, 1997, S. 337 ff.

Eva Illouz: *Die Errettung der modernen Seele,* Frankfurt 2009

Daniel Goleman: *EQ. Emotionale Intelligenz,* München/Wien 1996

Justine Suchanek, Barbara Hölscher: "Professionalität und soziales Kapital als Erfolgsrezept? Anforderungsprofile von Arbeitgebern im Rekrutierungsprozess". In: Herbert Willems (Hg.): *Theatralisierung der Gesellschaft, Band 1: Soziologische Theorie und Zeitdiagnose,* Wiesbaden 2009. S. 595 ff.

Günter Voss, Hans Pongratz: "Der Arbeitskraftunternehmer. Eine neue Grundform der Ware Arbeitskraft". In: *Kölner Zeitschrift für Soziologie und Sozialpsychologie,* 50, 1998, S. 131 ff.

Mark N. Wexler: "Successful Resume Fraud: Conjectures on the Origins of Amorality in the Workplace". In: *Journal of Human Values,* 12, 2006, S. 137ff.

R. McGarvey: "Resume Fraud". In: *Training,* 30, 1993, S. 10 ff.

Heiner Raspe, Angelika Hueppe, Hannelore Neuhauser: Back Pain, a communicable disease? In: *International Journal of Epidemiology,* Volume 37, 2008, S. 69-74

Nicholas A. Christakis/James H. Fowler, *Connected! Die Macht sozialer Netzwerke und warum Glück ansteckend ist.* Frankfurt/M. 2010 Hedwig Kellner: *Karrieresprung durch Selbstcoaching. Fragen, die Sie sich stellen sollten, wenn Sie vorankommen wollen,* Frankfurt 2001

Petra Wüst: *Gezielt einmalig. 22 Tips für eine überzeugende Selbst-PR,* Zürich 2008

Sabine Asgodom: *Eigenlob stimmt. Erfolg durch Selbst-PR,* München 1996 Günter F. Müller,

Walter Braun: *Selbstführung. Wege zu einem erfüllten Berufs- und Arbeitsleben,* Bern 2009

Karola Brede: *Wagnisse der Anpassung im Arbeitsalltag,* Opladen 1995

3장

Fritz Kahn: *Das Leben des Menschen. Eine volkstümliche Anatomie, Biologie, Physiologie und Entwicklungsgeschichte des Menschen,* Stuttgart 1926

Manfred Lutz: *Irre! Wir behandeln die Falschen. Unser Problem sind die Normalen,* München 2009

Klaus Püschel, Eberhard Hildebrand, Klaus Hitzer, Synan Al-Hashimy: "Selbstverstümmelung als Versicherungsbetrug". In: *Unfallchirurgie,* 24, 1998, S. 75 ff.

J. Wallach: "Laboratory Diagnosis of Facticious Disorders". In: *Archive of Internal Medicine,* 154, 1994, S. 1690ff.

Richard A. A. Kanaan, Simon C. Wessely: "The origins of factitious Disorder". In: *History of the Human Sciences,* 23, 2010, S. 68 ff.

Jill A. Fisher: "Playing Patient, Playing Doctor: Munchhausen Syndrome, Clinical S/M, and Ruptures of Medical Power". In: *Journal of Medical Humanities,* 27, 2006, S. 135 ff.

D. O. Quest, S. E. Hyler: "Neurosurgical Münchhausens Syndrome: Case Report". In: *Neurosurgery,* 7, 1980, S. 412 ff.

R. Meadow: "Munchausen syndrome by proxy: The hinterland of child abuse". In: *The Lancet,* 1977, S. 343ff.

Catherine C. Ayoub, Herbert A. Schreier, Carol Keller: "Munchausen by Proxy: Presentations in Special Education". In: *Child Maltreatment,* 7, 2002, S. 149 ff.

Manfred Prisching: *Das Selbst. Die Maske. Der Bluff. Über die Inszenierung der eigenen Person,* Wien/Graz/Klagenfurt 2009

Eva Illouz: Die *Errettung der modernen Seele,* Frankfurt 2009

Walter Mischel, Y. Shoda, R. Mendoza-Denton: "Situation-Behavior Profiles as a Locus of Consistency in Personality". In: *Current Directions in psychological Science,* 11, 2002, S. 50 ff.

Volker Sommer: *Lob der Lüge,* München 1993

Daniel Goleman: *Lebenslügen und einfache Wahrheiten,* Weinheim/Basel 1987

David Livingstone Smith: "In Praise of Self-deception". In: *Entelchy - Mind and Culture*, Nr. 7, 2006

David Livingstone Smith: *Why we lie*, New York 2004

Josef Grünberger: *Humaner Strafvollzug*, New York 2007

Ursula Mayr: "False memories. Botschaften aus einem Übergangsraum". In: *Forum der Psycholanalyse*, 21, 2005, S. 58 ff.

Detlev Haag: *Betrügerische Hochstapelei und Schwindel* (Diss.), Freiburg 1977

Helene Deutsch: "The Impostor. Contribution to Ego Psychology of a Type of Psychopath". In: *Psychoanalytic Quarterly*, 24, 1955, S. 483 ff.

Julia Bettermann: *Falsche Stalking-Opfer*, Frankfurt 2005

Stefan Mächler: *Der Fall Wilkomirski. Über die Wahrheit einer Biografie*, Zürich 2000

Stefan Mächler: "Das Opfer Wilkomirski. Individuelles Erinnern als soziale Praxis und öffentliches Ereignis". In: Irene Diekmann, Julius H. Schoeps (Hg.): *Das Wilkomirski-Syndrom. Eingebildete Erinnerungen oder Von der Sehnsucht, Opfer zu sein*, Zürich 2002, S. 28 ff.

Amir Weitmann: *Madoff. Der Jahrhundertbetrüger*, Zürich 2010

Alexander Hagelueken u.a. (Hg.): *Die großen Spekulanten*, München 2009

Carsten Timmermann, "Wer darf heilen und wer nicht? Kurpfuscherei und die Krise der Medizin in der Weimarer Republik". In: Oliver Hochadel, Ursula Kocher (Hg.): *Lügen und Betrügen. Das Falsche in der Geschichte von der Antike bis zur Moderne*, Köln 2000, S. 133 ff.

4장
- - -

Jean-Claude Kaufmann: *Die Erfindung des Ich*, Konstanz 2005

Dietrich Schwanitz: "Alazon und Eiron. Formen der Selbstdarstellung in der Wissenschaft". In: Herbert Willems (Hg.): *Theatralisierung der Gesellschaft, Band 1: Soziologische Theorie und Zeitdiagnose*, Wiesbaden 2009. S. 447ff.

Klaus Hoffmann: *Glitzerndes Geheimnis, Gauner, Gaukler, Gelehrte und Großmachtpolitiker*, Leipzig/Jena/Berlin 1988

Paul-Jürgen Hahn, Rainer Karisch: "Scharlatan oder Visionär? Ronald Richter und die Anfänge der Fusionsforschung". In: Rainer Karisch, Heiko Petermann (Hg.): *Für und*

Wider "Hitlers Bombe", Münster 2007, S. 181ff. Manfred von Ardenne: *Die Erinnerungen*, München 1990

Tobias Gerstäcker: "Vernichtungsfeldzug gegen Chromosomen - der Fall Lyssenko". In: Karl Corino (Hg.): *Gefälscht*, Nördlingen 1988

Heinrich Zankl: *Fälscher, Schwindler, Scharlatane. Betrug in Wissenschaft und Forschung*, Weinheim 2003

Volker Rieble: *Das Wissenschaftsplagiat. Vom Versagen eines Systems*, Frankfurt 2010

Alan Sokal, Jean Bricmont: *Eleganter Unsinn. Wie die Denker der Postmoderne die Wissenschaften missbrauchen*, München 1999 Richard Sennett: *Verfall und Ende des öffentlichen Lebens. Die Tyrannei der Intimität.* Frankfurt 1986

Johannes Steyrer: *Charisma in Organisationen, Sozial-kognitive und psychodynamisch-interaktive Aspekte von Führung.* Frankfurt/New York 1995

Eugen Kahn: "Psychopathen als Revolutionäre". In: *Zeitschrift für die gesamte Neurologie und Psychiatrie*, 52, 1919, S. 90ff.

Ian Kershaw: *Hitler 1889-1945*, München 2002

Wolfgang Martynkewicz: *Salon Deutschland. Geist und Macht 1900-1945*, Berlin 2009

Yasmina Reza: *Frühmorgens, abends oder nachts*, München 2008

Simone Dietz: *Die Kunst des Lügens*, Reinbek 2003

Yiannis Gabriel: "Meeting God: When Organizational Members Come Face to Face with the Supreme Leader". In: *Human Relations 50*, 1997, S. 315ff.

거짓말에
흔들리는 사람들

초판 1쇄 발행 2013년 1월 29일
개정판 1쇄 발행 2016년 5월 10일

지은이 스텐 티 키틀 · 크리스티안 제렌트
옮긴이 류동수
펴낸이 이범상
펴낸곳 (주)비전비엔피 · 애플북스

기획 편집 이경원 박월 김승희 강찬양 배윤주
디자인 김혜림 이미숙 김희연
마케팅 한상철 이재필 반지현
전자책 김성화 김희정
관리 박석형 이다정

주소 우)04034 서울특별시 마포구 잔다리로7길 12 (서교동)
전화 02)338-2411 │ **팩스** 02)338-2413
이메일 visioncorea@naver.com
원고투고 editor@visionbp.co.kr

등록번호 제313-2007-000012호

ISBN 979-11-86639-17-7 03180

「이 도서의 국립중앙도서관 출판시도서목록(CIP)은 e-CIP홈페이지(http://www.nl.go.kr/ecip)와
국가자료공동목록시스템(http://www.nl.go.kr/kolisnet)에서 이용하실 수 있습니다.(CIP제어번호: CIP2016009544)」